Stella

KOLLEG POLITIK UND WIRTSCHAFT

Wirtschaftspolitik

Ziele und Grenzen

Unterrichtswerk für die Oberstufe

bearbeitet von:
Helmut Becker
Andreas Hamm-Reinöhl
Hartwig Riedel
Stephan Podes
Jürgen Straub

C.C.Buchner Verlag · Bamberg

Kolleg Politik und Wirtschaft

Wirtschaftspolitik

Ziele und Grenzen

Bearbeitet von Helmut Becker, Andreas Hamm-Reinöhl, Hartwig Riedel, Stephan Podes und Jürgen Straub

2. Auflage, 1. Druck 2015
Alle Drucke dieser Auflage sind, weil untereinander unverändert, nebeneinander benutzbar.

Dieses Werk folgt der reformierten Rechtschreibung und Zeichensetzung. Ausnahmen bilden Texte, bei denen künstlerische, philologische oder lizenzrechtliche Gründe einer Änderung entgegenstehen.

Redaktion: Simon Hameister
Grafische Gestaltung: HOCHVIER GmbH & Co. KG, Bamberg
Druck und Bindung: creo Druck & Mediensservice GmbH, Bamberg

www.ccbuchner.de

ISBN 978-3-661-73006-6

ZUR BENUTZUNG DER LEHR- UND ARBEITSBÜCHER

Unsere Oberstufenreihe **Kolleg Politik und Wirtschaft** geht in die nächste Generation. In den neu bearbeiteten Titeln tragen wir verstärkt der sich durchsetzenden Kompetenzorientierung Rechnung. Ziel der Bände bleibt es, den Schülerinnen und Schülern Anregungen zur selbstständigen Arbeit zu geben und den Unterrichtenden Hilfen für einen methoden- und handlungsorientierten Unterricht anzubieten.

Zum Aufbau der Kapitel

Der Kapitelaufbau folgt dem Doppelseiten- bzw. 4-Seiten-Prinzip. Dieser Aufbau erleichtert die Strukturierung der Unterrichtsstunden.

Einführung	Jedes Kapitel beginnt mit einem Problemaufriss, einer Lernstandserhebung und der Formulierung der im Kapitelverlauf zu erwerbenden Kompetenzen.
Materialien	Die Materialienseiten sind multiperspektivisch angelegt und vertiefen zentrale Themenaspekte. Sie ermöglichen einen vielseitigen und kompetenzorientierten Unterricht. In den Randspalten werden zentrale Begriffe und wichtige Zusatzinformationen – unterstützt durch kurze Erklärfilme – knapp erklärt, um eine genaue fachwissenschaftliche Verwendung zu erleichtern. Die Darstellung aktueller Kontroversen fördert die Urteilskompetenz der Schüler.
Aufgaben	Jede Themeneinheit schließt mit Aufgaben ab, die gezielt auf die Probleme und Zusammenhänge vorangegangener Lernsequenzen eingehen. Angebote in der Randspalte zum Helfen H und Fordern F unterstützen die Binnendifferenzierung des Unterrichts.
Methoden	Methodenseiten nehmen für das jeweilige Thema zentrale Fachmethoden und Arbeitsweisen auf und stärken so die Methodenkompetenz.
Zusammenfassungen	Orientierungswissen am Ende der Unterkapitel sichert das erworbene Grundwissen und ermöglicht eine Wiederholung und Überprüfung zentraler Inhalte.
Kompetenzen anwenden	Kompetenzseiten runden die Kapitel ab und wenden die am Kapitelbeginn formulierten Kompetenzen mit komplexen Aufgabenstellungen an.

Das **Register** dient dem Auffinden **zentraler Begriffe** und ermöglicht **Querverbindungen** innerhalb der einzelnen Themengebiete.

Aufgrund der besseren Lesbarkeit wird im Folgenden darauf verzichtet, immer beide Geschlechter anzusprechen (z. B. „Bürgerinnen und Bürger"...), auch wenn selbstverständlich beide gemeint sind.

A Ordnungspolitik – Markt und Staat

1 Leistungen des Marktes ... 6

1.1 Wie funktioniert der Markt? ... 8

Methode: Marktmodell Preis-Mengen-Diagramm ... 10

1.2 Wann versagt der Markt? Das Beispiel Umweltschutz ... 12

2 Der Markt braucht eine Ordnung: gute Regeln für die Wirtschaft ... 16

2.1 Wie lassen sich Wirtschaftsordnungen analysieren? ... 18

2.2 Vom Wohlstand der Nationen ... 20

2.3 Die Soziale Marktwirtschaft in Deutschland ... 26

B Prozesspolitik – Aufgaben der Stabilisierungspolitik

3 Wachstums- und Konjunkturpolitik ... 32

3.1 Konjunkturschwankungen – unkontrollierbare Naturereignisse? ... 34

Methode: Auswertung von Statistiken ... 36

3.2 Stabilität auf Knopfdruck? – Wachstum und Beschäftigung: zwei Seiten einer Medaille? ... 38

3.3 Stabiles Preisniveau – alles teurer oder was? ... 40

3.4 Außenwirtschaftliches Gleichgewicht – der Export macht's ... 42

3.5 Wirtschaftswachstum – welche Faktoren bestimmen es? ... 47

3.6 Wirtschaftswachstum – Rettung durch den starken Staat? ... 49

3.7 Welches Wachstum brauchen wir? ... 52

3.8 Neue Ziele staatlicher Wirtschaftspolitik ... 55

4 Beschäftigungspolitik ... 58

4.1 Arbeits- und Beschäftigungspolitik – warum brauchen wir die? ... 60

4.2 Was kann der Staat für die Beschäftigung tun? – Was wurde bereits getan? ... 62

4.3 Wie gut hat die staatliche Beschäftigungspolitik gewirkt? ... 64

Methode: Analyse einer politischen Rede ... 67

5 Herausforderungen durch die Staatsverschuldung ... 72

5.1 Wie finanziert sich der Staat? ... 74

5.2 Ist der Wohlstand in Deutschland gerecht verteilt – was sagt die Statistik dazu? ... 78

5.3 Kann und soll die Staatsverschuldung gebremst werden? ... 80

Methode: Erkenntnisgewinnung durch Modelle – die ökonomische Modellbildung ... 84

6 Die neue Rolle der Europäischen Zentralbank ... 88

6.1 Die Europäische Zentralbank auf dem Prüfstand ... 90
6.2 Rettung der Europäischen Währungsunion oder Abschied auf Raten? ... 94
6.3 Wie beeinflusst die Geldpolitik die Wechselkurse? ... 97

C Strukturpolitik – Globalisierung und Strukturwandel

7 Strukturwandel und Strukturpolitik ... 102

7.1 Die neue Industrielle Revolution – Industrie oder Dienstleistungen als Wachstumsmotoren? 104
7.2 Bringt der Strukturwandel jobless growth? ... 106
7.3 Wem nützt der Trend zur Sharing Economy? ... 110
7.4 Soll weiterhin in den Aufbau Ost investiert werden? ... 112
7.5 Subventionen auf dem Prüfstand – notwendige Hilfen oder süßes Gift? ... 114
Methode: das wissenschaftliche Poster – Industriegeschichte visualisiert ... 115
7.6 Soll der Staat den Strukturwandel lenken? ... 116

8 Globalisierung ... 120

8.1 Globalisierung – welche Bereiche sind betroffen? ... 122
8.2 Internationale Arbeitsteilung – „Made in USA“ oder „Assembled in USA“? ... 126
8.3 Wie entwickelt sich der Welthandel? ... 128
8.4 Wie erklärt die ökonomische Theorie internationale Arbeitsteilung? ... 130
8.5 Welche Rolle spielen die Global Player für die Globalisierung? ... 132
8.6 Was beschleunigt/bremst den Prozess der Globalisierung? ... 134
8.7 Kann der Standort Deutschland im Prozess der Globalisierung bestehen? ... 136
8.8 Gibt es Gewinner und Verlierer der Globalisierung? ... 140

9 Weltwirtschaftsordnung – Global Economic Governance ... 148

9.1 Wodurch ist die Weltwirtschaft gefährdet und wer kümmert sich darum? ... 150
9.2 Welthandelspolitik – Freihandel oder Protektionismus? ... 154
9.3 Weltfinanzordnung – lässt sich die weltweite Steuerflucht von Unternehmen politisch kontrollieren? ... 160
Methode: Die kategoriale Urteilsbildung – wie ist die Steuervermeidungspolitik großer Konzerne zu beurteilen? ... 164

Anhang

Register
Bildnachweis

"I'd like to introduce you to Marty Thorndecker. He's an economist, but he's really very nice."

Zeichnung: Ed Arno

1 Leistungen des Marktes

Grundsätzlich stellt sich die Frage, wie Märkte funktionieren, was sie leisten und was sie nicht leisten. Angebot und Nachfrage bestimmen den Preis auf einem Markt, Nachfrage und Angebot hängen wiederum vom Preis ab. Das klingt einfach. Will man aber dynamische Entwicklungen auf Märkten erklären, vorhersagen oder gar beeinflussen, bedarf es einer genaueren Analyse verschiedener Aspekte, denn das Handeln der Anbieter und Nachfrager ist von bestimmten Voraussetzungen und Rahmenbedingungen abhängig, wie z. B. den herrschenden Institutionen.
Obwohl sich in einem funktionierenden Markt das Streben des Einzelnen nach dem eigenen Vorteil automatisch vorteilhaft für alle auswirkt, so zeigen die vom Menschen verursachte Zerstörung der Umwelt und vergleichbare Phänomene doch auch: Das Streben nach dem eigenen Vorteil kann unter bestimmten Bedingungen auch negative Folgen für die gesamte Gesellschaft haben.
Ein wesentlicher Grundzug ökonomischer Betrachtung ist die ausgeprägte Arbeit mit Modellen. Ein solches Modell ist das sog. Preis-Mengen-Diagramm, das immer dann zur Anwendung kommen kann, wenn Preise und Mengen zueinander in Beziehung gesetzt werden.

Was wissen und können Sie schon?

1. Offensichtlich haben Ökonomen nicht das beste Image in der Öffentlichkeit. Stellen Sie Überlegungen dazu an, woran das liegen könnte (Zeichnung).
2. Welche zentralen Inhalte Ihres bisherigen Unterrichts zum Thema Markt und Staat haben Sie richtig gut verstanden? Beschreiben Sie die betreffenden Begriffe und Zusammenhänge und erläutern Sie diese an Beispielen.
3. Notieren Sie die Inhalte, die Sie bislang noch nicht verstanden haben, wenn Sie sich mit dem Thema Markt und Staat beschäftigt haben.
4. Welche Inhalte haben Sie besonders interessiert, und worüber möchten Sie noch mehr erfahren?

KOMPETENZEN

Am Ende dieses Kapitels sollten Sie Folgendes wissen und können:

Sie können die Dynamik der Marktwirtschaft anhand einzelner Aspekte beschreiben.

Sie können ökologische und gesellschaftliche Folgeprobleme erläutern.

1.1 Wie funktioniert der Markt?

M 1 ● Der Markt – verschieden interpretiert

Wer sich nicht nach dem Markt richtet, wird vom Markt bestraft. *Wilhelm Röpke (1899 – 1966), dt. Nationalökonom u. Soziologe*	Wenn Unternehmer nicht mehr an den Markt glauben, wären sie keine Unternehmer, sondern Funktionäre. Wer aber nur an den Markt glaubt, ist abergläubisch. *Hans Küng (*1928), schweizer. kath. Theologe*	Märkte sind wie Fallschirme: sie funktionieren nur, wenn sie offen sind. *Helmut Schmidt (*1918), dt. Politiker (SPD), 1974 – 82 Bundeskanzler*
Jeder Unternehmer hat einen Vorgesetzten – und das ist der Markt. *Unbekannt*	Der Markt ist der einzige demokratische Richter, den es überhaupt in der modernen Wirtschaft gibt. *Ludwig Erhard (1897 – 1977), dt. Politiker (CDU), 1949 – 63 Bundeswirtschaftsmin., 1963 – 66 Bundeskanzler*	Wer nicht ständig im Gespräch mit dem Kunden ist, hat am Markt bald nichts mehr zu sagen. *Horst Skoludek (*1927), bis 1992 Vorstandsspr. Carl Zeiss Stiftung, Oberkochen*

VNR Verlag für die Deutsche Wirtschaft AG, Markt, www.zitate.de, (21.1.2014)

M 2 ● Was ist ein Markt?

Märkte sind eine der erstaunlichsten Entwicklungen der Menschheit. Es gab sie zu allen Zeiten und überall auf der Welt. Niemand hat jemals das Prinzip des Marktes „erfunden“, die Menschen entwickelten es unbewusst, indem sie einfach ihren eigenen Bedürfnissen nachgingen. Es funktionierte auf den Wochenmärkten zu Pippins Zeiten [8. Jhd.] nicht anders als in den Suks der arabischen Städte, auf Flohmärkten oder an den modernen Börsen: Wer etwas anzubieten hat, möchte dies möglichst teuer verkaufen, wer etwas braucht, möchte dafür möglichst wenig bezahlen.

Nikolaus Piper, Geschichte der Wirtschaft, Weinheim/Basel 2005, S. 52

M 3 ● Märkte im Überblick – Marktformenschema

Anzahl der Anbieter	Anzahl der Nachfrager		
	Ein Nachfrager	Wenige Nachfrager	Viele Nachfrager
Ein Anbieter	Zweiseitiges Monopol	Beschränktes Angebotsmonopol	Angebotsmonopol
Wenige Anbieter	Beschränktes Nachfragemonopol	Zweiseitiges Oligopol	Angebotspolypol
Viele Anbieter	Nachfragemonopol	Nachfrageoligopol	Polypol (Vollständige Konkurrenz)

Autorengrafik

M 4 ● Guter Kapitalismus – Märkte

Der Zusammenbruch des Kommunismus in der Sowjetunion und in Osteuropa war wohl die bedeutendste Veränderung der Welt in den letzten fünfzig Jahren.

Kommunistische Länder arbeiteten unter der Prämisse, dass zentrale Planer der Regierung bestens befähigt wären, die Volkswirtschaft zu leiten. Die Planer entschieden, welche Waren und Dienstleistungen produziert wurden, wie viel davon hergestellt wurde und wer diese Güter produzierte und konsumierte. Hinter der Zentralplanung stand eine Theorie, wonach nur die Regierung volkswirtschaftliche Aktivitäten auf eine Art und Weise organisieren konnte, die der sozialen Wohlfahrt des Landes insgesamt dienlich war.

Heutzutage haben die meisten Planwirtschaften das System abgeschafft und den Versuch unternommen, Marktwirtschaften zu werden. In einer Marktwirtschaft werden die Entscheidungen der zentralen Planungsbehörden durch Millionen Einzelentscheidungen von Unternehmungen und Haushalten ersetzt. Unternehmungen entscheiden, welche Leute sie einstellen und was sie produzieren. Haushalte oder Familien entscheiden darüber, wo sie arbeiten und was sie mit ihren Einkommen kaufen wollen. Diese Unternehmungen und Haushalte wirken auf den Märkten zusammen, wobei sie durch Preise und Eigeninteressen bei ihren Entscheidungen geleitet werden.

Auf den ersten Blick ist der Erfolg von Marktwirtschaften rätselhaft. Man hat zunächst den Eindruck, die dezentralen Entscheidungen von Millionen von Haushalten und Unternehmungen würden im Chaos enden. Dies ist jedoch nicht der Fall. Marktwirtschaften haben sich als bemerkenswert erfolgreich bei der Aufgabe erwiesen, Volkswirtschaften zu organisieren und zugleich die soziale Wohlfahrt zu fördern. In seinem 1776 erschienenen Buch „The Wealth of Nations" machte Adam Smith die berühmte und höchst bedeutsame Aussage: Haushalte und Unternehmungen wirken auf Märkten zusammen, als ob sie von einer „unsichtbaren Hand" zu guten Marktergebnissen geführt würden. [...] Beim Studium der Volkswirtschaftslehre werden Sie begreifen, dass Preise die Instrumente sind, mit denen die unsichtbare Hand die wirtschaftliche Aktivität dirigiert. Die Preise spiegeln beides: den gesellschaftlichen Wert eines Gutes und die sozialen Kosten der Produktion. Weil Unternehmungen und Haushalte bei ihren Kauf- und Verkaufsentscheidungen auf die Preise sehen, berücksichtigen sie bei ihren Entscheidungen unbewusst soziale Nutzen und Kosten ihrer Aktivitäten. Preise führen die individuellen Entscheidungsträger zu Ergebnissen, die in vielen Fällen auch die soziale Wohlfahrt maximieren.

Es gibt eine logische Folgerung aus der Leistungsfähigkeit der unsichtbaren Hand bei der Selbststeuerung der Volkswirtschaft: Wenn die Regierung die Preise daran hindert, sich auf natürliche Weise an Nachfrage und Angebot anzupassen, behindert sie die Koordination der Millionen Einzelentscheidungen von Haushalten und Unternehmungen, die eine Volkswirtschaft ausmachen. Dies erklärt auch die noch viel größeren Schäden, die eine direkte staatliche Preispolitik [...] verursacht. Und es erklärt das Scheitern der kommunistischen Zentralverwaltungswirtschaft. In den kommunistischen Staaten wurden die Preise von oben diktiert. Die Planer konnten gar nicht die Informationen haben, die in freien Marktpreisen stecken. Die Zentralplaner versuchten, die Volkswirtschaft zu betreiben, indem sie eine Hand auf dem Rücken festbanden – die unsichtbare Hand des Marktes.

N. Gregory Mankiw/Mark P. Taylor, übersetzt von Marco Herrmann/Adolf Wagner, Grundzüge der Volkswirtschaftslehre, 5. Aufl., Stuttgart 2012, S. 11 f.

Adam Smith (1723 – 1790) gilt als Begründer der klassischen Nationalökonomie. Von ihm stammt das berühmte Zitat: „Nicht vom Wohlwollen des Metzgers, Brauers und Bäckers erwarten wir das, was wir zum Essen brauchen, sondern davon, dass sie ihre eigenen Interessen wahrnehmen. Wir wenden uns nicht an ihre Menschen-, sondern an ihre Eigenliebe, und wir erwähnen nicht die eigenen Bedürfnisse, sondern sprechen von ihrem Vorteil."

Adam Smith, Der Wohlstand der Nationen, München 1974 (engl. Original: 1776), S. 17

Aufgaben

1. Analysieren Sie die Zitate in M 1. Arbeiten Sie Gemeinsamkeiten und Unterschiede heraus. Welche Aussage überzeugt Sie? Vergleichen Sie Ihre Ergebnisse im Kurs.
2. Erklären Sie den ökonomischen Begriff „Markt" (M 2).
3. Begründen Sie, warum Märkte laut M 4 so erfolgreich sind.

H zu Aufgabe 1
Stellen Sie für Ihre Analyse zunächst geeignete Kriterien wie z. B. Wirtschaftsordnung, Marktwirtschaft, Konsumentensouveränität, Produzentensouveränität, Angebot, Nachfrage, Preise auf, und ordnen Sie diese anschließend den Zitaten zu.

Methode: Marktmodell Preis-Mengen-Diagramm

Modelle

Modelle spielen in der Volkswirtschaftslehre eine wichtige Rolle. Vereinfacht gesprochen handelt es sich dabei um Landkarten, die es ermöglichen, sich in einer sehr komplexen ökonomischen Realität zurechtzufinden. [...] Ob ein Modell gut oder schlecht ist, hängt [...] vor allem davon ab, ob es dem Anwender eine möglichst gute Einsicht in komplexe ökonomische Zusammenhänge vermitteln kann. Dazu ist es unumgänglich, dass Modelle immer nur ein vereinfachtes Abbild der Realität darstellen. In diesem Sinn ist ein Modell identisch mit einer Theorie. Vereinfachung ist dabei kein Nachteil, sondern gerade der Zweck eines Modells. Eine mangelnde Realitätsnähe ist deshalb nicht als Nachteil eines Modells oder einer Theorie anzusehen. [...] Problematisch wird es erst, wenn manche Ökonomen Landkarten von Regionen entwickeln, die nur noch in ihren Köpfen existieren und dabei den Anspruch erheben, eine Orientierungshilfe für die reale Welt zu bieten.

Peter Bofinger, Grundzüge der Volkswirtschaftslehre, 3. Aufl., München 2011, S. 31

Das Verhältnis von Nachfrage und Preis

Die Nachfrage eines Haushalts nach einem Gut ist bei einem geringeren Preis normalerweise höher als bei einem höheren Preis. Dies liegt daran, dass der Nutzenzuwachs jeder zusätzlich konsumierten Einheit eines Gutes (Grenznutzen) für den Haushalt immer geringer wird, je mehr Einheiten des Gutes konsumiert werden: So stiftet z. B. das dritte Kilo Erdbeeren einem Haushalt einen geringeren Nutzen als das erste, da der Konsumwunsch nach frischen Erdbeeren schon vorher befriedigt ist. Die grafische Darstellung dieses Zusammenhangs in Form der Preis-Nachfrage-Kurve stellt die geplante Nachfrage eines Haushalts nach einem Gut zu unterschiedlichen Preisen dar. Die Preis-Nachfrage-Kurve ist normalerweise eine fallende Kurve, d. h. sie hat eine negative Steigung. Die geplanten Nachfragemengen entsprechen den Gütermengen, mit denen der Haushalt bei den jeweiligen Preisen sein Nutzenmaximum erzielt. Ändert sich der Preis des Gutes und bleiben alle anderen Bestimmungsgründe der Nachfrage gleich, so ergibt sich eine neue Preis-Mengen-Kombination (Preiserhöhung von A nach B, Preissenkung von A nach C). Die Lage der Kurve bleibt aber unverändert.

Das Zusammenspiel von Preis und Nachfrage – im Modell

Nachfrage eines Haushalts nach Erdbeeren in Abhängigkeit vom Preis

Preis je kg	Nachgefragte Menge
5,00 Euro	0 kg
4,50 Euro	0,25 kg
4,00 Euro	0,5 kg
3,00 Euro	1 kg
2,00 Euro	2 kg
1,50 Euro	3 kg
1,00 Euro	4 kg
0,00 Euro	5 kg

Autorengrafik

Nachfrage eines Haushalts nach Erdbeeren

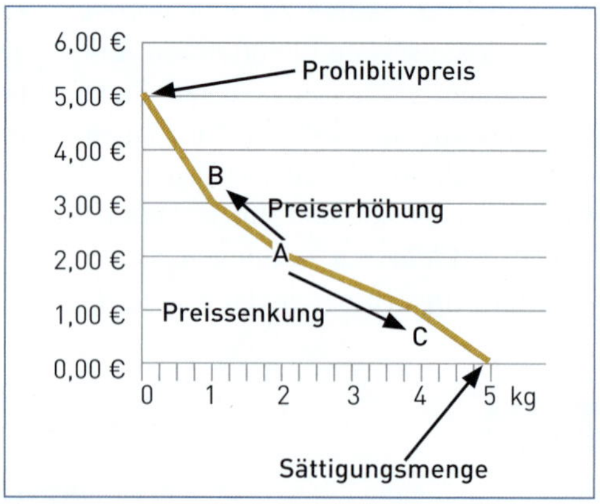

Autorengrafik

Die Nachfragekurve – als Modell

Die Nachfrage nach einem Gut auf einem Markt setzt sich aus der Summe aller individuellen Nachfragen der Haushalte zusammen (Marktnachfrage). Für die Marktnachfrage gelten somit normalerweise dieselben Regeln wie für die individuelle Nachfrage der Haushalte:

- Bei einem höheren Preis wird die Nachfrage auf einem Markt nach einem Gut normalerweise geringer sein als bei einem kleineren Preis.
- Ein Ansteigen des Preises (p_0 → p_1) für ein Gut auf einem Markt führt in der Regel zu einem Rückgang der Nachfrage nach dem Gut (m_0 → m_1).

In der Realität sind die meisten Nachfragekurven nicht linear. Die Nachfragekurve wird im oberen Bereich sicher steiler verlaufen, da manche Konsumenten bereit sind, auch zu einem sehr hohen Preis zu kaufen. Meistens betrachtet man nur lineare Teilstücke einer Nachfragekurve, die für die Erklärung eines Sachverhalts wichtig sind.

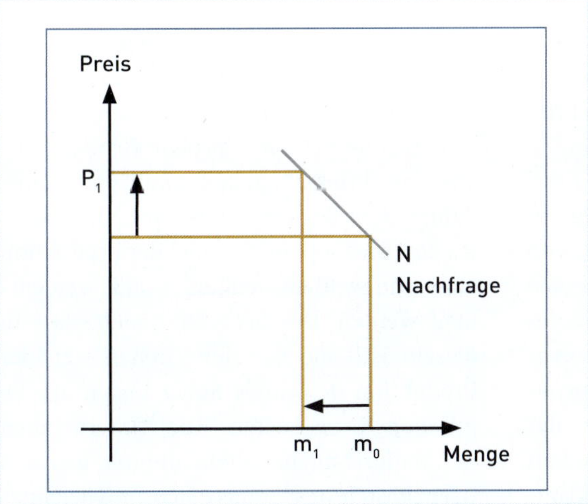

Autorengrafik

Gleichgewichtssituation im Preis-Mengen-Diagramm

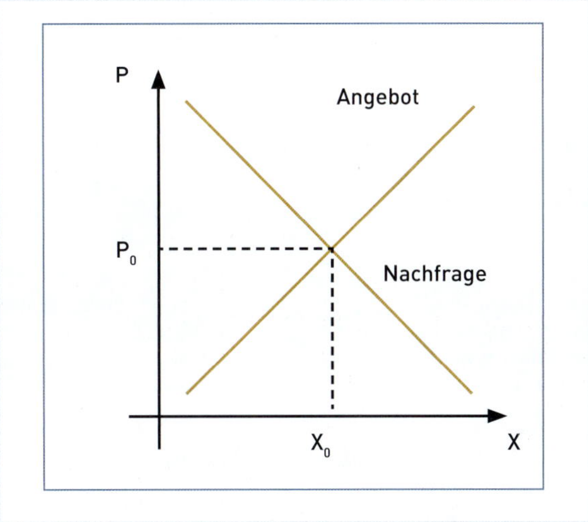

Autorengrafik

Der Gleichgewichtspreis ist der Preis, bei dem die angebotene Menge und die nachgefragte Menge eines Gutes auf einem Markt übereinstimmen. Bei der Bestimmung des Gleichgewichtspreises geht man davon aus, dass die Anbieter ihre Waren und Erzeugnisse zu einem möglichst hohen Preis verkaufen wollen und die angebotene Menge eines Gutes umso größer ist, je höher der Preis dieses Gutes ist (Angebotsfunktion). Umgekehrt nimmt man für die Nachfrager an, dass sie die Waren und Erzeugnisse zu möglichst niedrigen Preisen einkaufen wollen und die nachgefragte Menge eines Gutes umso höher ist, je niedriger der Preis dieses Gutes liegt (Nachfragefunktion).

Nach: Duden Wirtschaft von A bis Z, Grundlagenwissen für Schule und Studium, Beruf und Alltag, 5. Aufl., Mannheim 2013, Lizenzausgabe Bonn: BpB 2013

Aufgaben

1. Erklären Sie das Preis-Mengen-Diagramm.
2. Visualisieren Sie Abweichungen des Marktmodells vom Gleichgewicht. Verschieben Sie die Nachfragekurve nach rechts. Erläutern Sie, welche Auswirkungen dies für die Bildung des Gleichgewichtspreises hat. Formulieren Sie eine Regel, die folgendermaßen beginnt: *„Wenn sich die Nachfrage nach einem Gut erhöht, dann … . Sinkt dagegen die Nachfrage, verschiebt sich die Nachfragekurve nach … und es bildet sich … . Der Gleichgewichtspreis auf dem Markt wird gebildet durch das Zusammenspiel … .“*

1.2 Wann versagt der Markt? Das Beispiel Umweltschutz

M 5 „Über unsere Verhältnisse“

Obergrenze
Um unter der kritischen Grenze von 2 Grad Erwärmung zu bleiben, dürfte die Menschheit jährlich höchstens etwa 14,5 Milliarden Tonnen (Gt) CO_2 ausstoßen.

Globaler Durchschnitt
Für ihren globalen Ausstoß von derzeit etwa 30 Gt pro Jahr bräuchten die knapp 7,2 Milliarden Menschen also eigentlich schon zwei Erden.

Deutschland
Würden alle Menschen weltweit so viel CO_2 freisetzen wie der durchschnittliche Deutsche, wären vier Planeten nötig.

Nach: Martin Burgdorff/Ulrich Schnabel/Stefan Schmitt, Die Zeit, 3.12.2009, S. 50

Externe Effekte

Externe Effekte sind die Wirkungen (Vor- und Nachteile), die von der ökonomischen Aktivität eines Wirtschaftssubjektes (Produzent oder Konsument) auf die Produktions- und Konsummöglichkeiten anderer Wirtschaftssubjekte ausgehen, ohne dass diese Wirkungen vom Preissystem berücksichtigt werden: Im Falle positiver externer Effekte (externe Nutzen, externe Ersparnisse) erhält der Verursacher der Vorteile (z. B. Klimaverbesserung durch Baumanpflanzung) kein Entgelt von den Begünstigten, im Falle negativer externer Effekte (externe Kosten) muss der Urheber der Nachteile (z. B. Umweltbelastung durch Schadstoffemissionen von Kraftfahrzeugen) den Betroffenen keine Entschädigung leisten.

Nach: Schülerduden Wirtschaft, Mannheim u. a. 1992, S. 130

M 6 Böser Kapitalismus – negative externe Effekte

Bei der Darstellung des Marktmechanismus sind wir davon ausgegangen,

- dass jeder Produzent für die von ihm beanspruchten Inputs einen Preis bezahlen muss und dass er für die von ihm produzierten Güter einen Preis erzielen kann,
- dass damit auch jeder Konsument für die von ihm konsumierten Güter einen Preis bezahlen muss.

Im Fall der öffentlichen Güter sind diese fundamentalen Annahmen nicht mehr erfüllt. Wenn wir mit dem Flugzeug von Frankfurt nach New York fliegen, werden wir nicht mit den Kosten belastet, die dadurch für die Umwelt entstehen. Die *privaten Kosten* des Flugs sind also geringer als die insgesamt anfallenden Kosten, zu denen neben den Kosten der Fluggesellschaft auch die mit dem Flug verbundenen Umweltbelastungen zählen. Die gesamten Kosten, die mit wirtschaftlichem Handeln verbunden sind, werden als *soziale Kosten* bezeichnet. Wenn die sozialen Kosten höher sind als die privaten Kosten, spricht man davon, dass *negative externe Effekte (NEE)* bestehen. Probleme mit negativen externen Effekten treten vor allem bei der Nutzung natürlicher Ressourcen auf, für die (noch) kein Ausschluss praktiziert wird. […]

Negative und *positive externe Effekte* beruhen also auf der Tatsache, dass für bestimmte Güter (Inputs oder Outputs) kein Preis gefordert werden kann. Sie sind allgemein wie folgt definiert:

negative externe Effekte =
soziale Kosten – private Kosten,
positive externe Kosten =
soziale Erträge – private Erträge.

„Externe Effekte“ stellen somit einen fundamentalen Organisationsdefekt des Marktes dar. Dies soll am Beispiel der Produktion eines umweltbelastenden Gutes verdeutlicht werden. Das Schaubild zeigt, dass in diesem Fall die sozialen Grenzkosten der Produktion des Gutes höher liegen als die privaten Grenzkosten. Die Unternehmen richten ihr Angebot allein an ihren privaten Grenzkosten aus, sodass sich im Gleichgewicht die Menge x_0 und der Preis p_0 ergeben. Es entsteht somit ein negativer externer Effekt, der sich als Differenz zwischen den aggregierten sozialen Grenzkosten und dem Marktpreis ergibt. Gesamtwirtschaftlich ist dies deshalb von Nachteil, weil zum Preis von p_0 Konsumenten das Gut konsumieren, die diesem einen Wert beimessen, der geringer ist als seine (sozialen) Kosten. […]

Sowohl bei positiven wie bei negativen externen Effekten kommt es also zu einem Marktversagen. Während im Fall negativer externer Effekte ein übermäßig hoher Verbrauch öffentlicher Güter stattfindet, kommt es im Fall positiver externer Effekte dazu, dass das Angebot eines öffentlichen Gutes völlig unterbleibt (oder zu gering ausfällt), obwohl es allen Beteiligten mehr wert ist als die zu seiner Erstellung erforderlichen Kosten. Externe Effekte sind eine wichtige Rechtfertigung dafür, dass sich der Staat auch in einer Marktwirtschaft nicht völlig aus dem Marktprozess zurückziehen kann. Er hat bei

- positiven externen Effekten die Aufgabe, die Produktion öffentlicher Güter sicherzustellen,
- negativen externen Effekten dafür zu sorgen, dass ein Raubbau an den davon betroffenen öffentlichen Gütern verhindert wird.

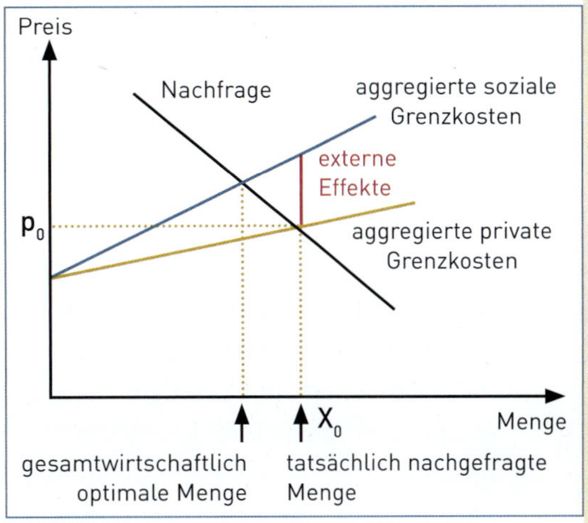

Autorengrafik

Peter Bofinger, Grundzüge der Volkswirtschaftslehre, 3. Aufl., München 2011, 259 ff.

M 7 ● Die Schwachstellen des Marktes in der Übersicht

Im Marktprozess werden Einkommen nach der Leistung der Arbeitnehmer und der Knappheit von Gütern vergeben. Die Bedürftigkeit der Menschen spielt dabei keine Rolle. Für Menschen mit einer geringen Leistungsfähigkeit besteht dabei die Gefahr, dass sie nicht genug verdienen, um ihr Existenzminimum abzudecken. [...]	Unternehmer haben immer ein starkes Interesse daran, sich dem harten Wettbewerbsdruck des Marktes zu entziehen, indem sie Kartell-Absprachen treffen oder den Konkurrenten einfach aufkaufen.
Der Marktmechanismus versagt, wenn man es mit Gütern zu tun hat, für die es keine Preise und damit auch keine Märkte gibt. Das beste Beispiel hierfür ist die Umwelt, die man in der Regel verschmutzen kann, ohne dafür einen Preis bezahlen zu müssen. [...]	Die wirtschaftliche Entwicklung des Marktes verläuft nicht gleichmäßig. Sie ist vielmehr durch ausgeprägte zyklische Schwankungen gekennzeichnet. Diese können zu Inflation oder Arbeitslosigkeit und teilweise auch zu beidem gleichzeitig führen.

Peter Bofinger, Grundzüge der Volkswirtschaftslehre, 3. Aufl., München 2011, S. 4 f.

Aufgaben

1. Gegeben sei eine Schafweide im Allgemeinbesitz. Die Herden der Schäfer grasen auf der Weide. Die Stückzahl der Herden sei so groß, dass das Land gerade noch ausreicht. Beschreiben Sie, was passiert, wenn ein Schäfer seine Herde vergrößert, um seinen Gewinn zu vermehren. Bedenken Sie insbesondere, wie sich Nutzen und Schaden auf die verschiedenen Schäfer verteilen (M 6).
2. Gegeben sei eine Straße, die in einer Gegend liegt, in der zahlreiche Diebstähle vorkommen. Um sich einen besseren Schutz vor Diebstählen zu verschaffen, stellen einige Anlieger der Straße einen privaten Wachmann an. Überlegen Sie, was diese Maßnahme für die Sicherheit aller Anwohner in der besagten Straße bedeutet. Bedenken Sie insbesondere, wie sich diesmal Kosten und Nutzen auf die verschiedenen Anlieger der Straße verteilen (M 6).

F Versuchen Sie, die Grundproblematik der in Aufgabe 1 und 2 beschriebenen Fälle zu formulieren. Kennen Sie weitere solche Situationen (M 6)?

Markt
(M 2, M 3)

Das Zusammentreffen von Angebot und Nachfrage nach einer Ware oder Dienstleistung (ökonomisches Gut) wird in der Wirtschaftswissenschaft als Markt bezeichnet. Für einen Markt sind mindestens ein Nachfrager, ein Anbieter und ein Handelsgut erforderlich.

Das Marktmodell
(Methode)

Die Nachfrage nach einem Marktgut ist die Summe der individuellen Nachfragen. Sie hängt in erster Linie vom Preis des Gutes ab. In der Regel gilt: Die individuelle Nachfrage eines Haushalts nach einem Gut ist bei einem geringeren Preis normalerweise höher als bei einem höheren Preis. Dies liegt daran, dass der Nutzenzuwachs jeder zusätzlich konsumierten Einheit eines Gutes für den Haushalt immer geringer wird, je mehr Einheiten des Gutes konsumiert werden. Grafisch bedeutet dies im Preis-Mengen-Diagramm: Die Nachfragekurve fällt. Entsprechend der Marktnachfrage versteht man unter dem Marktangebot die Summe der individuellen Angebote für ein Gut. Mit steigendem Preis eines Gutes wächst die Angebotsmenge dieses Gutes. Da sich die Gewinnchancen verbessern, lasten die Anbieter ihre Kapazitäten weiter aus oder vergrößern sie sogar und weitere Anbieter treten in den Markt ein. Dieser Zusammenhang zwischen dem Preis und der angebotenen Menge wird grafisch mit der steigenden Angebotskurve veranschaulicht.

„Die unsichtbare Hand des Marktes“
(M 4)

Wie die Menschen individuell mit knappen Gütern und Dienstleistungen umgehen, hat bestimmte Resultate für die kollektive Ebene, die Gesellschaft. Das Ergebnis: Die „unsichtbare Hand des Marktes“, d. h. der Marktprozess selbst führt dazu, dass sich die Verfolgung des individuellen Vorteils durch den Einzelnen zum gegenseitigen Vorteil aller auswirkt. Individuelle Kosten-Nutzen-Überlegungen bewirken auf freien Märkten, dass beide Marktpartner – Käufer wie Verkäufer, Nachfrager wie Anbieter – aus arbeitsteiliger Produktion und anschließendem Tausch Vorteile für sich ziehen. Man bezeichnet eine solche Situation auch als Win-win-Situation, weil beide Parteien nach der Interaktion besser gestellt sind als vorher. Doch es gibt Ausnahmen.

Marktversagen
(M 6, M 7)

Manchmal führen individuelle Kosten-Nutzen-Überlegungen auch zu unerwünschten Ergebnissen. Beim Schutz der Umwelt versagt der Marktmechanismus, weil in die Preise vieler Güter nicht die tatsächlichen Kosten einfließen. Wer mit dem Auto fährt, bezahlt zwar das Benzin, nicht aber die Kosten der Luftreinhaltung, der Straßensanierung, Kosten für die Zerstörung der Landschaft bei der Ölförderung usw. Ökonomen sprechen von „negativen externen Effekten“, wenn Kosten einer ökonomischen Aktivität nicht vollständig vom Verursacher getragen werden müssen, sondern in Teilen auf einzelne Betroffene oder die Gesellschaft übertragen werden können. Grundsätzlich wird diese Situation dann korrigiert, wenn diese Kosten internalisiert werden, sodass sie vom Produzenten in seine Kostenrechnung aufgenommen werden und sich dann auch in den Preisen niederschlagen. Dies ist die Einlösung des Verursacherprinzips im ökonomischen Sinn und kann konkret auf sehr unterschiedliche Weise realisiert werden. Bekannte Instrumente sind zum Beispiel eine Umweltsteuer oder der Handel mit Verschmutzungsrechten.

Rettet die Fische!

„Der Fisch gehört nicht den Fischern", sagt Maria Damanaki, [von 2010 – 2014] die EU-Fischereikommissarin und hat aus dieser Einsicht Konsequenzen gezogen: Zukünftig werden die Fangquoten für die europäischen Fischer weniger von der Politik, sondern von Meeresbiologen festgelegt, um eine Überfischung zu verhindern – Freunde hat sie sich unter den europäischen Fischern damit nicht gemacht.

Was das Vorhaben der EU, die Überfischung der Meere zu verhindern, so schwierig macht, ist der Umstand, dass die Kontrolle dieser Fischereigründe ebenso wie der Ausschluss einzelner Fischer nahezu unmöglich sind, doch jeder zusätzliche Fischer schmälert den Fang der anderen Fischer und trägt zur Überfischung bei. Dieses Problem hat einen Namen: Fischereigründe sind – ähnlich wie Weiden oder Waldstücke – oft eine besondere Spielart von Gütern, sogenannte Allmende-Güter, die sich durch zwei Eigenschaften auszeichnen: Erstens kann man niemanden von dessen Nutzung ausschließen, und zweitens beeinträchtigt die Nutzung dieser Allmende durch einen Nutzer den Nutzen aller anderen. Jeder Fang, den ein Fischer macht, ist ein Fang, den sein Konkurrent nicht mehr machen kann.

Für Ökonomen enden solche Güter in einer Tragödie: Wenn man weiß, dass man umso weniger Fische fängt, je mehr Fische der Nachbar fängt, wird man versuchen, möglichst viel Fische zu fangen, bevor es die anderen tun. Leider denken die anderen genauso, die Folge: überfischte Gewässer und abgegraste Weiden. Fast 50 Prozent der Arten im Atlantik seien überfischt, sagt Frau Damanaki – ein typisches Allmende-Problem. Wenn alle Fischer sich darauf verständigen könnten, weniger zu fischen, würde es allen besser gehen. Dieses Dilemma wird als „Die Tragödie der Allmende" bezeichnet, und Ökonomen sehen nur zwei Lösungen: Verstaatlichung oder Privatisierung. Wenn der Staat den Fischern Fangquoten vorschreibt oder der Fischgrund jemandem gehört, kann man in beiden Fällen die Überfischung des Fanggrundes verhindern – durch Gesetze und Verbote. [...]

Doch Elinor Ostrom, die erste weibliche Trägerin des Nobel-Gedächtnispreises für Wirtschaftswissenschaften, untersuchte reale Allmende-Tragödien in den Hochgebirgsweiden und -wäldern im Alpenraum, in türkischen Fischgründen, bei Bewässerungsprojekten auf Sri Lanka oder bei Grundwasserbecken in Kalifornien – und fand heraus, dass die betroffenen Bauern, Anwohner oder Fischer das Allmende-Problem lösten, ohne Staat oder Privatbesitz. Die jeweiligen Nutzer der Allmende setzten sich zusammen und fanden Wege und Regelungen, miteinander zu kooperieren, und konnten die Tragödie verhindern. Ostroms Forschungsprogramm zeigte auf, wann und unter welchen Umständen dieser dritte Weg beschritten werden kann und komplexe Systeme sich selbst organisieren.

Hanno Beck, Frankfurter Allgemeine Sonntagszeitung, 23.2.2014

Aufgaben

1. Erläutern Sie in der Fachsprache der Ökonomie das dargestellte Marktversagen.
2. Beurteilen Sie kriterienorientiert die angesprochenen Lösungsmaßnahmen. Denkbar sind z. B. die Kriterien Effizienz, Marktkonformität und Nachhaltigkeit.

Gleiche Spieler, anderes Spiel:

„Die Spielregeln zu ändern ist leichter, als den Charakter der Spieler zu beeinflussen."

James M. Buchanan, Träger des Alfred-Nobel-Gedächtnispreises für Wirtschaftswissenschaften

Der Markt braucht eine Ordnung: gute Regeln für die Wirtschaft

2

Die Bedeutung von Regeln für den Sport ist jedem klar. Ohne Kenntnis dieser Regeln hat man unter Umständen Probleme, überhaupt zu verstehen, was sich auf dem Rasen abspielt. Dass auch das „ökonomische Spiel" Spielregeln kennt und gute Spielregeln braucht, um gut zu funktionieren, ist weniger bewusst. Dabei besteht eine Möglichkeit, sich in der „Welt der Ökonomie" besser zurechtzufinden, genau darin, diese Institutionen und Regeln einer Wirtschaftsordnung zu verstehen. Wirtschaftsordnungen umfassen die Gesamtheit der vorhandenen Institutionen- und Regelsysteme in einer Volkswirtschaft. Durch einen Vergleich unterschiedlicher gegenwärtiger und historischer Wirtschaftsordnungen lassen sich Erkenntnisse über das Zusammenspiel und die Auswirkungen der vorhandenen Institutionen- und Regelsysteme auf die Entwicklung einer Volkswirtschaft gewinnen. Dabei beantwortet der Vergleich zwischen Marktwirtschaft und Planwirtschaft in erster Linie ein historisches Interesse, während gegenwärtig der genaue Blick auf die Soziale Marktwirtschaft im Zentrum der Aufmerksamkeit steht: Welches sind Grundzüge und Leitbilder der Sozialen Marktwirtschaft, und wo liegen heute die Herausforderungen für diese Wirtschaftsordnung?

KOMPETENZEN

Am Ende dieses Kapitels sollten Sie Folgendes wissen und können:

Sie können das Institutionen- und Regelsystem einer Wirtschaftsordnung beschreiben und beurteilen.

Sie können verschiedene Wirtschaftsordnungen voneinander unterscheiden.

Sie können die Soziale Marktwirtschaft als Ordnungskonzept darstellen.

Sie können zu Grundpositionen in der Debatte über die Rolle des Staates in der Sozialen Marktwirtschaft Stellung nehmen.

Was wissen und können Sie schon?

Der Träger des Alfred-Nobel-Gedächtnispreises für Wirtschaftswissenschaften, James M. Buchanan, spricht von Spielregeln. Beschreiben Sie, welche (Spiel-)Regeln in Ihren Augen die richtigen für die Wirtschaft sind. Einigen Sie sich zunächst darauf, was eine Wirtschaftsordnung leisten sollte.

2.1 Wie lassen sich Wirtschaftsordnungen analysieren?

M 1 ● Welche Funktionen haben Institutionen?

Institutionen sind Regelsysteme, in denen bestimmte Verhaltensweisen verbindlich festgelegt sind. Ihr Sinn besteht darin, die Verlässlichkeit wechselseitiger Verhaltenserwartungen herzustellen, damit Interaktionen möglichst problemlos, zügig, kostengünstig durchgeführt werden können – zum Vorteil aller. Institutionen legen standardisierte Verhaltensweisen für häufig wiederkehrende Interaktionsprobleme fest, sie sind gewissermaßen geronnene Formen für das Management von Interaktionsproblemen. Als deren Verkörperung tritt der Staat auf. Aber es gibt unzählige andere institutionelle Arrangements zur Lösung von Interaktionsproblemen, angefangen von Konventionen über Moral, Sitte bis hin zu Branchen- oder Berufskodizes. [...] Es sind also die Institutionen, die darüber entscheiden, welche Resultate aus Interaktionen aufgrund der Handlungen der Einzelnen herauskommen. Institutionen kanalisieren die Aktionen in Interaktionen, und solche Kanalisierungen können zweckmäßig oder unzweckmäßig bis desaströs sein, wie die Implosion des Sozialismus 1989/90 gezeigt hat.

Karl Homann/Andreas Suchanek, Ökonomik. Eine Einführung, Tübingen 2005, S. 24 f.

Institution

Eine Institution ist ein System miteinander verknüpfter Regeln mit dem Zweck, das individuelle Verhalten in eine bestimmte Richtung zu steuern. Institutionen bringen Ordnung in alltägliche Handlungen und vermindern damit die Unsicherheit von Individuen darüber, was andere Individuen wohl in bestimmten Situationen tun werden. Beispiele: das Eigentum, die Ehe, das Geldwesen, die Unternehmung.

M 2 ● Bausteine von Wirtschaftsordnungen

Zur vollständigen Beschreibung eines Wirtschaftssystems müssten sämtliche Bausteine herangezogen werden. Zwei der Bausteine spielen indes in der Diskussion eine besondere Rolle:

- der Koordinationsmechanismus und
- die Eigentumsordnung für Produktionsmittel.

Es ist fraglich, ob diese beiden Elemente eines Wirtschaftssystems voneinander unabhängig sind. Wahrscheinlich funktioniert die Koordination über Preise bei Privateigentum anders als bei Gemeineigentum an Produktionsmitteln. Und möglicherweise setzt eine zentrale Planung die Aufhebung des Privateigentums voraus. [...] Im Rahmen des bereits beschriebenen Koordinationsmechanismus unterscheidet man

- die zentrale Planung, auch zentrale Verwaltungswirtschaft, Kommandowirtschaft, vertikale Koordination oder verkürzt nur Planwirtschaft genannt und
- die dezentrale Planung, auch Marktwirtschaft, horizontale Koordination oder freie Verkehrswirtschaft genannt.

Die Eigentumsordnung gilt als zentrales Element, bisweilen sogar als entscheidendes Element eines Wirtschaftssystems, weil sie die Art des Sanktionssystems bestimmt. Dabei geht es nur um die Frage des Eigentums an Produktionsmitteln (Maschinen, Anlagen, Fabriken: kurz, um das „Kapital"), weil die Handlungsmotive von Unternehmern von zentraler Bedeutung sind. Das Eigentum an Konsumgütern wird dagegen in allen Wirtschaftssystemen immer als Privateigentum vorgesehen. Eigentum an Produktionsmitteln kann grundsätzlich zwei Formen annehmen:

- Privateigentum und
- Gemeineigentum (Gesellschafts-, Volks- oder Staatseigentum).

Eine Gesellschaft, in der die Produktionsmittel Privaten gehören, bezeichnet man als kapitalistisches Wirtschaftssystem. Eine Gesellschaft, in der die Produktionsmittel Gemeineigentum sind, nennt man ein sozialistisches Wirtschaftssystem. Hervorzuheben ist, dass die Begriffe „kapitalistisch" und „sozialistisch" hier ohne jede

Wirtschaftsordnung

Jede Wirtschaftsordnung muss grundsätzlich die Fragen beantworten, wer (Entscheidungssystem), was und wieviel (Koordinationssystem) für wen (Verteilungssystem) produzieren soll.

Wertung als Fachbegriffe nur für die bestehende Eigentumsordnung verwendet werden.

Ulrich Baßeler/Jürgen Heinrich/Burkhard Utecht, Grundlagen und Probleme der Volkswirtschaft, 19. Aufl., Stuttgart 2010, S. 29

Anm.: Die Begriffe Wirtschaftssystem und Wirtschaftsordnung werden hier synonym verwendet.

M 3 ● Was macht eine Wirtschaftsordnung aus?

Die Gesamtheit der wirtschaftlich relevanten rechtlichen Vorschriften, Koordinationsmechanismen, Zielsetzungen, Verhaltensweisen und Institutionen, die den organisatorischen Ablauf und Aufbau einer Volkswirtschaft bestimmen, werden als Wirtschaftsordnung bezeichnet. Wirtschaftsordnungen setzen sich aus unterschiedlichen Bausteinen zusammen.

Planungs- und Lenkungsform
- zentral, durch Herrschaft
- dezentral, durch Selbstkoordination

Eigentumsform
- Privateigentum
- Staatseigentum

Markt- und Preisbildungsform
- auf Märkten
- durch staatliche Preisfestsetzung

Unternehmensform
- Gewinnprinzip
- Planerfüllungsprinzip

Nach: Institut für Ökonomische Bildung Oldenburg

Aufgaben

1. Erläutern Sie die Funktionen von Institutionen (M 1).
2. Zeigen Sie an selbst gewählten Beispielen auf, inwieweit die Ausgestaltung der Institutionen das Verhalten der Individuen und ganzer Volkswirtschaften beeinflusst (M 2, M 3).

2.2 Vom Wohlstand der Nationen

M 4 Motive des Wirtschaftens

Karikatur: Dirk Meissner

M 5 Schlüssel zum Reichtum

Das hat sich lange keiner mehr getraut: Zwei US-Wissenschaftler versuchen mittels einer Großtheorie zu erklären, weshalb manche Nationen wohlhabend sind, andere das einfach nicht schaffen. Ein mutiges Unterfangen – und eine faszinierende Lektüre.

„Warum sind die Menschen in Afrika so arm?“ Eine Frage, wie sie Kinder ihren Eltern stellen. Und zugleich eines der größten Rätsel der Menschheit. Für kaum etwas kennen Politikwissenschaftler und Volkswirte so wenige unstrittige Gründe wie für die ebenso hartnäckige extreme Ungleichheit zwischen den Staaten dieser Erde. Warum schaffen es manche Nationen über Jahrhunderte hinweg nicht aus bitterer Armut heraus – wie etwa Äthiopien – während andere Länder diesen Riesenschritt in wenigen Jahrzehnten schaffen – etwa Südkorea? [...]

Daron Acemoglu, Professor am Massachusetts Institute of Technology (MIT) [hat] zusammen mit seinem Co-Autoren James Robinson, Politikwissenschaftler in Harvard, [...] eine faszinierende Großtheorie über die Ursachen für die ungleiche Verteilung von Armut und Reichtum in der Welt vorgelegt.

Wobei es um die Faktoren, die den Wohlstand eines Landes dauerhaft mehren, in der Fachwelt relativ wenig Streit gibt. Entscheidend sind funktionierende gesellschaftliche Institutionen: unabhängige und faire Gerichte. Eine Verwaltung, die nicht allzu korrupt ist. Eine Regierung, die sich den Interessen des Volkes stärker verpflichtet fühlt als dem eigenen Wohlergehen. Schulen, in denen Kinder tatsächlich etwas lernen und nicht bloß verwahrt werden. Solche funktionierenden Institutionen schaffen eine gesellschaftliche Atmosphäre, in der Menschen einen Anreiz besitzen zu sparen und zu investieren, sich zu bilden und Innovationen hervorzubringen. Aus dieser Akkumulation von Kapital und Wissen entsteht dauerhaftes Wirtschaftswachstum.

Aber warum gelingt es einzelnen Staaten, diese Mischung über Jahrhunderte hinweg zu bewahren – etwa der Schweiz – während andere immer wieder bei dem Versuch scheitern, sie zu erreichen?

Acemoglu und Robinson gehen davon aus, dass der Wohlstand zwischen den Staaten bis zur Industriellen Revolution verhältnismäßig gleichmäßig verteilt war. Afrikaner waren ähnlich reich wie Europäer und Asiaten oder besser gesagt: ähnlich arm. Doch dann begann sich das Wachstumskarussell zu drehen, zuerst Mitte des 18. Jahrhunderts in England, dann im übrigen Europa. Warum ausgerechnet in England? Weil, so die Autoren, sich über Jahrhunderte hinweg kleine institutionelle Unterschiede zwischen den Staaten herausgebildet haben. Ein Prozess, den Acemoglu und Robinson mit der Genmutation in der Natur vergleichen. Zunächst lassen sich diese Unterschiede kaum bemerken – bis es zu großen geschichtlichen Weichenstellungen kommt. Dann sorgen die kleinen Unterschiede dafür, dass Staaten gänzlich unterschiedliche Wege einschlagen.

Die Ursachen für Englands Pionierrolle bei der Industriellen Revolution liegen demnach einige Jahrhunderte früher: In Großmächten wie Spanien wurde der Überseehandel unter dem Monopol des Königshauses betrieben, in England von selbständigen Kaufleuten. Diese selbständige Kaufmannsschicht wurde allmählich enorm wohlhabend und verfügte so über das nötige Kapital, um Innovationen wie der Dampfmaschine oder der Eisenbahn zum Durchbruch zu verhelfen. In Spanien fehlte diese Kaufmannsschicht. Der Adel wiederum hatte kein Interesse, durch Innovationen seine eigene privilegierte Stellung auszuhöhlen.

Kleine Unterschiede zwischen Staaten führen in entscheidenden Momenten zu unterschiedlichen Weichenstellungen, und von diesem einmal eingeschlagenen Pfad wieder herunterzukommen, ist dann sehr schwer. Wenn ein Staat einmal mit einer Elite geschlagen ist, die sich vor allem selbst bereichert – dann wird auch eine Revolution daran wenig ändern.

Und was ist nun mit der Kinderfrage? Warum sind so viele Menschen in Afrika arm, während andere Weltregionen die Kurve gekriegt haben? Kleine Unterschiede während der Kolonialisierung sehen die Autoren als Hauptursache: Dort, wo das Klima gemäßigt ist, besiedelten viele Europäer die Kolonien – und die lehnten sich auf, wenn die Statthalter der Kolonialmächte sich allzu ausbeuterisch gebärdeten. So entstanden zum Beispiel die USA. In tropischen Kolonien hingegen gab es meist nur eine kleine europäische Siedlerelite, die die einheimische Bevölkerung als Plantagen- oder Minenarbeiter versklavte. Hier konnten sich nie gesellschaftliche Institutionen herausbilden, die Wachstum begünstigt hätten. Das rächte sich nach der Entkolonialisierung: Die weiße Ausbeuterelite wurde in vielen Fällen lediglich gegen eine farbige ausgetauscht.

Aus diesem Teufelskreis wieder herauszukommen fällt schwer – ist aber möglich, wie einzelne Erfolgsgeschichten zeigen. Neben Südkorea (das von Japan besetzt war) zählt zum Beispiel auch Botswana zu den ehemaligen Kolonien, die heute mit funktionierenden Institutionen gesegnet sind.

Spannend auch, was Acemoglu und Robinson alles NICHT als Ursache für die Wohlstandsunterschiede zwischen Staaten akzeptieren: Weder Rasse noch Religion oder Kultur, aber auch nicht geographische Faktoren wie den Zugang zum Meer oder zu Bodenschätzen.

Im Detail sind viele der präsentierten Erkenntnisse über die Entwicklung einzelner Staaten nicht neu. Auch ihre Studie über die Folgen der unterschiedlichen kolonialen Besiedlungsmuster haben Acemoglu und Robinson bereits vor einem Jahrzehnt vorgelegt – und damals empirisch präzise belegt. Neu ist jedoch, wie die beiden Autoren all ihre Gedanken zu einer packenden (und zudem sehr gut lesbaren) Großtheorie zusammengebunden haben.

Christian Rickens, Spiegel Online – Wirtschaft, 7.4.2012

M 6 Ökonomische Freiheit und Pro-Kopf-Einkommen 2012

Auf der x-Achse sind die Länder der Welt entsprechend ihrem Grad an wirtschaftlicher Freiheit in den Jahren zwischen 2000 und 2012 (z. B. sichere Eigentums- und Verfügungsrechte, offene Wettbewerbsmärkte, Vertragsfreiheit und Rechtsstaatlichkeit) in Viertel geteilt, links das unfreieste, rechts das freieste Viertel. Zu den unfreiesten Ländern gehören die afrikanischen Staaten Republik und Demokratische Republik Kongo, Simbabwe, Venezuela und das asiatische Myanmar, zu den freiesten u. a. Neuseeland, die Schweiz, Großbritannien, Australien, Kanada und die Bundesrepublik Deutschland. Auf der y-Achse ist das Bruttoinlandsprodukt pro Kopf in Dollar eingetragen.

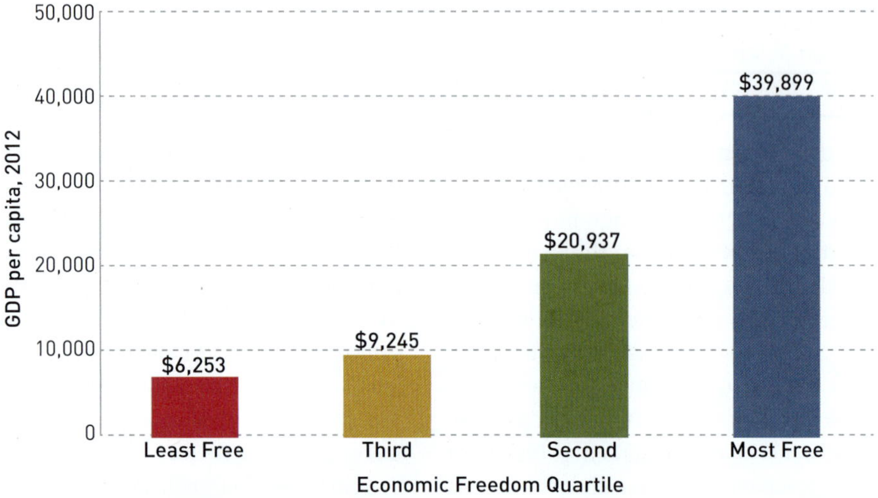

Note Income = GDP per capita, (PPP constant 2011 US$), 2012.
Sources: Fraser Institute, Economic Freeedom of the World: 2013 Annual Report; World Bank, World Development Indicators.

Fraser Institut, Economic Freedom of the World: 2014 Annual Report, S. 21

M 7 Der Plan – das Verlierermodell?

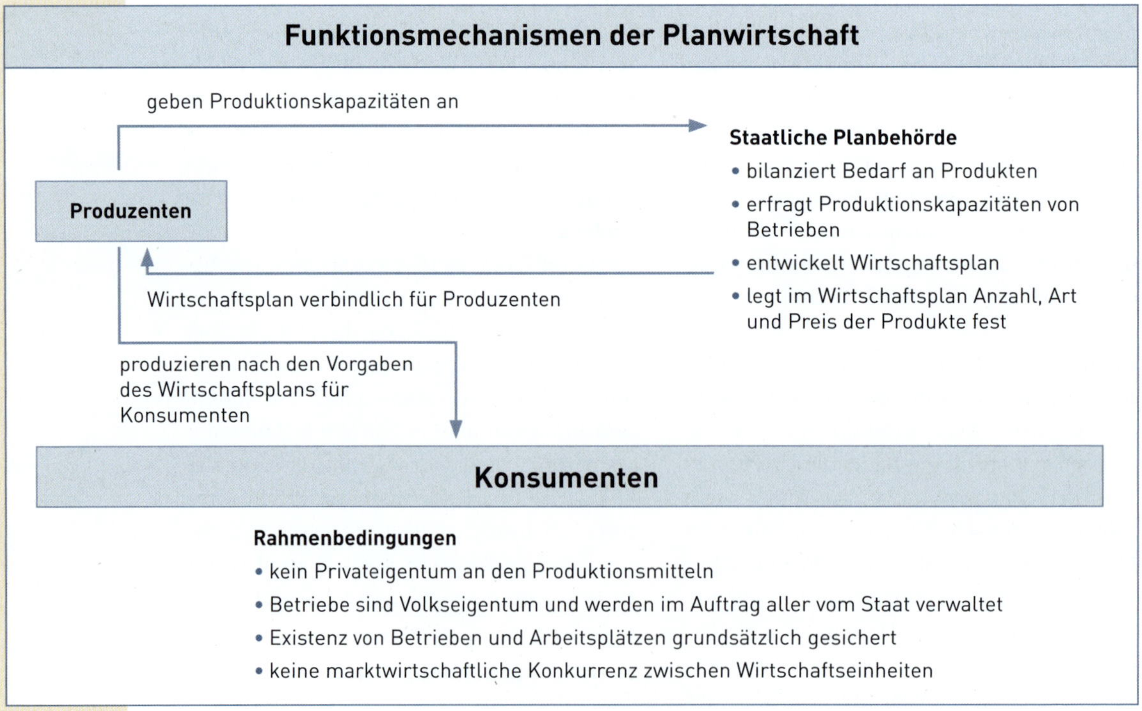

Christian Fischer, Planspiel Planwirtschaft, Gesellschaft – Wirtschaft – Politik 57 (Heft 1) 2008, S. 143

M 8 ● Der desolate Zustand der DDR-Wirtschaft

Warum entwickelte sich die DDR wirtschaftlich viel schlechter als Westdeutschland? Sie kämpfte, neben den Verlusten durch sowjetische Demontagen in der Anfangszeit, mit den inhärenten Schwächen des sozialistischen Planungssystems. Es gab drei Hauptprobleme, die sich gegenseitig verstärkten: das Koordinations-, das Motivations- und das Innovationsproblem. Schon die frühen Sozialismuskritiker Ludwig von Mises und Friedrich August von Hayek hatten erkannt, warum die Planwirtschaft scheitern musste: Weil es keine Preise gab, die die relative Knappheit und Begehrtheit von Gütern anzeigen, tappt der zentrale Planer im Dunkel; Ressourcen werden verschwendet. Die Pläne gehen am Bedarf vorbei, ohne Wettbewerb sind die Staatsunternehmen wenig innovativ, machen Verluste und liefern schlechte Qualität.

Im realen Sozialismus der DDR ließen sich diese Schwierigkeiten besichtigen. Die mit großem bürokratischem Aufwand erstellten Wirtschaftspläne mussten ständig korrigiert werden. Es kam zu Stockungen im Produktionsablauf durch die starre Materialzuweisung der Staatlichen Planungskommission (SPK). Außerdem war die Motivation der Arbeiter schwach. Im Frühjahr 1953 befahl die SED-Regierung eine starke Anhebung der Arbeitsnormen, indirekt eine Lohnkürzung. Das löste landesweite Proteste und den Volksaufstand des 17. Juni aus. Auf die fortlaufende Massenauswanderung reagierte Ulbricht im August 1961 mit dem Bau der Mauer.

Die Wirtschaftslage blieb prekär. Ab 1963 versuchte Ulbricht eine Reform: Er wollte das starre Planungssystem lockern und den Betrieben mehr Spielräume geben und sogar eine gewisse Gewinnorientierung einführen. Das „Neue System der Planung und Leitung der Volkswirtschaft" (NÖS) versuchte, marktwirtschaftliche Koordinations- und Anreizmechanismen zu imitieren, ohne vom Grundsatz des Kollektiveigentums abzugehen. An dieser Widersprüchlichkeit scheiterte es. 1970 stand das System vor dem Kollaps, Ulbrichts Planvorgaben waren nicht einzuhalten. Die DDR-Führung erhöhte folglich die Importe aus dem Westen, finanziert durch Kredite. „Wir machen Schulden bei den Kapitalisten bis an die Grenze des Möglichen, damit wir einigermaßen durchkommen", beichtete Ulbricht der Sowjetführung in Moskau. Zugleich versprach er „einen Sprung nach vorn". […]

Die DDR lebte unter Honecker zunehmend von der Substanz und war auf Kredite des Westens angewiesen. 1982 konnte sie den Staatsbankrott nur durch die Milliardenkredite der Bundesrepublik abwenden. Im Herbst 1989 präsentierte der Vorsitzende der Zentralen Planungskommission Gerhard Schürer eine schonungslose Analyse: Nur eine Senkung des Konsumniveaus der Bevölkerung um 25 bis 30 Prozent könne die Zahlungsunfähigkeit abwenden. Tatsächlich kam die DDR-Industrie nur noch auf ein Drittel der West-Produktivität. Dass die industrielle Basis im Osten verrottet war, erkannten die Bonner Politiker aber zu spät. Kohl weckte mit dem Versprechen der „blühenden Landschaften" falsche Erwartungen. Er glaubte, durch den Verkauf der Staatsbetriebe die Kosten der Wiedervereinigung zahlen zu können. Am Ende machte die Treuhand 270 Milliarden D-Mark Verlust. Hinzu kamen die Transfers durch die Sozialsysteme. Nach Schätzung des ifo Instituts wurden seit 1990 rund 1,6 Billionen Euro in den Osten gepumpt.

Philip Plickert, Frankfurter Allgemeine Sonntagszeitung, 5.10.2014, S. 18

Treuhand

Die Treuhand war eine in der Spätphase der DDR gegründete Anstalt des öffentlichen Rechts, deren Aufgabe es war, die volkseigenen Betriebe der DDR nach den Grundsätzen der Marktwirtschaft zu privatisieren oder, wenn das nicht möglich war, stillzulegen.

ifo Institut

Forschungseinrichtung, die sich mit der Analyse der Wirtschaftspolitik beschäftigt und monatlich den ifo-Geschäftsklimaindex ermittelt.

Walter Eucken (1891 – 1950), bekanntester Mitbegründer der Freiburger Schule

An der Freiburger Universität feierte 2014 das Walter-Eucken-Institut 60-jähriges Jubiläum. Das Institut ist ein Zentrum für wirtschaftspolitische Grundlagenforschung, Eucken gilt als Begründer der ordoliberalen Schule, die vor einem Zuviel an Staat warnt, vor Staatsdirigismus, andererseits warnt sie aber auch vor einem Laissez-faire-Liberalismus, vor einem entfesselten Markt. Anlässlich des Jubiläums nahm der Festredner, Bundespräsident Joachim Gauck, diese Motive auf, um seinerseits ein Plädoyer zu halten für eine freie, aber nicht entfesselte Marktwirtschaft. Sie lesen den Mitschnitt eines öffentlich gehaltenen Vortrags.

M 9 ● Kontrovers: Markt versus staatliche Ordnung?

Hier in Freiburg haben unabhängige Geister, und das in Zeiten totalitärer Herrschaft, eine Ordnung der Freiheit entworfen, eine Ordnung, die nach dem Zweiten Weltkrieg im Zeichen großer Skepsis gegenüber liberalen Wirtschaftssystemen dazu beigetragen hat, Deutsche mit Marktwirtschaft und mit Wettbewerb zu befreunden. Hier wurde ein Kapitel der Freiheitsgeschichte der Bundesrepublik Deutschland geschrieben. Und die Freiheit wurde als wichtiges Thema in die Gesellschaft eingebracht, indem man über die Freiheit der Wirtschaft redete. Denn Freiheit in der Gesellschaft und Freiheit in der Wirtschaft gehören zusammen.

Wer eine freiheitliche Gesellschaft möchte, möge sich einsetzen für Markt und für Wettbewerb und gegen zu viel Macht in den Händen Weniger. Er muss aber auch wissen, eine freiheitliche Gesellschaft beruht auf Voraussetzungen, die Markt und Wettbewerb alleine nicht herstellen können. Gedanken und Begriffe Walter Euckens können uns bei dieser doppelten Aufgabe auch helfen. Er suchte nach einer Wirtschafts- und Sozialordnung, die – in seinen Worten – wirtschaftliche Leistung und menschenwürdige Daseins-Bedingungen gleichermaßen gewährleistet; nach einer Ordnung, die auf die Freiheit des Menschen ausgerichtet ist. Und er fand vieles, was diese Freiheit heute wie damals bedroht. Da schrieb er – ich zitiere wieder –, dass die Gewährung von Freiheit eine Gefahr für die Freiheit werden kann, wenn sie die Bildung privater Macht ermöglicht, dass zwar außerordentliche Energien durch sie geweckt werden, aber dass diese Energien auch freiheitszerstörend wirken können. Klingen diese Worte nicht sehr vertraut? Wenige Jahre, nachdem Banken und politische Versäumnisse die Wirtschaft vieler Staaten und damit auch Millionen Menschen in eine tiefe Krise stürzten – und dann, weil too big to fail, mit Milliarden der Steuerzahler gestützt und gerettet werden mussten.

An anderer Stelle lese ich bei Eucken über die Gefahren, die dem Einzelnen in der modernen arbeitsteiligen Welt drohen. Nicht allein wirtschaftliche Not, sondern auch die Beeinträchtigung oder sogar der Verlust seiner Freiheit, sei es durch private Macht oder im schlimmsten Fall durch den totalen Staat. Wie könnte ich bei diesen Worten nicht erinnert werden, mich selbst erinnern an die von mir erlebten Jahrzehnte in Zentralverwaltungswirtschaft, wie Eucken das nannte, an verstaatlichte Produktionsmittel und zentrale Lenkung aller Wirtschaftsprozesse, an absurde Pläne einer Mangelwirtschaft und vor allem an willkürliche Zuteilung von Lebenschancen und damit an eine Politik, die Menschen ihre Potenziale eben nicht hat entfalten lassen und die ihre Eigenverantwortung hat verkümmern lassen. An eine Wirtschaft und an einen Staat, die gleichermaßen gescheitert sind. Walter Eucken hatte, als er das formulierte, natürlich noch nicht die DDR vor Augen, sondern die sowjetische Planwirtschaft [...].

Und dann denkt da ein Freiburger Ökonom gemeinsam mit seinen Mitstreitern über die Entmachtung all dieser Mächtigen nach, entwirft eine Ordnung, in der der Staat so viel wie irgend möglich dem freien Spiel des Wettbewerbs überlässt, aber keinesfalls das Setzen der Regeln selbst. Eine Ordnung, die den Einzelnen weder einer staatlichen Bevormundung unterwirft noch einem Markt, auf dem die Starken so groß werden können, dass sie selbst die Regeln bestimmen, eine Ordnung, die – so Euckens Worte – auf das Anliegen der sozialen Gerechtigkeit zielte und zur Erfüllung dieses Anliegens auf den höchsten möglichen wirtschaftspolitischen Wirkungsgrad. [...] Letztlich wirkte die geniale Kompromissformel der Sozialen Marktwirtschaft. [...] Die Deutschen konnten sich, zumindest im Westen, mit Markt und Wettbewerb befreunden. Die Freiburger Schule hatte einen großen Anteil daran.

Dies könnte nun das Happy End sein. Soziale Marktwirtschaft hat sich durchgesetzt, und gut.

Nun geht die Rede aber noch weiter. Und es ist ja auch so: Wir wollen nicht sagen, dass es gut sei. Deutsche Unternehmen verkaufen weltweit erfolgreich ihre Produkte. Wir genießen Dank dieses wirtschaftlichen Erfolges nicht nur einen materiellen Wohlstand, sondern auch einen sozialen Standard, den es so nur in wenigen Ländern der Welt gibt. Und doch halten viele Deutsche die marktwirtschaftliche Ordnung zwar für effizient, aber nicht für gerecht. Mit Marktwirtschaft assoziieren sie laut einer aktuellen Umfrage gute Güterversorgung und Wohlstand, aber auch Gier und Rücksichtslosigkeit. Das ist nun freilich nichts Neues, ähnliche Forschungen in der Seele der Deutschen fördern seit Jahrzehnten relativ konstante Sympathien für staatliche Eingriffe in die Wirtschaft zutage. Schon Bundespräsident Heuss sprach vom gefühlsbetonten Antikapitalismus der Deutschen, den er zu Recht für einen unreflektierten Antiliberalismus hielt. Für mich folgt daraus: Es wird nicht alles schlimmer. Salopp gesagt: Man muss nicht verzweifeln, wenn man wie ich die Soziale Marktwirtschaft für eine Errungenschaft hält. Aber natürlich gibt es auch Grund zu fragen, woran so viele konstant zweifeln, nicht um den Zweifelnden zu folgen, sondern um ihnen zu begegnen. [...] Viele zweifeln am Wettbewerb, der unser Dasein bestimmt. Er beginnt spätestens in der Schule und begleitet uns nicht nur im Berufsleben oder im Unternehmen, sondern auch im Sport, in der Kunst, in der Kultur. Die Demokratie selbst ist ohne Wettbewerb ja gar nicht denkbar. Als Land stehen wir wiederum nicht nur mit unserer Wirtschaft, sondern auch mit unserem Gesellschaftsmodell im Wettbewerb mit anderen Nationen. Im Grunde aber finden allzu viele den Wettbewerb eher unbequem. Es ist anstrengend, sich permanent mit anderen messen zu müssen. Und wenn wir uns immer wieder neu behaupten müssen, dann können wir ja auch immer wieder scheitern. Das ist das Paradoxe an der freiheitlichen Ordnung. Ich kenne so viele, die sich einst fürchteten, eingesperrt zu werden, die Freiheit suchten und ersehnten. Aber jetzt fürchten sie sich vor ihr, fürchten sich auch, abgehängt zu werden. Das ist menschlich verständlich. Aber es lohnt zu erklären, was Wettbewerb vor allem ist, jedenfalls dann, wenn er fair ist, dann ist er eine öffnende Kraft. Er bricht althergebrachte Privilegien und zementierte Machtstrukturen auf und bietet dadurch Raum für mehr Teilhabe, mehr Mitwirkung. Er bietet, auch im Falle des Scheiterns, idealerweise eine zweite und weitere Chance. Und wenn er richtig gestaltet ist, dann ist er auch gerecht. [...]

Wir sollten übrigens nicht hoffen, ein für alle Mal den richtigen Rahmen setzen zu können. Es gibt doch keinen Idealzustand, der staatlich planbar oder herbei zu reformieren wäre. Auch lassen sich ja nicht alle Risiken aus einer Marktwirtschaft herausbringen. Wer das glaubt, der wird ja permanent enttäuscht. Und wer das behauptet, der wird permanent enttäuschen.

Bundespräsident Joachim Gauck, SWR2 Aula, 6.4.2014

Joachim Gauck (*24. Januar 1940 in Rostock), seit dem 23. März 2012 elfter Bundespräsident der Bundesrepublik Deutschland

F Für wie wahrscheinlich halten Sie die Eröffnung einer Bäckerei aus dem Motiv der Nächstenliebe (M 4)? Begründen Sie Ihre Meinung.

Aufgaben

1. Begründen Sie, warum die freie Marktwirtschaft der Zentralverwaltungswirtschaft als überlegen gilt (M 5, M 8).
2. Vergleichen Sie die Modelle „freie Marktwirtschaft" und „Zentralverwaltungswirtschaft" anhand der Bausteine von Wirtschaftsordnungen.
3. Visualisieren Sie in einer Mind-Map die Kerngedanken der Gauckschen Rede (M 9).
4. „Viele Deutsche halten die marktwirtschaftliche Ordnung zwar für effizient, aber nicht für gerecht" (M 9, Z. 106 ff.). Überprüfen Sie Gaucks Aussage anhand von M 10 auf S. 26.

F zu Aufgabe 2
Beziehen Sie in Ihren Vergleich zusätzlich die den Wirtschaftsordnungen zugrundeliegenden Menschenbilder mit ein.

F zu Aufgabe 3
Gestalten Sie eine Gegenrede aus Gewerkschaftsperspektive.

2.3 Die Soziale Marktwirtschaft in Deutschland

M 10 Markt oder Staat?

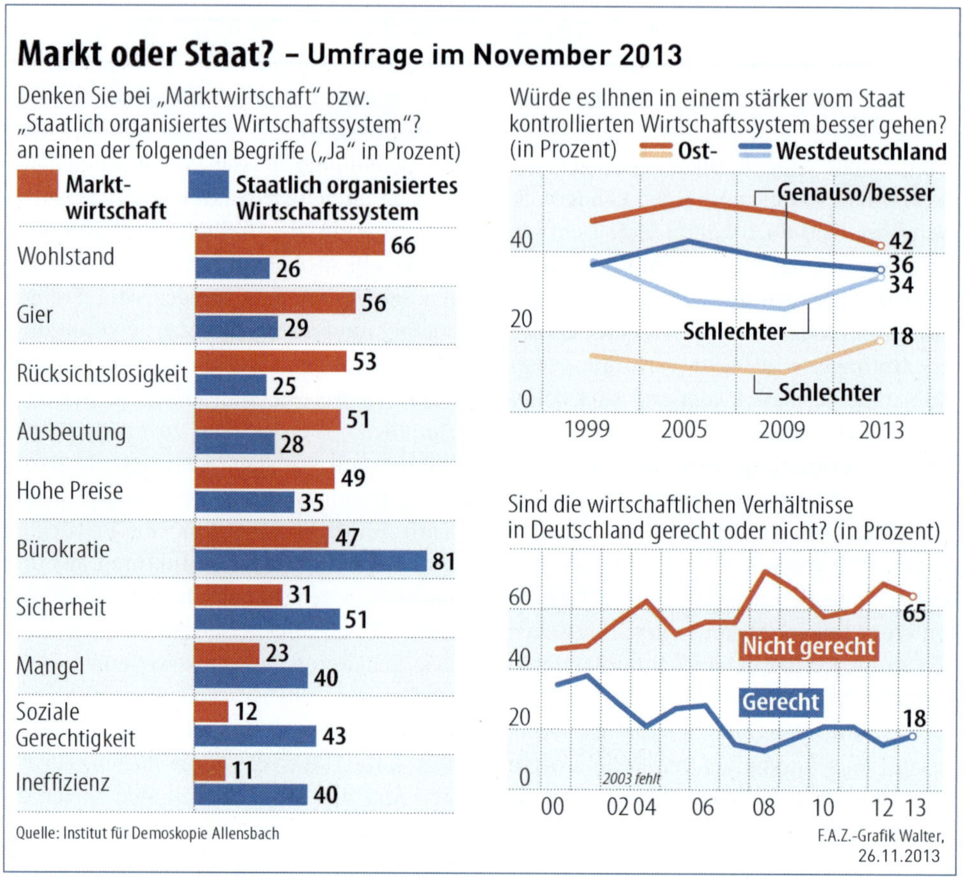

M 11 Markt und Staat im Leitbild der Sozialen Marktwirtschaft

Der deutsche Ökonom Alfred Müller-Armack (1901 – 1978) prägte den Begriff der „Sozialen Marktwirtschaft“.

1. Die Soziale Marktwirtschaft basiert auf den Funktionen eines beweglichen und sich dynamisch entwickelnden Marktes.
2. Die Soziale Marktwirtschaft ist angetreten mit dem Anspruch, durch den marktwirtschaftlichen Prozess nicht nur die Gütererzeugung anzuheben, den Bereich persönlicher freier Gestaltungsmöglichkeiten für die Einzelnen zu erweitern, sondern auch soziale Fortschritte zu bringen.
3. Die Soziale Marktwirtschaft fordert keinen schwachen Staat, sondern sieht in einem starken demokratischen Staat die Voraussetzungen für das Funktionieren dieser Ordnung. [...]
4. Garant des sozialen Anspruchs der Marktwirtschaft ist nicht nur der Markt [...]. Der Staat hat vielmehr die unbestrittene Aufgabe, über den Staatshaushalt und die öffentlichen Versicherungen die aus dem Markt resultierenden Einkommensströme umzuleiten und soziale Leistungen, wie Kindergeld, Mietbeihilfen, Renten, Pensionen, Sozialsubventionen und so weiter, zu ermöglichen. Das alles gehört zum Wesen dieser Ordnung, und es wäre

eine Farce [hier: Unsinn], nur den unbeeinflussten Marktprozess zu sehen, ohne seine vielfältige Einbettung in unsere staatliche Ordnung zu beachten. Das bedeutet keineswegs ein Hinüberwechseln aus dem Markt in den staatlichen Bereich [...]. Es muss die Grenze eingehalten werden, deren Überschreitung eine Störung der Marktvorgänge bewirkt.

5. Neben den engeren Aufgaben der Wettbewerbssicherung und den weiteren Aufgaben des sozialen Schutzes steht der Staat [...] vor Aufgaben der Gesellschaftspolitik, um die [...] Lebensumstände für alle zu verbessern. [...] Ich nenne Erweiterung der Vermögensbildung, Verbesserungen der Investitionen im Bereich des Verkehrs, des Gesundheitswesens, Aufwendungen für Bildung und Forschung, Schutz gegen die wachsende Verschlechterung vieler Umweltbedingungen, Städtebauförderung.

6. Die Ordnung der Sozialen Marktwirtschaft schließt also alle Ziele, die wir auch für eine weitere Zukunft ins Auge zu fassen haben, ein. Sie bleibt insofern Marktwirtschaft, als sie darauf besteht, dass das durch freie Betätigung aller Gruppen gesicherte Privateigentum, eine gesicherte Rechtsordnung und stetes Wirtschaftswachstum auch [...] in der Zukunft die besten Grundlagen bieten, um die Fülle der vor uns stehenden Aufgaben im staatlichen und privaten Bereich zu fördern. [...] Die Soziale Marktwirtschaft ist ein Stil, der ein festes Formprinzip mit der Fülle der Gestaltungsmöglichkeiten im Einzelnen verbindet.

Alfred Müller-Armack, Unser Jahrhundert der Ordnungsexperimente, Genealogie der sozialen Marktwirtschaft. Frühschriften und weiterführende Konzepte, 2. Aufl., Bern/Stuttgart 1981, S. 150

M 12 ● Aktuelle Herausforderungen für die Soziale Marktwirtschaft im Überblick

	Auswirkungen auf den Wirtschaftsstandort Deutschland	Auswirkungen auf den deutschen Sozialstaat	Auswirkungen auf die Handlungsfähigkeit des Nationalstaates
Globalisierung	• erfordert Steigerung der Wettbewerbsfähigkeit	• Befürchtung eines Race-to-the-Bottom	• starke Globalisierungsthese: reduzierte Handlungsfähigkeit • schwache Globalisierungsthese: kaum Einfluss oder sogar Stärkung
Europäische Integration	• erfordert Steigerung der Wettbewerbsfähigkeit; unterbewertete Währung fördert Exporte • gemeinsame Währung schafft gegenseitige fiskalische und monetäre Abhängigkeiten und kann koordiniertes Vorgehen erfordern	• kann den Druck auf den Sozialstaat nicht abfangen	• Maastricht-Kriterien und Fiskalpakt schränken Möglichkeit der Fiskalpolitik ein
Demografischer Wandel	• schrumpfende Arbeitsbevölkerung erfordert Steigerung der Erwerbstätigenquote, verstärkte Zuwanderung sowie Produktivitätssteigerungen	• Ausgabensteigerungen und sinkende Einnahmen stellen die Zukunftsfähigkeit der sozialen Sicherheitssysteme in Frage	• erhöhte Sozialausgaben reduzieren finanziellen Handlungsspielraum
Klimawandel/ Energiewende	• erfordert Anpassungen (Strukturwandel) und wirft Verteilungsfragen auf	• erhöhte Ausgaben der Sozial- und Industriepolitik	• staatliche Handlungsfähigkeit besteht, Problemlösung benötigt teils internationale Kooperation • Investitionskosten in Infrastruktur, Private-Public-Partnerships zur Finanzierung beeinflussen die Handlungsfähigkeit

Daniel Buhr u. a., Wirtschaft und Politik – eine Einführung, Stuttgart 2014, S. 101

M 13 Kontrovers diskutiert: Der Staat mischt sich ein – ist ein flächendeckender Mindestlohn* sinnvoll?

Pro (Matthias Schiermeyer):
Der Abwärtsspirale ein Ende setzen

Eine Forderung, die einem großen Teil der Bevölkerung rasche Besserung verspricht, wird gerne als populistisch diskreditiert. Welch dürftige Argumentation. Als ob nur Eliten von politischen Beschlüssen profitieren dürften.

So ist es auch beim angeblich populistischen Ziel eines gesetzlichen Mindestlohns: Ungefähr fünf Millionen Menschen würden mehr verdienen, wenn die Große Koalition eine allgemeine Lohnuntergrenze von 8,50 Euro festlegt. In der Folge nimmt der Staat mehr Steuern ein und die Sozialkassen erzielen höhere Beiträge. Die Ausgaben für Hartz IV verringern sich. Alles in allem ein Milliardengeschäft. Noch nicht eingerechnet ist dabei die wachsende Kaufkraft, wovon vor allem der Handel profitiert – selbst wenn sich der Effekt nicht in Euro beziffern lässt. Bei so vielen konkreten Vorzügen kann ein Mindestlohn nicht per se des Teufels sein.

Jahrelang kämpfte der Deutsche Gewerkschaftsbund (DGB) für einen allgemeinen Mindestlohn. Zum 1.1.2015 trat dieser in Höhe von 8,50 Euro in Kraft.

Gewiss, der Lohn müsste bezahlt werden von Unternehmen, die ihre Geschäfte bisher auf der Basis geringfügiger Einkommen machen – weniger mit der Qualität ihrer Produkte oder Dienstleistungen. Man hat sich gut eingerichtet mit der Lohnabwärtsspirale – auch der Verbraucher. Ob beim Friseur oder im Einzelhandel: was billig ist, kommt an. Damit schädigen wir uns quasi selbst. Aber auch im europäischen Maßstab wirkt die Niedriglohnstrategie destabilisierend. Der Wirtschaft und dem Arbeitsmarkt geht es auch deswegen so gut, weil wir die Nachbarn mit Dumpinglöhnen unter Druck setzen. Siehe Fleischindustrie. Die Europäer benötigen von der Lokomotive Deutschland das Signal, dass Arbeit einen angemessenen Wert behält und Europa sozial bleibt.

Folglich muss es wie in den meisten EU-Ländern auch hierzulande ein Limit geben, das im Prinzip nicht unterschritten werden darf. Über die Ausgestaltung lässt sich reden. Spätere Anhebungen könnten von einer unabhängigen Kommission festgelegt werden. Doch klar ist: Je mehr Ausnahmen erlaubt sind, desto häufiger wird der Gesetzgeber ausgetrickst. Wie die Abwandlung der Werkverträge zeigt, sind viele Betriebe im Nutzen von Schlupflöchern kreativ. Um manch mies bezahlten Arbeitsplatz wäre es nicht schade. Solche Verluste regelt der Markt. Das Risiko des allgemeinen Jobschwunds ließe sich hingegen mit einem Stufenmodell verringern, indem der Osten an das höhere Niveau im Westen herangeführt wird. Entscheidend ist, dass die Löhne am unteren Rand gerade in jenen Bereichen der Wirtschaft, in denen die Tarifpartner völlig machtlos sind, nicht immer weiter ins Würdelose gedrückt werden können.

Kontra (Roland Pichler):
Politik kann keine Löhne festsetzen

Mit den Plänen für einen gesetzlichen Mindestlohn schlägt die Politik den falschen Weg ein. Man muss nur einmal den Blick in die Zukunft schweifen lassen und sich vorstellen, was passiert, wenn der Deutsche Bundestag künftig die Lohnuntergrenze bestimmte. Ein Teil der Lohnfindung würde ins Parlament verlagert. Parteien und Volksvertreter haben auf diesem Gebiet keinerlei Expertise. Deutschland ist gut damit gefahren, dass die Löhne von Arbeitgebern und Gewerkschaften bestimmt werden. Die Tarifpartner können die Lage in den jeweiligen Branchen und Regionen am besten beurteilen. Der Bundestag kann dies nicht.

Abenteuerlich wird es, wenn die SPD auf einen einheitlichen Mindestlohn von 8,50 Euro für ganz Deutschland besteht. Solch eine Grenze führt nach Meinung der meisten Ökonomen vor allem in Ostdeutschland zu einem Arbeitsplatzabbau. Es macht schon einen Unterschied, ob ein Arbeitnehmer in Rostock oder in Ravensburg wohnt. Mieten und Kaufkraft sind regional unterschiedlich. Zahlreiche Tarifverträge sehen nach wie vor eine unterschiedliche Bezahlung in Ost und West vor. Die SPD sollte das zur Kenntnis nehmen. In Ostdeutschland erhalten rund ein Viertel der Beschäftigten einen Stundenlohn von weniger als 8,50 Euro. Im Westen sind es rund zwölf Prozent.

Die Vorstellung, der Gesetzgeber könne für Millionen von Beschäftigten eine kräftige Lohnerhöhung beschließen und alles gehe so weiter, ist naiv. Das staatlich diktierte Lohnplus hat Folgen für die Betriebe. In vielen Fällen haben Gewerkschaften niedrige Gehälter ausgehandelt. Sie taten dies in der Erkenntnis, dass der Gaststättenbetreiber, der Landwirt oder der Getränkehändler um die Ecke nicht mehr bezahlen kann. Niedrige Löhne werden weniger in Großunternehmen bezahlt, sondern finden sich meist in kleinen und mittleren Unternehmen. Deren Kritiker unterstellen der Wirtschaft Geiz. Das mag in manchen Fällen zutreffen. Doch woher nimmt sich die Politik das Recht, dies zu beurteilen? Ein Wesensmerkmal in der Marktwirtschaft gerät in Vergessenheit: Löhne müssen am Markt verdient werden.

Der neue Bundestag würde den Betroffenen einen Bärendienst erweisen, wenn er Mindestlöhne ohne Rücksicht auf volkswirtschaftliche Wirkungen in Kraft setzte. Wenn die Politik schon der Meinung ist, sie müsse bei der Lohnfindung mitmischen, sollte sie wenigstens regionale und branchentypische Lösungen wählen.

**Der gesetzliche Mindestlohn ist zum 1.1.2015 in Deutschland flächendeckend in Kraft getreten.*

Matthias Schiermeyer/Roland Pichler, Stuttgarter Zeitung, 23.10.2013

Aufgaben

1. Analysieren Sie die Grafiken in M 10.
2. Werten Sie M 11 aus. Stellen Sie zunächst die zentralen Aussagen des Textes zusammen. Analysieren Sie nun die Ideen Müller-Armacks in Bezug auf sein Menschenbild und die Auffassung über die Rolle des Marktes und des Staates. Erstellen Sie abschließend eine Wandzeitung, auf der Sie diese Ideen darstellen.
3. Vergleichen Sie die Positionen von Matthias Schiermeyer und Roland Pichler zur Einführung des gesetzlichen Mindestlohns (M 13).
4. Recherchieren Sie, wie sich die Arbeitslosenzahlen seit Einführung des gesetzlichen Mindestlohnes in Deutschland entwickelt haben. Beurteilen Sie, inwiefern welche Position recht behalten hat (M 13).
5. Projektidee: Erarbeiten Sie, welche Regelungen sich in anderen Ländern zum Thema Mindestlohn finden lassen und wie diese dort funktionieren.

F Informieren Sie sich über die Positionen der politischen Parteien zum gesetzlichen Mindestlohn und positionieren Sie die Parteien auf einer Markt/Staat-Achse.

ORIENTIERUNGSWISSEN

Wirtschaftsordnungen im Vergleich (M 2, M 3)

Eine Wirtschaftsordnung besteht aus einer jeweils charakteristischen Kombination von Institutionen und Regeln, die als Anreize auf das Verhalten der Akteure wirken. Zu den wichtigsten Anreizstrukturen einer Wirtschaftsordnung zählt man die Planungs- und Lenkungsform, die Eigentumsform, die Markt- und Preisbildungsform sowie die Unternehmensform.

Marktwirtschaft

Bei der Marktwirtschaft handelt es sich um eine Volkswirtschaft, die ihre Ressourcen durch die dezentralen Entscheidungen zahlreicher Unternehmen und Haushalte zuteilt, die zu diesem Zweck auf Märkten für Güter, Dienstleistungen und Produktionsfaktoren (Arbeit und Kapital) zusammenwirken. Der Bürger kann sich nahezu uneingeschränkt wirtschaftlich betätigen. In der Regel sind Märkte gute Verfahren für die Koordination von Tauschhandlungen. Der Staat übernimmt nur die Minimalaufgaben der inneren und äußeren Sicherheit, der Justiz sowie der Bereitstellung nicht marktförmig handelbarer, öffentlicher Güter.

Planwirtschaft (M 7, M 8)

Im Unterschied zur Marktwirtschaft werden Produktion und Verteilung in der Planwirtschaft nicht über den Markt, sondern über eine staatliche Behörde geregelt. Auch Preise werden zentral festgesetzt und bilden sich nicht über Angebot und Nachfrage. Sie fallen damit als Anzeiger für Knappheit und Begehrtheit von Gütern aus, sodass die zentralen Planer darüber keine Informationen haben. Die Umsetzung (etwa in der DDR) erwies sich prompt als sehr problematisch. Ressourcen wurden verschwendet. Die Pläne gingen am Bedarf vorbei, ohne Wettbewerb waren die Staatsunternehmen wenig innovativ, machten Verluste und lieferten schlechte Qualität. Schließlich kam es zu einer extremen Überschuldung des Staates.

Die Soziale Marktwirtschaft (M 9)

Die Soziale Marktwirtschaft ist die Wirtschaftsordnung der Bundesrepublik Deutschland. Sie ergänzt die Marktprozesse durch eine vom Staat durchgesetzte und kontrollierte Wettbewerbsordnung und eine staatliche Sozialordnung. Auf diesem Wege sollen die unerwünschten Ergebnisse eines rein marktwirtschaftlichen Systems korrigiert und persönliche Freiheit mit sozialer Sicherheit verbunden werden.
Das Konzept der Sozialen Marktwirtschaft wurde von Wissenschaftlern der Freiburger Schule (z. B. Walter Eucken, Alfred Müller-Armack) entwickelt und vom ersten Wirtschaftsminister der Bundesrepublik Deutschland, Ludwig Erhard, politisch durchgesetzt.

Herausforderungen für die Soziale Marktwirtschaft (M 12)

Nach wie vor ist die Soziale Marktwirtschaft kein Selbstläufer. Sie steht vor einer Reihe von Herausforderungen, wie zum Beispiel der Bewältigung des demografischen Wandels. Man weiß aufgrund der relativ exakten demografischen Prognosen ziemlich genau, dass es demnächst eine Überalterung der Gesellschaft, einen Pflegenotstand, einen Arbeitskräftemangel und eine Überlastung der sozialen Sicherungssysteme geben wird. Es wird die Frage sein, ob und wie man diesen Problemen bereits heute präventiv begegnet oder ob man erst in Zukunft kurativ reagieren wird.

Wieso müssen Patienten lange auf einen Arzttermin warten?

Mehr als die Hälfte der Kassenpatienten wartet beim Facharzt länger als vier Wochen auf einen Termin oder bekommt überhaupt keinen – sofern sie keine dringenden Notfälle sind. Aber wieso dauert es so lange, bis man zur ganz normalen Untersuchung von Rückenschmerzen beim Orthopäden vorgelassen wird? Wieso wurden wir von Kinderärzten und Psychotherapeuten gar reihenweise abgewiesen?

Daran ist natürlich nicht in erster Linie der einzelne Arzt schuld. Es hat vor allem damit zu tun, dass die Versorgung mit niedergelassenen Ärzten kein freier Markt ist wie etwa die Versorgung mit Lebensmitteln. Sind in einem Supermarkt regelmäßig die Schlangen an der Kasse viel zu lang, gehen die Leute woandershin. Wächst irgendwo plötzlich der Bedarf an Schokolade, Käse und Äpfeln, eröffnet ein neuer Supermarkt. Bei den Ärzten geht das nicht. Die Zahl der Praxen ist beschränkt, den Bedarf bestimmen die Krankenkassen gemeinsam mit den Kassenärztlichen Vereinigungen. Letztere sind die Selbstverwaltung der Ärzte, aber auch eine Körperschaft des öffentlichen Rechts. Die restriktive Bedarfsplanung ist schuld, dass in vielen Städten in Deutschland eine neue Praxis nur eröffnen kann, wenn eine alte schließt.

Wieso ist man so restriktiv? Das liegt daran, dass die Kassenärztlichen Vereinigungen ihren Ärzten ein Auskommen sichern wollen. Sie sind es, die auch das Honorar verteilen. Von den Krankenkassen bekommen sie eine feste Summe, die auf alle Ärzte verteilt wird. Lässt man nun mehr Ärzte zu und werden dann insgesamt mehr Leistungen erbracht, weil etwa langes Warten wegfällt, dann gibt es ein Problem: Es ist trotzdem nicht mehr Geld da. Also bekommt jeder einzelne Arzt im Schnitt weniger für die gleiche Leistung.

Das wollen die Ärzte natürlich nicht. Mit der Marktzutritts-Beschränkung sichern sie, dass jeder Arzt ein Auskommen hat, ein Auskommen, das im Schnitt dem eines Oberarztes in einer deutschen Klinik entspricht. Würde man den Ärzten gestatten, sich unbeschränkt niederzulassen, so wäre das gefährdet. Das verhindern die Ärztevertreter – und haben zur weiteren Dämpfung der Leistungs-Steigerung noch etwas eingeführt: Jede Praxis hat ihr eigenes Budget. Überschreitet sie eine bestimmte Zahl an Kassenpatienten, wird ihr für jeden neuen Patienten weniger gezahlt. [...]

Sein Einkommen nach oben steigern kann der Arzt mit Kassenpatienten nur mäßig. Besser geht das mit Privatpatienten oder mit den Leistungen, die Patienten selbst bezahlen. Dafür gibt es keine Budgets, jede Leistung wird einzeln bezahlt statt als Kopfpauschale, und sie wird oft besser bezahlt.

Kein Wunder, dass die Ärzte Privatpatienten und Selbstzahler bevorzugen. [...] Schließlich ist eine Arztpraxis ein kleines Unternehmen, das gewinnorientiert arbeitet.

Lisa Nienhaus, Frankfurter Allgemeine Sonntagszeitung, 15.6.2014, S. 20

Aufgaben

1. Arbeiten Sie unter Berücksichtigung der Elemente der Wirtschaftsordnung der Sozialen Marktwirtschaft heraus, wieso Patienten lange auf einen Arzttermin warten müssen.
2. Erörtern Sie, was sich ändern müsste, damit Patienten nicht mehr so lange auf einen Arzttermin warten müssen.

„Deutschland – deine Rezessionen“

Süddeutsche Zeitung, 17.5.2010

„Bürger und Firmen treiben deutsches Wachstum an“

Spiegel Online, 23.5.2014

Aufschwung

Krise

„Auf ewig im Hamsterrad“

Süddeutsche Zeitung, 31.10.2014

„Ein gesunder Organismus beendet sein Wachstum irgendwann“

Spiegel Online, 15.4.2014

3 Wachstums- und Konjunkturpolitik

Wachstum ist ein wichtiges Ziel der Wirtschaftspolitik. Die Entwicklung der Wirtschaft wird daher stets von den Wirtschaftspolitikern beobachtet, damit diese bei einer negativen Entwicklung rechtzeitig Gegenmaßnahmen ergreifen und in das Wirtschaftsgeschehen eingreifen können.
Was versteht man unter Wachstum, welche Faktoren bedingen es und wie kann man es messen? Wie lässt sich die Entwicklung des Wirtschaftswachstums beobachten? Welche wirtschaftspolitischen Konzepte stehen zur Beeinflussung des Wachstums und der Konjunktur zur Verfügung, wer wendet sie an und wie sollen sie angewandt werden? Wie haben sich die angewandten wirtschaftspolitischen Konzepte auf Wachstum und Konjunktur ausgewirkt?

KOMPETENZEN

Am Ende dieses Kapitels sollten Sie Folgendes wissen und können:

- Sie können die wirtschaftliche Entwicklung in Marktwirtschaften mithilfe des Konjunkturzyklus beschreiben.
- Sie sind in der Lage, die aktuelle wirtschaftliche Lage der Bundesrepublik anhand von geeigneten Konjunkturindikatoren zu analysieren.
- Sie können die wirtschaftspolitischen Grundpositionen der Angebots- und Nachfrageorientierung darstellen und konkrete Maßnahmen den Positionen zuordnen.
- Sie können das Wirtschaftswachstum als zentrale Zielsetzung der Wirtschaftspolitik beurteilen.

Was wissen und können Sie schon?

1. Begründen Sie die Notwendigkeit von Wirtschaftswachstum. Gehen Sie dabei von den Fotos auf der linken Seite aus.
2. Inwiefern ist Wachstum problematisch? Nehmen Sie Stellung zu dieser Frage.

3.1 Konjunkturschwankungen – unkontrollierbare Naturereignisse?

M 1 Der Konjunkturzyklus – dem Auf und Ab der Wirtschaft auf der Spur

In einer Marktwirtschaft werden Angebot und Nachfrage von bzw. nach Gütern und Leistungen vom Wettbewerb bestimmt. Bevor sich jedoch jeweils ein Gleichgewicht einpendelt, kann die Nachfrage dem Angebot vorauseilen oder umgekehrt.
Übersteigt die Nachfrage das Angebot, so wird die Produktion – bei sich erweiternden Preis- und Gewinnspielräumen – durch höhere Auslastung und später auch durch Erweiterung der Kapazitäten bzw. durch neue Anbieter erhöht: Die Wirtschaftstätigkeit belebt sich, die Wertschöpfung nimmt zu. Übertrifft das Angebot die Nachfrage, so treten die umgekehrten Prozesse ein.
Dieses Auf und Ab, nämlich die Veränderungen im Grad der wirtschaftlichen Aktivität, gemessen an den Wachstumsraten des Bruttoinlandsprodukts, ergibt den Konjunkturverlauf als wellenförmige Kurve zwischen den Zeiten des Geringst- und des Höchsteinsatzes aller Produktionsfaktoren. [...] Es ergeben sich mithin (modellhaft) vier verschiedene Phasen der Konjunktur:

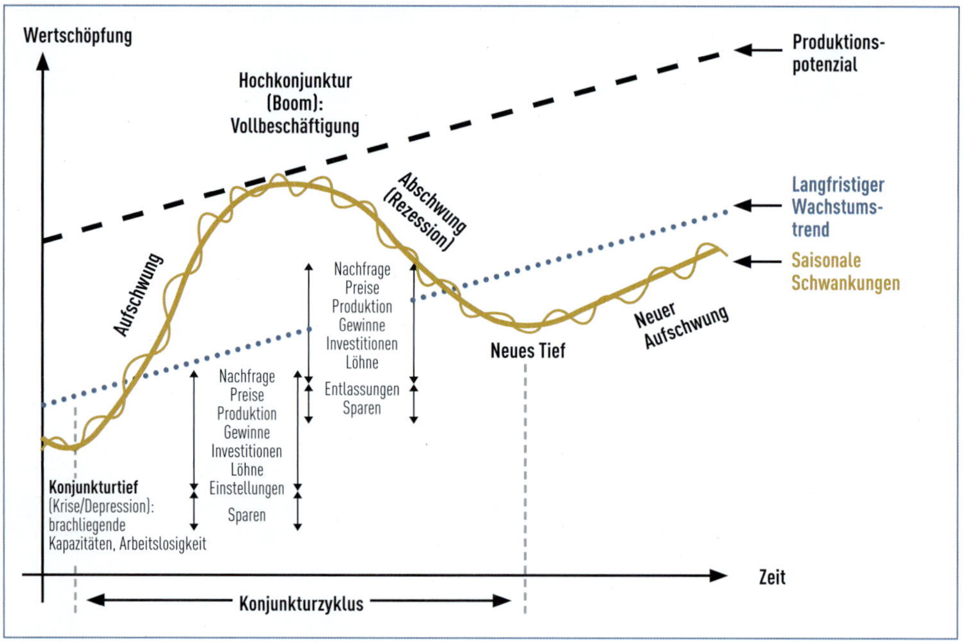

Bankenverband (Hrsg.), Konjunktur und Wachstum, 2014, S. 33 ff.

M 2 Konjunkturindikatoren – (wie) kann man die Entwicklung der Konjunktur erkennen?

Konjunkturschwankungen werden durch bestimmte Messgrößen, die Konjunkturindikatoren, erfasst. Als Konjunkturindikatoren eignen sich generell solche statistischen Zeitreihen, deren Verlauf die Expansion und Kontraktion der wirtschaftlichen Aktivität widerspiegeln. In der Bundesrepublik Deutschland werden gut ein

Bruttoinlandsprodukt (BIP)
In ihrem Geldwert ausgedrückte Summe aller Güter und Dienstleistungen, die in einem bestimmten Zeitraum innerhalb einer Volkswirtschaft produziert werden.
Nominal: Im augenblicklichen Geldwert.
Real: Inflationsbereinigt, d. h. im Geldwert eines bestimmten (Basis-) Jahres ausgedrückt.

Produktionspotenzial/Kapazitäten
Größtmögliche gesamtwirtschaftliche Produktion, die sich bei gegebenem technischen Fortschritt mit den vorhandenen, normal ausgelasteten Produktionsfaktoren Arbeit und Kapital erreichen lässt.

Auslastungsgrad
Prozentsatz, zu dem das Produktionspotenzial eines Betriebes tatsächlich genutzt wird.

Erklärfilm „Konjunkturzyklus"

Mediencode: 73006-01

Dutzend verschiedener Indikatoren ständig zu dem Zweck beobachtet, Aufschlüsse über den Konjunkturverlauf zu gewinnen. Die Messgrößen werden in drei Gruppen eingeteilt: Frühindikatoren, Präsensindikatoren und Spätindikatoren.

Artur Woll, Volkswirtschaftslehre, 16. Aufl. 2011, S. 492

M 3 ● Indikatorenschema

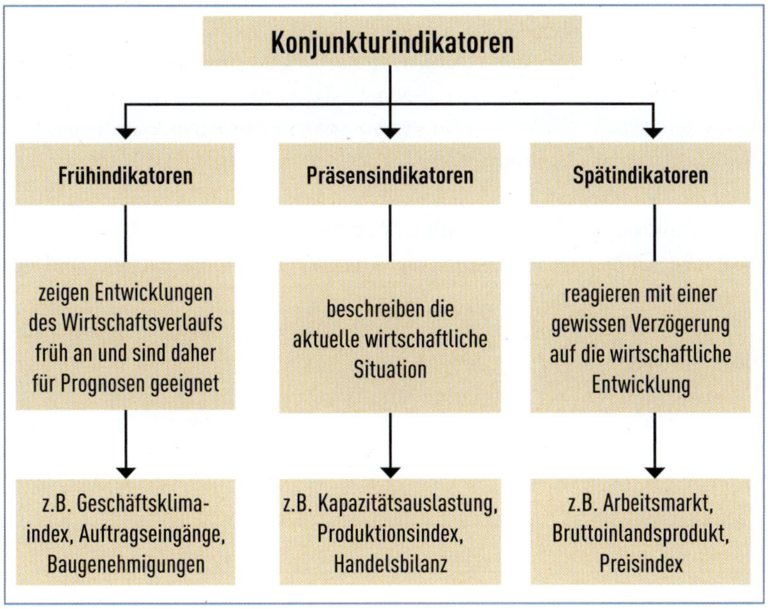

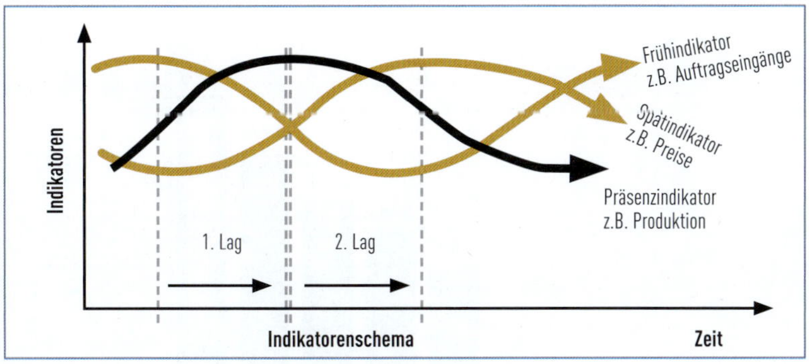

Artur Woll, Wirtschaftspolitik, 2. Aufl., München 1994, S. 152

Frühindikatoren

Erlauben eine Prognose der zukünftigen Entwicklung des Konjunkturverlaufs.

Präsenz-indikatoren

Reagieren ohne zeitliche Verzögerung auf Konjunkturänderungen und beschreiben so die aktuelle wirtschaftliche Situation, z. B. reales BIP (insbes. Produktion von Konsum- und Investitionsgütern) und Kreditnachfrage.

Spätindikatoren

Reagieren mit zeitlicher Verzögerung auf Konjunkturänderungen und erlauben u. a. Aufschluss darüber, inwieweit eine Politik mit dem Ziel des Ausgleichs von Schwankungen erfolgreich war.

Aufgaben

1. Beschreiben Sie die vier Konjunkturphasen mithilfe der angegebenen Konjunkturindikatoren (M 1, M 2) mit eigenen Worten. Stellen Sie den Verlauf als Wirkungskette dar.
2. Erläutern Sie anhand der Abbildung „Indikatorenschema" (M 3) die zeitliche Verschiebung der drei Kurven. Stellen Sie dazu die Zusammenhänge zwischen den einzelnen Kurven dar. Wählen Sie für die Darstellung aus jeder Indikatorengruppe einen Indikator aus.

H zu Aufgabe 1
Gehen Sie von der Entwicklung der Nachfrage aus und überlegen Sie, wie sich die Veränderung der Nachfrage auf die anderen Indikatoren auswirkt.

F Analysieren Sie mithilfe geeigneter Indikatoren die aktuelle wirtschaftliche Lage der Bundesrepublik (geeignete Indikatoren finden sich bspw. auf der Homepage des Statistischen Bundesamtes unter: https://www.destatis.de/DE/ZahlenFakten/Indikatoren/Konjunkturindikatoren/Konjunkturindikatoren.html).

METHODE

Methode: Auswertung von Statistiken

Statistiken und Schaubilder haben die Aufgabe, komplexe Vorgänge oder Sachverhalte aufzubereiten, um sie visuell erfassbar zu machen. Tabellen, Kurven, Säulen und Bilder bilden eine entscheidende Grundlage für das Verständnis von wirtschaftlichen Zusammenhängen und für die Entscheidungen wirtschaftlicher und politischer Akteure.

Um dies verstehen und beurteilen zu können, brauchen die Bürgerinnen und Bürger genauso wie die Politiker die Fähigkeit, aufbereitete statistische Daten zu analysieren und zu bewerten.

Die statistischen Ämter der EU (Eurostat), des Bundes (Destatis) und der Länder, aber auch statistische Abteilungen von Interessenverbänden (Arbeitgeberverbände, Gewerkschaften, DIHK etc.) und private, kommerzielle Anbieter stellen Daten zusammen bzw. bereiten Daten in Form von Statistiken und Grafiken auf.

Umgang mit Statistiken und Grafiken

Alle Anbieter verfolgen bei der Auswahl und Interpretation der Daten eigene Ziele. Bei der Begegnung mit Statistiken und Grafiken muss man sich dessen bewusst sein und bei der Interpretation mit berücksichtigen, von welcher Quelle sie angeboten werden.

Zur Analyse und Interpretation von Statistiken und Grafiken – Arbeitsschritte

1. Genaue Beschreibung

- Wie lautet das Thema? Welcher Zeitraum wird erfasst?
- Darstellungsform? (Säulen-, Balken-, Kurvendiagramm? Schaubild? Tabelle?)
- Zahlenangaben absolut oder in Prozent?
- Beschriftung? Verwendete Begriffe?
- Aus welcher Quelle stammen die Zahlen?

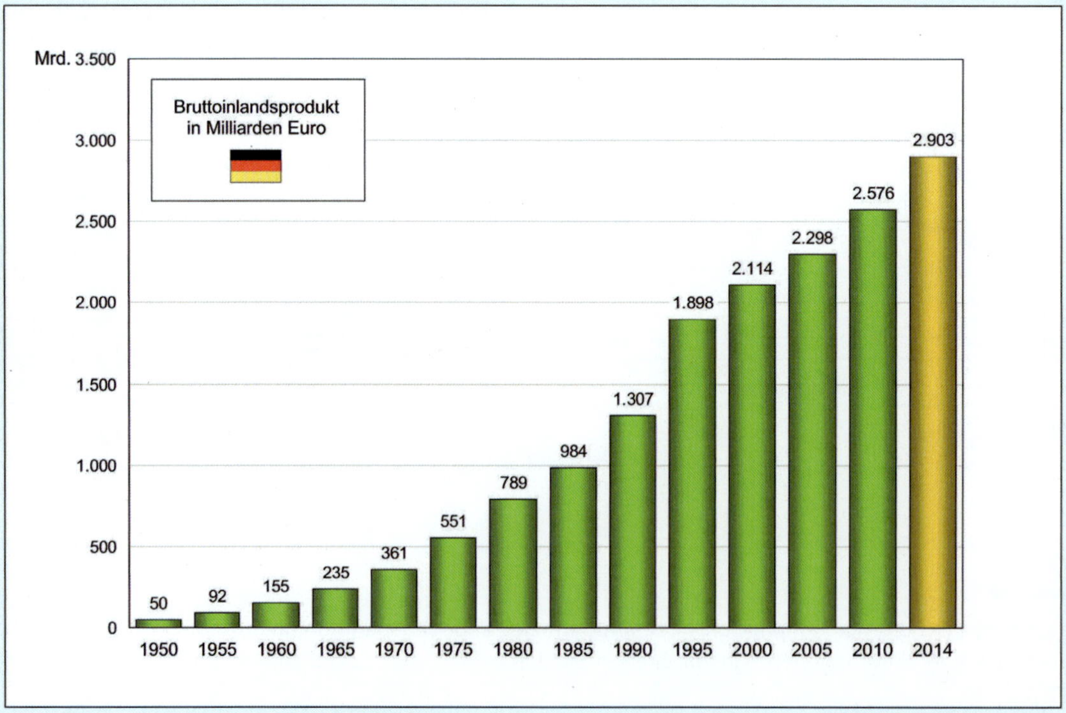

Bruttoinlandsprodukt nominal, gerundet (nach 1990 für Gesamtdeutschland) Datenquelle: Statistisches Bundesamt

Stand: 01.04.2015 | **Wirtschaftliche Entwicklung seit 1950** | © richter-publizistik

2. Analyse

- Nicht jede Einzelheit (z. B. Daten für jedes einzelne Jahr) muss aufgelistet werden; vielmehr ist darauf zu achten, ob es auffällige Merkmale gibt, z. B. steile Anstiege oder Rückgänge, große Ausschläge nach oben oder unten.
- (Inwiefern) Ist eine Entwicklung, Tendenz oder ein Trend zu erkennen?
- Sind Regelmäßigkeiten, (un)typische Ausschläge, Parallelitäten oder gegenläufige Entwicklungen erkennbar?

3. Erklären

- Welche Zusammenhänge sind zu erkennen?
- Welche mir bekannten Sachverhalte können als Erklärung für die erkannten Auffälligkeiten dienen?

4. Bewerten

- Lassen Quelle oder die Art der Darstellung ein bestimmtes Interesse vermuten?
- Sind die Zahlen aktuell?
- Stimmen verwendete Begriffe und Thema/Überschrift überein?

Wirtschaftswachstum in Deutschland[1]

Veränderung des preisbereinigenden Bruttoinlandsprodukts gegenüber dem Vorjahr in %

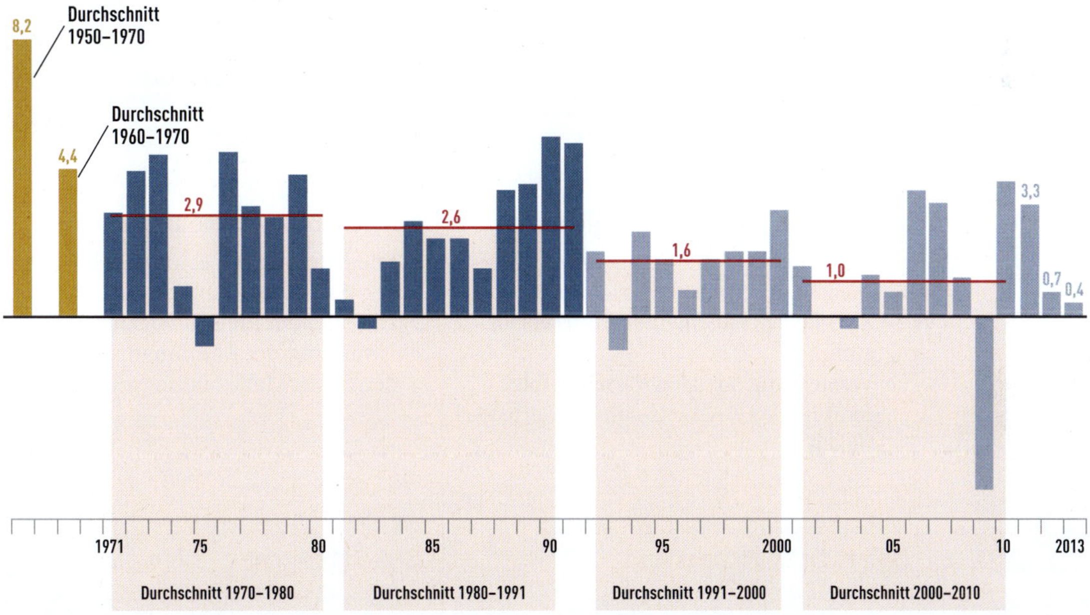

1 Die Ergebnisse von 1950 bis 1970 (Früheres Budesgebiet) sind wegen konzeptioneller und definitorischer Unterschiede nicht voll mit den Ergebnissen von 1970 bis 1991 (Früheres Bundesgebiet) und den Angaben ab 1991 (Deutschland) vergleichbar. Die preisbereinigten Ergebnisse von 1950 bis 1970 (Früheres Bundesgebiet) sind in Preisen von 1991 berechnet. Die Ergebnisse von 1970 bis 1991 (Früheres Bundesgebiet) sowie die Angaben ab 1991 (Deutschland) werden in Preisen des jeweiligen Vorjahres als Kettenindex nachgewiesen. Bei der VGR-Revision 2011 wurden zudem nur die Ergebnisse für Deutschland bis 1991 zurückgerechnet; Angaben vor 1991 sind unverändert geblieben.

Statistisches Bundesamt, Bruttoinlandsprodukt 2013 für Deutschland, Begleitmaterial zur Pressekonferenz am 15. Januar 2014 in Berlin, S. 7

Aufgaben

1. Beschreiben und analysieren Sie die beiden Schaubilder.
2. Vergleichen Sie die beiden Schaubilder hinsichtlich der gewählten Darstellungsform und deren Wirkung.
3. Bewerten Sie die Grafiken in Bezug auf deren Verwendbarkeit für die Beschreibung der wirtschaftlichen Entwicklung in Deutschland.

3.2 Stabilität auf Knopfdruck? – Wachstum und Beschäftigung: zwei Seiten einer Medaille?

M 4 ● Die Krise 1967 – der Beginn staatlicher Wirtschaftspolitik in Deutschland

1966 endete das deutsche Wirtschaftswunder, erstmals seit 1949 brach das Wachstum ein. „Insgesamt war das aber nur eine Mini-Rezession [...]“, sagt Wirtschaftshistoriker Abelshauser. „Der damalige Wirtschaftsminister Karl Schiller versuchte, mit seiner Politik die Zyklen der Konjunktur zu eliminieren und so weitere Rezessionen zu vermeiden.“ Die erste Rezession der Bundesrepublik führte zur Verabschiedung des Stabilitäts- und Wachstumsgesetzes, das ein gesamtwirtschaftliches Gleichgewicht als Staatsziel definiert. Spätestens 1967 war die Phase des Wiederaufbaus abgeschlossen; von da an verlangsamte sich das Wachstum der Wirtschaft.

Stefan Schweiger, Süddeutsche Zeitung, 17.5.2010

M 5 ● Die Ziele des magischen Vierecks der Wirtschaftspolitik

Hoher Beschäftigungsstand	Preisniveaustabilität
Wirtschaftspolitische Bedeutung: ▸ Ausschöpfung des gesamtwirtschaftlichen Produktionspotenzials zum Zwecke der allgemeinen Güterversorgung ▸ Vermeidung sozialer Härten infolge unfreiwilliger Arbeits- und Erwerbslosigkeit	Wirtschaftspolitische Bedeutung: ▸ Erleichterung der Erwartungsbildung der Wirtschaftssubjekte bezüglich der allgemeinen Preisentwicklung ▸ Förderung der Koordinationsfähigkeit des freien Marktbildungsmechanismus
Stetiges und angemessenes Wirtschaftswachstum	**Außenwirtschaftliches Gleichgewicht**
Wirtschaftspolitische Bedeutung: ▸ der Stetigkeit: Vermeidung oder Dämpfung der konjunkturellen Schwankungen von Wachstum und Beschäftigung ▸ der Angemessenheit: Notwendigkeit eines ausreichenden Wachstums für die Erreichung eines hohen Beschäftigungsgrades in der Zukunft	Wirtschaftspolitische Bedeutung: ▸ Erreichung einer langfristigen ausgeglichenen Zahlungsbilanz (Devisenzuflüsse = Devisenabflüsse) ▸ Vermeidung eines dauerhaften Netto-Abflusses inländischer Ressourcen ins Ausland, Vermeidung einer dauerhaft ansteigenden Nettoverschuldung des Inlands gegenüber dem Ausland

Duden Basiswissen Schule, Politik, Berlin/Mannheim 2004, S. 160 f.

§ 1 Gesetz zur Förderung der Stabilität und des Wachstums der Wirtschaft (StabG, 1967):

Bund und Länder haben bei ihren wirtschafts- und finanzpolitischen Maßnahmen die Erfordernisse des gesamtwirtschaftlichen Gleichgewichts zu beachten. Die Maßnahmen sind so zu treffen, dass sie im Rahmen der marktwirtschaftlichen Ordnung gleichzeitig zur Stabilität des Preisniveaus, zu einem hohen Beschäftigungsstand und außenwirtschaftlichem Gleichgewicht bei stetigem und angemessenem Wirtschaftswachstum beitragen.

M 6 ● Das „magische" Viereck

[D]ie vier wirtschaftspolitischen Hauptziele nach dem Stabilitätsgesetz [...] werden deshalb als „magisch" bezeichnet, weil sie nicht alle gleichzeitig verwirklicht werden können. Zwischen den einzelnen Zielen bestehen vielmehr Konflikte und Wechselwirkungen, sodass sich wirtschaftspolitische Maßnahmen zur Erreichung eines Ziels negativ auf die Realisierung anderer Ziele auswirken können. [...]
Konflikte bestehen z. B. zwischen den Zielen Preisstabilität und hoher Beschäftigungsgrad. So werden z. B. Zinserhöhungen als Maßnahme zur Stabilisierung des Preisniveaus die Investitionstätigkeit drosseln, was wiederum negativ für die Erreichung eines hohen Beschäftigungsgrades ist.

Duden Wirtschaft von A bis Z: Grundlagenwissen für Schule und Studium, Beruf und Alltag. 5. Aufl. Mannheim: Bibliographisches Institut 2013. Lizenzausgabe Bonn: Bundeszentrale für politische Bildung 2013

M 7 ● Offene Stellen und Veränderungen des realen Bruttoinlandsprodukts

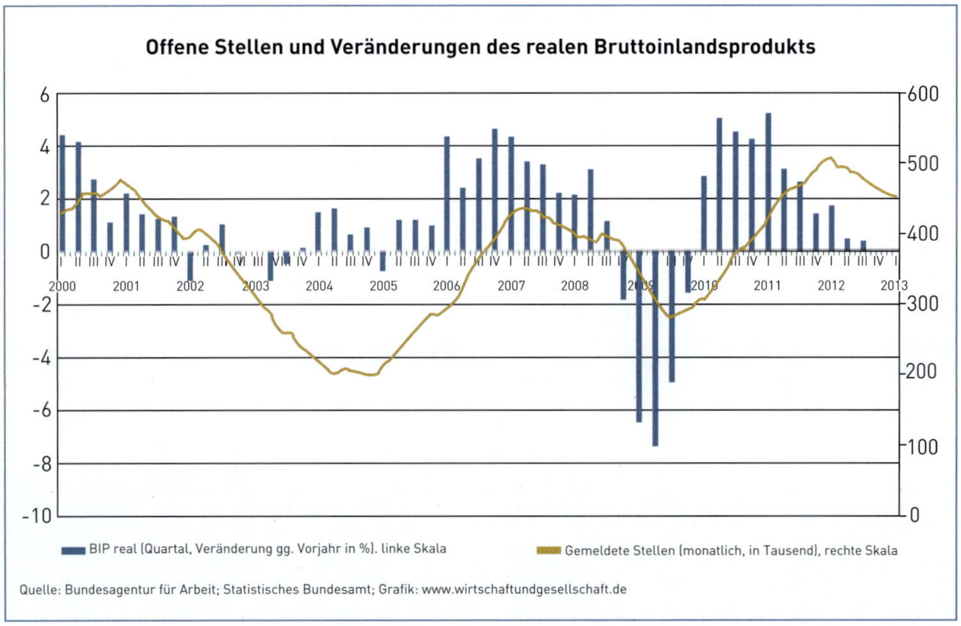

Quelle: Bundesagentur für Arbeit; Statistisches Bundesamt; Grafik: www.wirtschaftundgesellschaft.de

Aufgaben

1. Begründen Sie die Notwendigkeit staatlicher Stabilisierungspolitik (M 4 – M 7).
2. Stellen Sie die Ziele des StabG von 1967 dar. Wann ist nach dem Gesetz ein gesamtwirtschaftliches Gleichgewicht gegeben (M 4, M 5)?
3. Prüfen Sie, inwiefern die Ziele Preisniveaustabilität und Wirtschaftswachstum miteinander vereinbar sind (M 6, M 7).

H zu Aufgabe 3
Überlegen Sie, welcher Zusammenhang zwischen Nachfrage und Wirtschaftswachstum besteht.

F Überprüfen Sie die Vereinbarkeit der Ziele Preisniveaustabilität und Vollbeschäftigung.

3.3 Stabiles Preisniveau – alles teurer oder was?

Inflation

Inflation ist ein anhaltender Prozess von Preiserhöhungen für wichtige Gütergruppen, durch den das Preisniveau ansteigt.

Inflationsrate

Prozentsatz, mit der das Preisniveau der Verbraucher, der Hersteller, des Großhandels oder anderer Wirtschaftseinheiten in einer Periode ansteigt bzw. das Geld an Kaufkraft verliert.

M 8 Lagarde mahnt, Draghi beschwichtigt

Im Kampf gegen eine Deflation muss die Europäische Zentralbank (EZB) laut IWF-Chefin Christine Lagarde notfalls die Notenpresse massiv anwerfen. Die EZB sollte Bereitschaft zu verschärften Maßnahmen wie etwa dem Aufkauf von Staatsanleihen erkennen lassen, betonte die Französin am Donnerstag in Washington. Dies gelte für den Fall, dass sich der Inflationsausblick weiter eintrübe. Der Ankauf von Staatsanleihen in großem Stil gilt als letztes Mittel, um einen Preisverfall zu verhindern.

Zuletzt lag die Teuerungsrate in der Euro-Zone nur noch bei 0,3 Prozent. Auf breiter Front fallende Preise können die Konjunktur auf Dauer abwürgen. Denn Verbraucher schränken dann in Erwartung immer weiter fallender Preise ihren Konsum ein und Firmen schieben Investitionen auf.

EZB-Präsident Mario Draghi erwartet jedoch, dass die Teuerung in der Euro-Zone bis spätestens 2017 wieder in Richtung der von der Notenbank angepeilten Zielmarke von knapp zwei Prozent anzieht. [...]

Um zu verhindern, dass die Teuerung noch weiter sinkt und in der Folge die Wirtschaft insgesamt abschmiert, haben die Währungshüter um Draghi zuletzt ein umfangreiches Maßnahmenpaket beschlossen. Es beinhaltet unter anderem milliardenschwere Geldspritzen für die Banken und setzt zudem auf den massenhaften Aufkauf von Pfandbriefen und Kreditverbriefungen. Diese will Draghi auch den Banken in den Krisenländern Zypern und Griechenland abkaufen.

Vor allem deshalb hagelte es zuletzt Kritik aus Deutschland. Die Bundesbank lehnt das Programm kategorisch ab, weil sie fürchtet, die EZB könnte zur „Bad Bank" Europas werden, wenn sie auch Wertpapiere mit höherer Ausfallwahrscheinlichkeit in die Bilanz nimmt.

Lagarde rief zugleich die USA und auch Deutschland auf, ihre Spielräume stärker zu nutzen, um die Infrastruktur auf Vordermann zu bringen. In ihrem Herbstgutachten hatten die führenden Forschungsinstitute der Bundesregierung vorgeworfen, zu wenig zu investieren.

Reuters, www.handelsblatt.com, 9.10.2014

M 9 Der Wert des Geldes

Eine auf dem Geldwesen aufbauende Volkswirtschaft kann nur funktionieren, wenn das, was als Geld umläuft, auch als solches von der Bevölkerung akzeptiert wird. Anderenfalls werden grundsätzliche Voraussetzungen der Geldeigenschaft (Umlauffähigkeit und Massengewohnheit der Annahme) nicht erfüllt. Akzeptiert wird Geld nur dann, wenn sein Wert, also das, was man für eine Geldeinheit kaufen kann (Kaufkraft), im Wesentlichen gesichert bleibt. Verliert Geld an Wert, spricht man von Geldentwertung, ist dieser Verlust dauerhaft, von Inflation.

Man muss unterscheiden zwischen dem Preisanstieg einzelner Güter als Folge veränderter Angebots- und Nachfrageverhältnisse am Markt sowie einem allgemeinen Preisanstieg. Preisveränderungen auf einer Vielzahl von Märkten gehören zu den typischen Erscheinungen einer Marktwirtschaft. Geldwertstabilität bedeutet dann letztlich, dass Preiserhöhungen für einzelne Waren und Dienstleistungen begleitet werden müssen von Preissenkungen für andere, sodass, über alle Güter hinweg betrachtet, das Preisniveau nahezu unverändert bleibt.

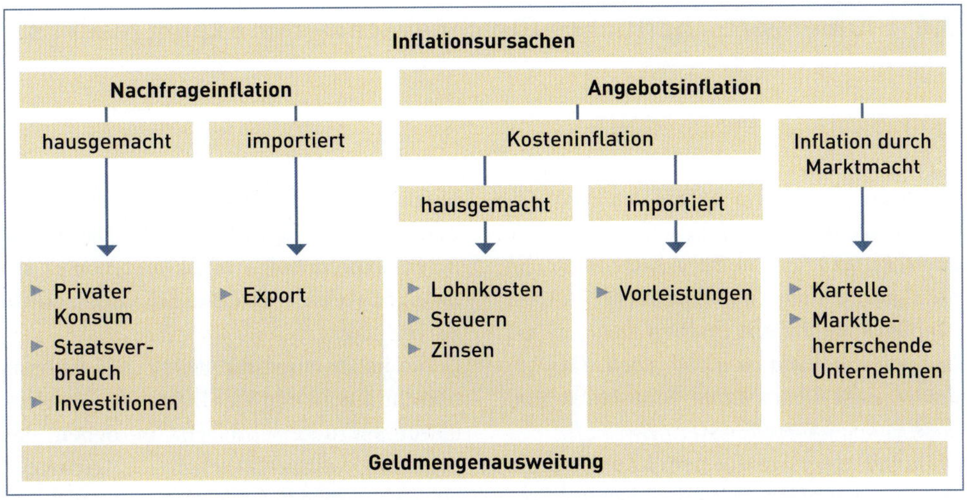

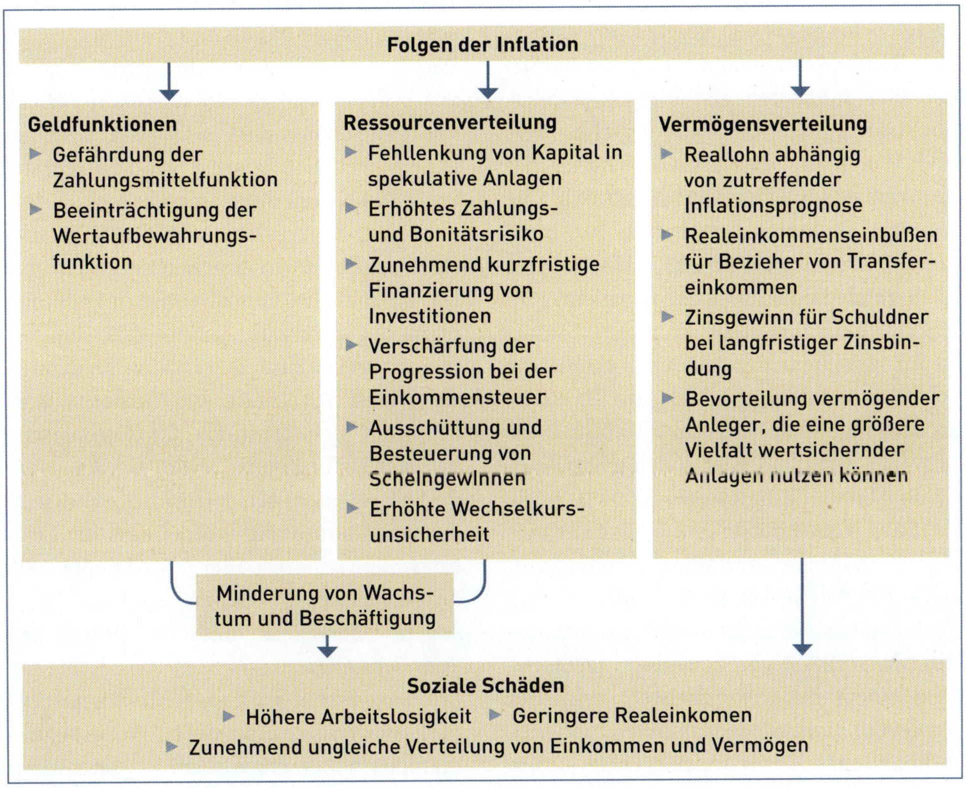

Bankenverband, Geld und Geldpolitik, 2013, S. 49 ff.

Erklärfilm „Inflation“

Mediencode: 73006-02

Aufgaben

1. Erklären Sie den Zusammenhang zwischen Geldmenge und Gütermenge mit eigenen Worten.
2. Erläutern Sie die Ursachen für eine Inflation und mögliche Folgen (M 9).

3.4 Außenwirtschaftliches Gleichgewicht – der Export macht's

M 10 Alles nur Mathematik

Wenn alle Volkswirtschaften der Euro-Zone so wettbewerbsfähig wären wie die deutsche, gäbe es die Euro-Krise nicht. So die Analyse von Kanzlerin Merkel. Aber: Eine Welt, in der alle Staaten mehr ex- als importieren, kann es nicht geben. Das bedeutet, auch Deutschland kann etwas tun, dass es den anderen besser geht. [...]

Während anderswo auf dem Kontinent die Arbeitslosenzahlen steigen, die Bauern revoltieren und rechts- wie linksextreme Parteien ihr Süppchen kochen, präsentiert sich Deutschland seinen Nachbarn im Süden und Südwesten als politisch stabiles, vor Kraft strotzendes ökonomisches Vorbild: Wären nur alle Volkswirtschaften der Euro-Zone so wettbewerbsfähig wie die deutsche, so lautet die Analyse von Bundeskanzlerin Angela Merkel, dann gäbe es die vermaledeite Euro-Krise gar nicht.

Heiliger Indikator dieser Wettbewerbskraft ist für weite Teile der deutschen Politik die sogenannte Leistungsbilanz, die – vereinfacht gesagt – die Aus- und Einfuhren einer Volkswirtschaft gegenüberstellt. Dieser Saldo ist in der Bundesrepublik meist positiv, 2013 jedoch dürfte er die auch für hiesige Verhältnisse gewaltige Summe von etwa 200 Milliarden Euro erreichen. Das sind sagenhafte sieben Prozent der gesamtwirtschaftlichen Leistung. „Deutschland erneut Exportweltmeister", wird der Boulevard dann wieder jubilieren, und viele Koalitionspolitiker werden eifrig darum buhlen, wenigstens ein klein wenig des Glanzes für sich abzubekommen.

Wirtschaftliche Ungleichgewichte als Hauptkrisenherde

Wer Kritik an dem gigantischen Exportüberschuss übt oder zumindest auf die damit verbundenen Probleme verweist, wird entsprechend als Neider, als Beschmutzer eines nationalen Heiligtums verunglimpft. Von den faulen Griechen, den reformunfähigen Franzosen, den prassenden Italienern ist dann die Rede, die den Deutschen deren Exporterfolge missgönnten und sie zwingen wollten, ihre Ausfuhren künstlich zu verringern.

Dabei haben auch die deutsche Kanzlerin und ihr Finanzminister Dutzende Gipfelerklärungen unterschrieben, in denen die massiven wirtschaftlichen „Ungleichgewichte" auf dem Globus als einer der Hauptkrisenherde für Wohlstand und Beschäftigung gebrandmarkt werden.

Was hat es mit diesen Ungleichgewichten auf sich? Ein Blick auf die ökonomische Weltkarte zeigt, dass sich zwei Gruppen gegenüberstehen: Länder wie Deutschland und China, die erheblich mehr ex- als importieren, und solche wie die USA und Spanien, bei denen es genau umgekehrt ist. Das ist zunächst einmal völlig in Ordnung, denn der temporäre Güter- und Kapitaltausch gehört zu den zentralen Elementen einer Marktwirtschaft, wie Clemens Fuest, Präsident des Zentrums für Europäische Wirtschaftsforschung, betont. „Es wäre deshalb ökonomischer Unsinn, wenn jetzt die Regel aufgestellt würde, dass die Leistungsbilanzen etwa aller Euro-Länder stets ausgeglichen sein müssen", sagt er.

Jedem Überschuss muss ein Defizit gegenüberstehen

Problematischer wird es, wenn wie in China Exporterfolge etwa durch Wechselkursmanipulationen erkauft werden, oder wenn Überschüsse und Defizite dauerhaft bestimmte Größenordnungen überschreiten. Die EU etwa hat eine Obergrenze von sechs Prozent der nationalen Wirtschaftsleistung festgelegt. Wer über längere Zeit Fehlbeträge auf diesem Niveau ansammelt, der bekommt irgendwann ein Schuldenproblem. Merkels Rezept für diese Länder lautet deshalb: niedrigere Arbeitskosten = steigende Wettbewerbskraft = höhere Exporte.

Aus dem Außenhandelsdefizit wird so am Ende ein Überschuss.

Das Konzept hat allerdings gleich zwei Pferdefüße: Erstens funktioniert es schon rein mathematisch nicht, denn weltwirtschaftlich gesehen muss ja jedem Überschuss ein Defizit gegenüberstehen. Eine Welt, in der alle Staaten gleichzeitig mehr ex- als importieren, kann es also nicht geben. Im Gegenteil:

Wenn Länder, die heute hohe Fehlbeträge im Außenhandel aufweisen, diese in Überschüsse verwandeln, dann geht das nur, wenn die heutigen Überschussländer ihren Saldo reduzieren.

Wer Waren exportiert, exportiert die Verschuldung mit

Und zweitens: Wer wie Deutschland in großem Stil Waren exportiert, exportiert die Verschuldung immer mit. Es ist in Teilen die gleiche Verschuldung, die Merkel an anderer Stelle mit milliardenschweren Rettungspaketen etwa für Griechenland und Spanien einzudämmen versucht. Was nämlich passiert, wenn ein spanischer Kunde beim Exportweltmeister einen Mercedes ordert, dafür bei seiner Bank einen Kredit aufnimmt, diesen nicht tilgen kann und damit das Geldhaus in Schieflage bringt? Es würde passieren, dass der deutsche und die übrigen EU-Steuerzahler die Bank stützen müssen – und so den Mercedes bezahlen.

Ginge es nach dem Lehrbuch, könnte es zu dem Karussellgeschäft gar nicht kommen. In der Theorie nämlich erhielte der spanische Mercedes-Fan den Kredit mangels Bonität gar nicht. „Spätestens seit der Euro-Krise wissen wir allerdings, dass die Finanzmärkte meist alles andere als effizient sind“, sagt Sebastian Dullien von der Berliner Hochschule für Technik und Wirtschaft.

Er sieht deshalb Überschussländer wie Deutschland in der Pflicht, die „zu wenig im Inland investieren oder zu viel sparen“. Sie müssten zum Beispiel deutlich mehr für Straßen, Schienen und Bildungseinrichtungen ausgeben. „Das würde zum einen direkt die Importnachfrage nach Vorprodukten erhöhen, zum anderen Einkommen bei Bauarbeitern schaffen, die dann wiederum mehr Produkte aus dem Ausland kaufen oder sich einmal einen Urlaub auf Mallorca gönnen“, so Dullien.

Ein Vorschlag, dem Ökonomenkollege Fuest umgehend widerspricht: Selbst wenn der Staat die gewaltige Summe von 25 Milliarden Euro für Investitionen in die Hand nähme, so rechnet er vor, entspräche dies gerade einmal einem Prozent des Bruttoinlandsprodukts – oder einem Siebtel des Außenhandelsüberschusses.

Vielleicht würde es die Debatte schon entkrampfen, wenn sich Kritiker wie Verteidiger des deutschen Wirtschaftsmodells zunächst auf eine neue Terminologie einigen würden. Anstatt die Deutschen mit Kritik an ihrem „Exportüberschuss“ in den Widerstand zu treiben, schrieb jüngst ein kluger Kommentator der Wochenzeitung Die Zeit, „sollten wir künftig einfach von einem Importdefizit sprechen“.

Claus Hulverscheidt, Süddeutsche Zeitung, 13.11.2013

Die Entwicklung des deutschen Außenhandels[1] in Mrd. Euro

Jahr	Exporte	Importe	Außenhandelssaldo
1950	4.275	5.815	- 1.540
1960	24.514	21.844	2.670
1970	64.053	56.041	8.012
1980	179.120	174.545	4.575
1990	348.117	293.215	54.901
2000	587.440	538.311	59.128
2006	893.042	733.994	159.048
2007	965.236	769.887	195.348
2008	984.140	805.842	178.297
2009	803.312	664.615	138.697
2010	951.959	797.097	154.863
2011	1.061.225	902.523	158.702
2012	1.095.766	905.925	189.841
2013	1.093.115	898.164	194.950
2014	1.133.540	916.636	216.905

1 1950 ohne Saarland; bis 1980 früheres Bundesgebiet

© Statistisches Bundesamt, Wiesbaden 2015

Die größten Handelspartner Deutschlands 2014

Ausfuhr			Einfuhr		
Platzierung	Land	in Mrd. Euro	Platzierung	Land	in Mrd. Euro
1	Frankreich	102	1	Niederlande	88
2	USA	96	2	China	79
3	GB	84	3	Frankreich	68
4	China	75	4	USA	49
5	Niederlande	73	5	Italien	48
6	Österreich	56	6	GB	42
7	Italien	54	7	Belgien	40
8	Polen	48	8	Polen	40
9	Schweiz	46	9	Schweiz	39
10	Belgien	42	10	Russland	38

© Statistisches Bundesamt, Wiesbaden 2015

M 11 ● Exporte aus Deutschland nach Güterabteilungen (Top 15) im Jahr 2014 (in Milliarden Euro)

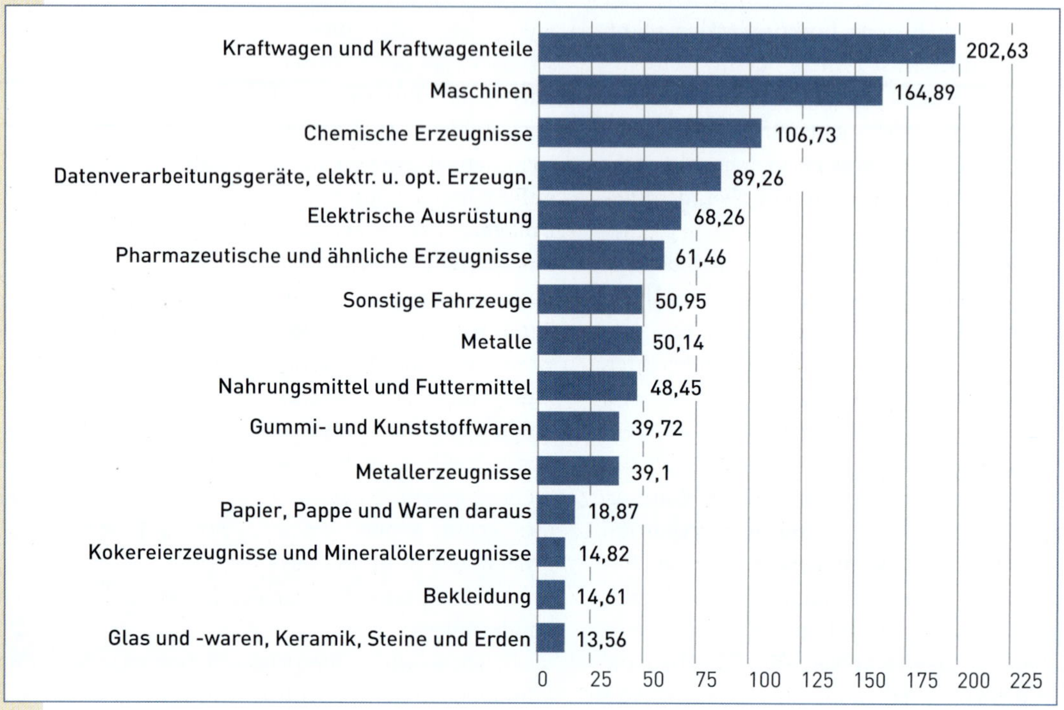

© *Statista 2015*

M 12 ● Importe nach Deutschland nach Güterabteilungen (Top 15) im Jahr 2014 (in Milliarden Euro)

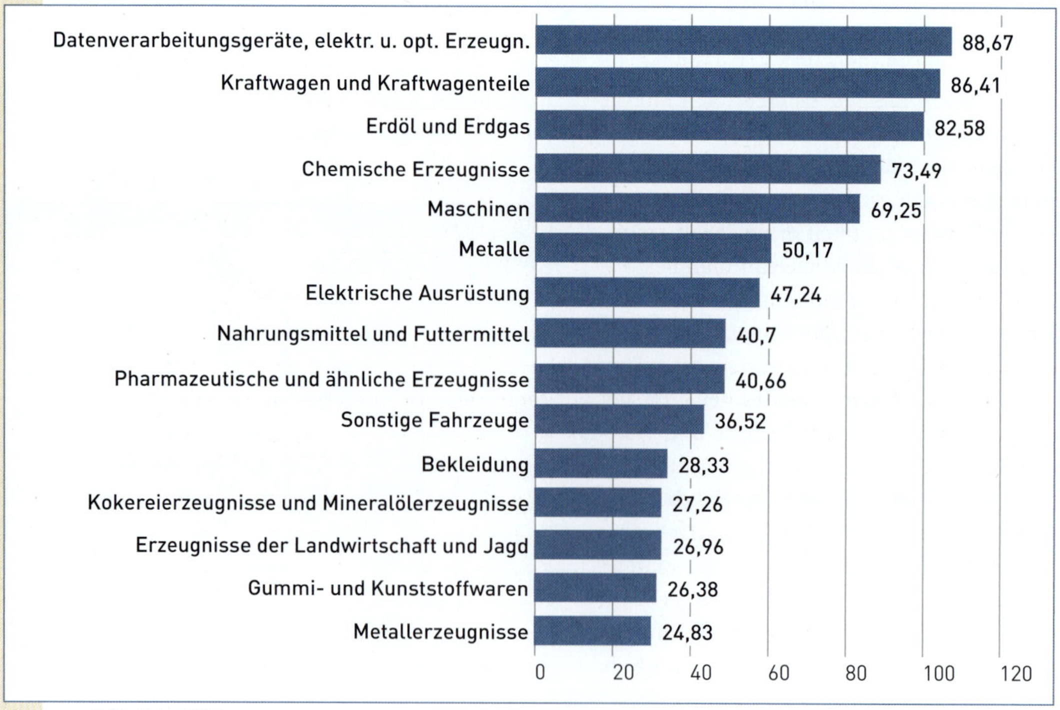

© *Statista 2015*

M 13 Kontrovers diskutiert: Deutschlands Außenhandelsüberschuss in der Kritik

a) Kritik an Exportüberschüssen ist verfehlt

Wie berechtigt ist die Kritik an unseren Überschüssen? Tatsache ist, dass kaum ein Land so hohe Positivsalden in seiner Leistungsbilanz ansammelt wie Deutschland. [...] Gemessen an der wirtschaftlichen Stärke Deutschlands, ist der Wechselkurs des Euro zu niedrig. Das verleiht den deutschen Exporteuren Rückenwind.

Dennoch ist die Kritik an den Exportüberschüssen verfehlt. Die Leistungsbilanz wird schon bald ins Minus drehen.

Denn erstens beruht der Außenhandel auf freiwilligen Verträgen. Die Bürger im Ausland kaufen Waren made in Germany, weil diese ihren Bedürfnissen besser entsprechen als andere Produkte. Freier Handel kommt zustande, weil die beteiligten Parteien den Tausch Ware gegen Geld als vorteilhaft für sich empfinden. Er steigert den Wohlstand auf beiden Seiten. Wer Exportüberschüsse reduzieren will, reduziert somit den Wohlstand der Nationen.

Zweitens spiegelt der Aktivsaldo im Handel einen Überschuss der Ersparnis gegenüber den Investitionen wider. Weil die Deutschen altern, legen sie zur Finanzierung ihres Lebensabends mehr Geld auf die hohe Kante und verzichten auf Konsum. Dies ist ein durch und durch rationales Verhalten.

Bereits in wenigen Jahren werden die Deutschen ihre Ersparnisse, von denen ein erheblicher Teil in ausländischen Anleihen, Aktien und Immobilien steckt, auflösen, um Güter aus dem Ausland zu beziehen, die wegen der fehlenden Arbeitskräfte hierzulande nicht mehr hergestellt werden. [...] Spätestens Ende des nächsten Jahrzehnts werden die deutschen Exportüberschüsse verschwunden sein, schätzt das Zentrum für Europäische Wirtschaftsforschung (ZEW) in Mannheim.

Drittens schaden kräftige Lohnerhöhungen zum Abbau der Überschüsse mehr, als sie nutzen. Schnellen die Löhne in die Höhe, mindert dies die preisliche Wettbewerbsfähigkeit der deutschen Exporteure. Insbesondere die Hersteller von Investitionsgütern, deren wichtigste Konkurrenten nicht in Europa, sondern in China, den USA, Japan und Korea sitzen, büßen dann Marktanteile ein. Das träfe auch die Krisenländer Europas. Denn die deutschen Exporte bestehen zu rund 40 Prozent aus importierten Vorprodukten – und viele davon stammen aus Europa.

Sollte Deutschland also weitermachen wie bisher? Keineswegs. Zwar sind die Deutschen spitze beim Export, bei der Anlage der Überschüsse haben sie in den vergangenen Jahren jedoch kein gutes Händchen bewiesen. Die Einkommen aus dem Exportgeschäft haben sie zu einem großen Teil in griechische Staatsanleihen, irische Bankanleihen und spanische Schrottimmobilien gesteckt – und damit Schiffbruch erlitten. Um ein ähnliches Desaster in Zukunft zu verhindern, müssen die Gelder besser gestreut werden. Dazu gehört auch, mehr Geld in Deutschland zu investieren. Das kurbelt die Konjunktur an, steigert die Importe – und baut die hohen Exportüberschüsse ab.

Malte Fischer, www.wiwo.de, 14.11.2013

b) Exportüberschuss – warum die Kritik an Deutschland berechtigt ist

Die Kritik am deutschen Wirtschaftsmodell ist [...] nicht neu. Doch noch nie wurde sie derart massiv vorgetragen wie in diesen Tagen. [...] Mit ihren Exportüberschüssen mache die Bundesrepublik den übrigen Europäern das Leben schwer – ja: Deutschland gefährde damit die Stabilität der Weltwirtschaft.

In Deutschland mag man diese Kritik nicht hören. Oder besser gesagt: Man versteht sie bewusst falsch. Denn entgegen den Behauptungen der meisten Verbände und des geschäftsführenden Bundeswirtschaftsministers fordert niemand, dass Deutschlands Unternehmen ihre Exporte drosseln sollen. So etwas ließe sich allenfalls in einer Planwirtschaft umsetzen, nicht aber in einer Marktwirtschaft.

Ja, die Exporte sind nicht einmal das eigentliche Problem. Gefährlich ist stattdessen etwas anderes: Im gleichen Maße, in dem die Deutschen Waren und Dienstleistungen in alle Welt verkaufen, schaffen sie auch das Geld, das sie damit verdienen, ins Ausland – denn irgendwer muss ja den Abnehmerländern den Kauf von „Made in Germany" finanzieren. Die deutschen Exportüberschüsse gehen deshalb seit Jahren mit gewaltigen Kapitalströmen in die südlichen Länder Europas einher. In diesen Staaten sanken dadurch die Zinsen, was Regierungen, Unternehmen und Bürger dort dazu verführt hat, sich noch stärker zu verschulden.

Solche globalen Ungleichgewichte sind per se erst mal kein Problem, denn der Welthandel befindet sich [...] nun mal nicht permanent im Gleichgewicht. Globale Ungleichgewichte gehören zu einer dynamischen, sich verändernden Weltwirtschaft dazu. Zum Problem werden sie erst dann, wenn sie zu groß werden und das Kapital über einen sehr langen Zeitraum in eine Richtung fließt. [...]

Im Fall von Deutschland gibt es nun genau dieses Problem: Die Exporte übersteigen seit sechs Jahren die Importe immer stärker, während es in den USA seit Langem umgekehrt ist und die Amerikaner weit mehr Waren und Kapital importieren, als sie exportieren. [...] Was also ist zu tun?

Vor allem eines: Weil, wie gesagt, niemand den hiesigen Exportunternehmen Fesseln anlegen will, muss Deutschland am anderen Ende ansetzen – und seine Binnennachfrage stärken. Die große Koalition muss also das tun, was die SPD vor der Wahl gefordert hat: Sie muss die staatlichen und privaten Investitionen ankurbeln (beide sind im internationalen Vergleich sehr niedrig). Und die Koalition muss, um auch den Konsum zu befeuern, etwas tun, was bislang weder die SPD noch die Union ernsthaft will: Sie muss die Nettolöhne erhöhen. Aber das geht – weil hierzulande nun mal die Tarifautonomie gilt – nur indirekt: Die neue Regierung muss die Steuern und Sozialabgaben senken; dann bleibt am Ende den Bürgern vom Brutto mehr Netto übrig und sie können mehr ausgeben.

Solch eine Politik würde nicht nur hierzulande das Wachstum ankurbeln. [...] Solch eine Politik würde auch der gesamten Euro-Zone zu einem Schub verhelfen; dies würde den Krisenländern zu mehr Jobs und höheren Exporten verhelfen – und so dazu beitragen, dass diese zähe, elende Krise schneller zu Ende geht.

Ulrich Schäfer, Süddeutsche Zeitung, 14.11.2013

Aufgaben

1. Beurteilen Sie die Bedeutung des Außenhandels für die Bundesrepublik Deutschland (M 10, Randspalte).
2. Beschreiben Sie den deutschen Außenhandel bzgl. seiner Struktur und seiner Entwicklung (M 10 – M 12, Randspalte).
3. Stellen Sie den in M 10 beschriebenen Zusammenhang zwischen dem Güteraustausch und der Staatsverschuldung in einem Schaubild dar (Warenströme, Geldströme).
4. Fassen Sie die Kernaussagen der beiden Autoren zur Kritik am deutschen Exportüberschuss mit eigenen Worten zusammen (M 13).
5. Vergleichen Sie die Vorschläge der beiden Autoren zur Lösung des Problems (M 13).

3.5 Wirtschaftswachstum – welche Faktoren bestimmen es?

M 14 ● Wie misst man Wachstum und wodurch entsteht es?

Was eine Volkswirtschaft in einem Jahr produziert, wird im Bruttoinlandsprodukt erfasst. Dieses ist ein Maß für die wirtschaftliche Leistung eines Landes. Es gibt an, welchen Wert die Produktionsfaktoren Arbeit, Kapital und natürliche Ressourcen bei gegebener Technologie produziert haben. Gleichzeitig beschreibt es den Geldwert der gesamten Verwendung des Produktionsergebnisses für den Konsum, und zwar für die privaten Konsumausgaben und die Konsumausgaben des Staates, für die Investitionen und die Nettoexporte. Das Bruttoinlandsprodukt ist die Gesamtheit aller in einem Jahr im Inland erzeugten Endprodukte einer Volkswirtschaft. Es umfasst alle Konsum-, aber auch alle Investitionsgüter, die in einem Jahr erstellt wurden, nicht jedoch die Zwischenprodukte.

Horst Siebert/Oliver Lorz, Einführung in die Volkswirtschaftslehre, 15. Aufl. 2007, S. 216

Erklärfilm „Bruttoinlandsprodukt"

Mediencode: 73006-03

M 15 ● Konjunktur und Wachstum in der wirtschaftspolitischen Diskussion

In der wirtschaftspolitischen Diskussion werden die Begriffe Konjunktur und Wachstum häufig synonym gebraucht. Das scheint auf den ersten Blick auch plausibel: Wenn die Konjunktur anspringt, steigt auch das Bruttoinlandsprodukt (BIP). Tatsächlich sind Konjunktur und Wachstum nicht identisch, insbesondere wenn langfristiges Wachstum gemeint ist. Die konjunkturelle Lage beschreibt den aktuellen Auslastungsgrad des Produktionspotenzials, das heißt der Produktionskapazitäten einer Volkswirtschaft. [...]

Entscheidend bei der Betrachtung der Konjunktur ist, dass sich hierbei das Produktionspotenzial nicht verändert, sondern nur seine Auslastung. Die verschiedenen Stadien des Konjunkturzyklus' sind durch kurzfristige Ungleichgewichte zwischen Angebot und Nachfrage bedingt. Folglich können staatliche Konjunkturprogramme auch nur solche vorübergehenden Ungleichgewichte bekämpfen, vor allem einen kurzfristigen Einbruch der Nachfrage. Entsprechend zeigen empirische Untersuchungen, dass die Wirkung von Konjunkturprogrammen umso größer wird, je schwerwiegender eine Rezession ist. Umgekehrt nimmt die belebende Wirkung ab, je milder die Rezession ausfällt, denn dann werden in zunehmendem Maße private Aktivitäten verdrängt. Außerdem nimmt die Wirkung eines Konjunkturprogramms ab, je länger es zurückliegt. Dies bedeutet, dass der Staat vor allem gravierende Rezessionen bekämpfen kann, indem er bei einer vorübergehenden Unterauslastung des Produktionspotenzials zusätzliche Nachfrage schafft. Allerdings können staatliche Konjunkturprogramme nur schwerlich das Niveau der langfristigen Wachstumsrate heben. Damit dies der Fall ist, ist ein hoher Auslastungsgrad der gegebenen Kapazitäten durch zusätzliche Nachfrage allein nicht ausreichend.

Für ein nachhaltiges Wirtschaftswachstum muss vor allem das gesamtwirtschaftliche Produktionspotenzial wachsen. Dies geschieht grundsätzlich analog zum Wachstum eines Unternehmens: durch mehr Einsatz von Arbeit und/oder Kapital und/oder eine höhere totale Faktorproduktivität. Damit wird das Wachstum des Produktionspotenzials vom Angebot an Produktionsfaktoren und Produktivitätssteigerungen bestimmt.

Ralph Brügelmann, Bundeszentrale für politische Bildung, 27.2.2013

Erklärfilm „Wirtschaftswachstum"

Mediencode: 73006-04

Arbeit
hier: z. B. Neueinstellungen

Kapital
hier: z. B. mehr Maschinen

höhere totale Faktorproduktivität
hier: z. B. bessere Produktionsprozesse, technischer Fortschritt, Bildung

M 16 ● Diese Faktoren bestimmen Konjunktur und Wachstum

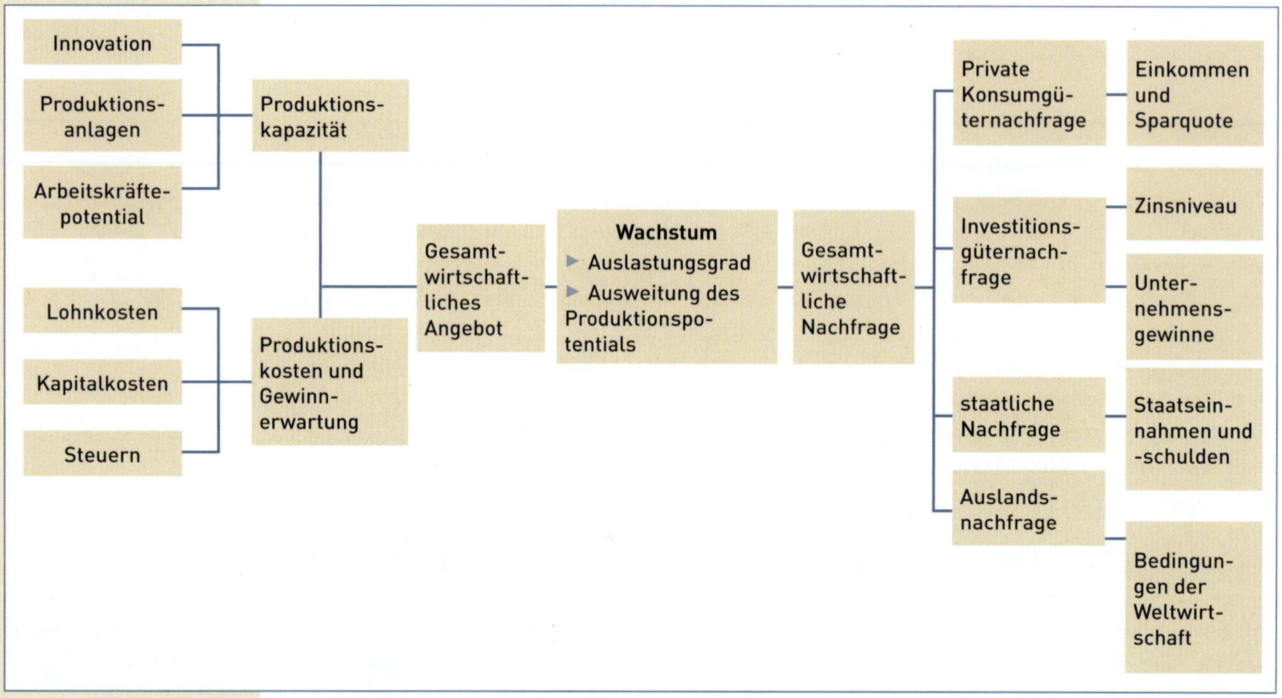

Autorengrafik

M 17 ● Bedingungen des Wachstums

Das Wachstum der Produktionskapazität wird vor allem bestimmt durch:

- das Wachstum des Arbeitskräfteeinsatzes, das im Wesentlichen vom natürlichen Bevölkerungswachstum, dem Zustrom bzw. der Abwanderung ausländischer Arbeitskräfte sowie den Veränderungen der Erwerbstätigenquote und der Arbeitszeit pro Erwerbstätigen abhängt;
- das Wachstum des Kapitalstocks (Gebäude, Maschinen, Infrastruktur), das von der Höhe der getätigten Investitionen abhängt;
- das Ausmaß des technischen Fortschritts, das in engem Zusammenhang mit Investitionen im Bereich des Sachkapitals, der Ausbildung („human capital") und der Forschung steht;
- die Anpassungsfähigkeit und Beweglichkeit der Produktionsfaktoren (sektorale und regionale Faktormobilität, insbesondere der Arbeitskräfte), die durch zahlreiche soziale, institutionelle und ökonomische Faktoren beeinflusst wird.

Wilhelm Heinrichsmeyer/Oskar Ganz/Ingo Evers, Einführung in die Volkswirtschaftslehre, 8/1988, S. 29

Aufgaben

1. Erklären Sie den Unterschied zwischen Wirtschaftswachstum und Konjunkturentwicklung (M 15).
2. Erläutern Sie ausführlich, wie Wirtschaftswachstum entsteht. Stellen Sie die Zusammenhänge als Wirkungsketten dar (M 16, M 17).

3.6 Wirtschaftswachstum – Rettung durch den starken Staat?

M 18 Mit Staatsnachfrage aus der Krise: die Keynes'sche Revolution

In der keynesianischen Theorie und der auf ihr basierenden Wirtschaftspolitik steht die gesamtwirtschaftliche Nachfrage [...] im Mittelpunkt. Diese ist aber zumeist höchst instabil und verläuft in Konjunkturzyklen. Dabei treten folgende typische Konstellationen auf: Während einer Rezession steigt die Arbeitslosigkeit an, während die Inflation niedrig ist und sogar noch sinkt. Umgekehrt steigt diese in Boomphasen, während dann Vollbeschäftigung herrscht. [...] Bei steigenden Einkommen sinken – nach dem „psychologischen Gesetz" von Keynes – die Konsumausgaben, während das Sparen an Bedeutung gewinnt. Der Mensch arbeitet also nicht nur, um seine aktuellen Konsumwünsche befriedigen zu können, sondern auch, um Ersparnisse und Vermögen anzusammeln. [...]

Ferner können die Investitionen der Unternehmen zu niedrig ausfallen, weil die Zinsen zu hoch sind. Dabei spielt bei Keynes die Zukunftserwartung in Bezug auf die Absatzmöglichkeiten eine entscheidende Rolle. Hat ein Unternehmer in einer Krise trotz niedriger Zinssätze „Angst", so wird er nicht investieren, selbst wenn die Zinssätze auf Null sinken. Das Geld wird stattdessen zu Spekulationszwecken „gehortet". Damit verlieren der Zinssatz und die Geldpolitik ihre ausgleichende Wirkung. Zusätzliches Geld verschwindet in der „Liquiditätsfalle".

Um die Wirtschaft aus einer solchen Krise herauszuführen, muss die gesamtwirtschaftliche Nachfrage gesteigert werden, was zugleich die pessimistische Erwartungshaltung beendet. Dies geschieht durch eine antizyklische Fiskalpolitik – auch Globalsteuerung genannt – des Staates: Durch „deficit spending", also durch erhöhte Staatsausgaben und Steuersenkungen, die zur Erhöhung des Konsums und der Investitionen beitragen, wird die gesamtwirtschaftliche Nachfrage gesteigert. Finanziert werden soll dieses „deficit spending" in einer Rezessionsphase durch staatliche Kreditaufnahme am Kapitalmarkt. In Zeiten des wirtschaftlichen Booms sollen dann die Staatsausgaben wieder gesenkt und die Steuern (temporär) erhöht werden [...]. Auf diese Weise soll zusätzliches Geld in die Staatskasse gelangen. Kredite können abgelöst bzw. eine Konjunkturausgleichsrücklage gebildet werden, die in der nächsten Rezessionsphase eingesetzt werden kann. Dadurch hilft die Stabilitätspolitik, so die These, „Überhitzungen" in einer Phase der Hochkonjunktur samt dazugehörenden inflationären Tendenzen zu verhindern.

Bei dieser Globalsteuerung ist es für Keynes nicht nötig, dass der Staat die gesamte Nachfragelücke mit seinem „deficit spending" schließt. Es reicht, wenn er als Initiator fungiert, denn das durch sein Gegensteuern erzeugte neue Gleichgewicht von Angebot und Nachfrage führe zu einer verstärkten Nachfrage nach Investitionsgütern, was wiederum mehr Produktion, mehr Arbeitsplätze und mehr Einkommen bewirke (der sog. „Multiplikatoreffekt"). Dieser Multiplikatoreffekt erhöhe wiederum die Konsumausgaben und kurbele die Nachfrage nach Gütern und Investitionen an. Dadurch stiegen zusätzlich Produktion und Einkommen (der sog. „Akzeleratoreffekt").

Christian Roth, Wirtschaftspolitische Strategien: Keynesianismus und Monetarismus. In: Landeszentrale für politische Bildung Baden-Württemberg (Hg.): Finanz- und Wirtschaftskrise in Europa. Heft 59/2010, S. 36 f.

John Maynard Keynes (1883 – 1946), britischer Ökonom und Regierungsberater, gilt als Begründer der nachfrageorientierten Wirtschaftspolitik.

M 19 ● Gegenreaktion auf Keynes: Angebotsorientierung und Monetarismus

Milton Friedman (1912 – 2006) gilt als einer der einflussreichsten Ökonomen des 20. Jahrhunderts. 1976 erhielt der US-Amerikaner den Alfred-Nobel-Gedächtnispreis für Wirtschaftswissenschaften.

Die zentrale These des Monetarismus, der von Milton Friedman an der University of Chicago entwickelte wurde, ist, [...] dass entgegen dem keynesianischen Ansatz die privaten Haushalte die Höhe ihrer Konsumausgaben entsprechend ihrer langfristigen Einkommenserwartungen bestimmten; kurzfristige Einkommensänderungen würden meist ignoriert und dementsprechend wirkten antizyklische staatliche Maßnahmen zur Einkommenserhöhung und die entsprechenden Multiplikatoreneffekte nicht. Daher müsse es die einzige Aufgabe der Notenbanken sein, die Geldmenge in gleichem Ausmaß wie die Realwirtschaft wachsen zu lassen. Damit knüpft er an die „Quantitätstheorie des Geldes" an, wonach die Geldmenge die Inflationsrate einer Volkswirtschaft bestimmt. [...]

In dieselbe wirtschaftspolitische Richtung wirkten angebotstheoretisch orientierte Autoren wie Robert Lucas und Georg Stigler sowie zumeist der Sachverständigenrat in seinem Jahresgutachten oder z. B. Hans-Werner Sinn vom Münchner IFO-Institut. Diese Ökonomen fordern generell den Abbau von Staatseingriffen, um, wie sie sagen, die „Flexibilität" und „Innovation" in der deutschen Wirtschaft zu verbessern, um die Rentabilität der inländischen Produktion zu erhöhen. Dazu seien Deregulierungen, adäquate Löhne, Steuer- und Abgabenerleichterungen für Unternehmen (vor allem die Senkung der sogenannten „Lohnnebenkosten") nötig. Ziel ist es, ein gleichmäßiges Wachstum und eine internationale Wettbewerbsfähigkeit zu erreichen, was dann zu Vollbeschäftigung führe. Allerdings bleibe es vermutlich bei einer „natürlichen Rate der Arbeitslosigkeit", weil Löhne nicht elastisch genug seien.

Seinen Kreuzzug gegen die damals herrschende Lehre des britischen Ökonomen John Maynard Keynes begann Milton Friedman in Chicago. Seine zentrale These lautete: Wenn die Regierung die Konjunktur stärken will, solle sie nicht, wie Keynes gelehrt hatte, die Staatsausgaben einfach erhöhen. Nur indem der Staat die Geldmenge vorsichtig, d.h. stets strikt an der Wertschöpfung in der Realwirtschaft orientiere, könne er zum Wirtschaftswachstum beitragen. Falls die Politiker nämlich mehr ausgäben, müssten sie sich das Geld entweder von den Steuerzahlern oder auf den Kapitalmärkten besorgen. Höhere Steuern machten den positiven Konjunktureffekt sofort zunichte; höhere Staatsschulden verdrängten private Kreditnehmer vom Kapitalmarkt und behinderten so Investitionen. Weil sie mit Zins zurückzuzahlen sind, sind sie [...] ohnedies nichts anderes als zukünftige Steuern. Die vorsichtige Geldpolitik wirke dagegen eindeutig expansiv, wie Friedman mit historischen Studien zu belegen versuchte. Er stellte fest, dass jedem Aufschwung in Amerika eine Ausweitung der Geldmenge vorausgegangen war. [...]

Mithilfe dieser Lehre aus Chicago hat sich das Bild auch in den Wirtschaftswissenschaften gewandelt: Stärker als früher betonten die Ökonomen von da an die Verzerrungen, die staatliche Regulierungen hervorriefen.

Christian Roth, Wirtschaftspolitische Strategien: Keynesianismus und Monetarismus. In: Landeszentrale für politische Bildung Baden-Württemberg (Hg.): Finanz- und Wirtschaftskrise in Europa. Heft 59/2010, S. 38 f.

M 20 ● Die wirtschaftspolitischen Konzepte im Vergleich

Keynes'sche Nachfragesteuerung	← Parameter →	Angebotsorientierung und Geldmengensteuerung
Nachfrageschwankungen als Auslöser von Krisen	← Grundannahme →	1. Geldmenge ist entscheidend für die Produktion 2. Rentabilität der Produktion bestimmt das Wachstum
Nutzung des Staatshaushalts zur Stärkung der Gesamtnachfrage	← Lösungsansatz →	Stärkung des gesamtwirtschaftlichen Angebots durch Verbesserung der Produktionsbedingungen und Anpassen der Geldmenge an die Realwirtschaft
• Erhöhung des Staatskonsums durch öffentliche Ausgabenprogramme (Ausgaben für Infrastrukturmaßnahen etc.) • Schaffung verbrauchsfördernder Rahmenbedingungen (Senkung v. Steuern; Zuschüsse zu Konsummaßnahmen) • Anreize zur Förderung von Investitionen der Unternehmen	← konkrete Maßnahmen →	• Verrringerung der Staatsausgaben/des Staatskonsums • Ausweitung des privaten Sektors und Deregulierung zur Flexibilisierung und Innovation der Produktion • Abschaffung von Mindestlöhnen • Schaffung von angebotsfreundlichen Rahmenbedingungen
• Kurzfristige Beseitigung von Gleichgewichtsstörungen • Staatliche Nachfrage als „Initialzündung"	← Wirkung →	Mittel- bis längerfristige Beseitigung gleichgewichtsstörender Auslösefaktoren

Nach: Bankenverband (Hg.), SCHUL/BANK Schule und Wirtschaft, Lehrermappe Wirtschaft, 2014, S. 60

M 21 ● Die Agenda 2010

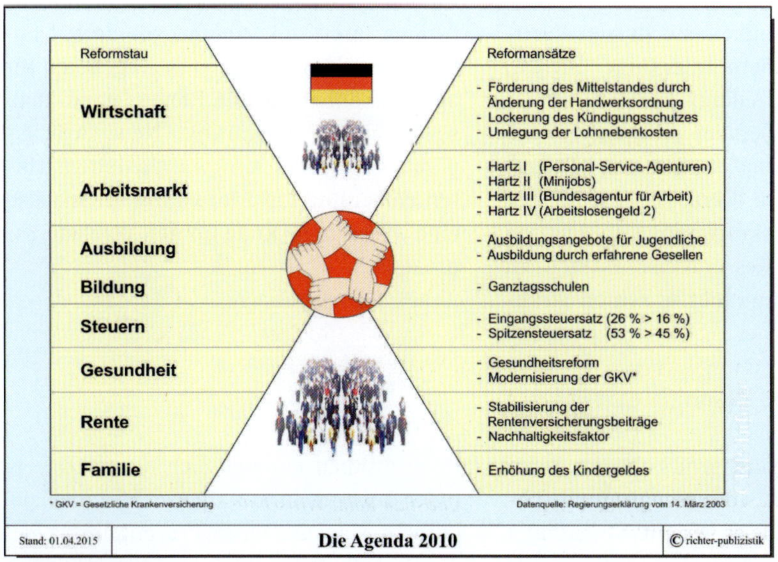

Agenda 2010

Konzept zur Reform des deutschen Sozialsystems und Arbeitsmarktes, das von 2003 bis 2005 von der damaligen Bundesregierung (SPD und Bündnis 90/Die Grünen) weitgehend umgesetzt wurde.

Aufgaben

1. Stellen Sie die Grundideen der nachfrage- und der angebotsorientierten Wirtschaftspolitik zur Überwindung einer Krise mit eigenen Worten dar (M 18 – M 20).
2. Ordnen Sie die Reformansätze der Agenda 2010 einer der beiden wirtschaftspolitischen Grundkonzeptionen (M 21) zu. Begründen Sie Ihre Zuordnung.

F Erörtern Sie in Gruppen, welche der beiden wirtschaftspolitischen Konzeptionen geeigneter ist, Wirtschaftskrisen zu überwinden.

3.7 Welches Wachstum brauchen wir?

Die Gruppe der 20 (G20)

Die Gruppe der 20 (G20) ist seit 2009 das zentrale Forum für die internationale wirtschaftliche Zusammenarbeit. Die bedeutendsten Industrie- und Schwellenländer stimmen sich dort über die notwendigen wirtschafts- und finanzpolitischen Maßnahmen ab. [...] Die G20-Staaten repräsentieren knapp über 80 Prozent des weltweiten Bruttoinlandsprodukts (BIP), drei Viertel des Welthandels und rund zwei Drittel der Weltbevölkerung. Der G20 gehören 19 Staaten sowie die EU an. Die Länder sind: Argentinien, Australien, Brasilien, China, Deutschland, Frankreich, Großbritannien, Indien, Indonesien, Italien, Japan, Kanada, Mexiko, Russland, Saudi-Arabien, Südafrika, Südkorea, Türkei und die USA.

www.bundesregierung.de, 12.11.2014

M 22 ● Warum brauchen wir Wachstum?

Viele Menschen finden eine Gesellschaft ohne Wachstum erstrebenswert – sie irren. Denn Wachstum ist notwendig, um die Arbeitslosigkeit zu senken, Umweltprobleme zu lösen und Klimaziele zu erreichen.

In den vergangenen Jahren haben die Regierungen der G20 Gipfelerklärungen unterschrieben, die die Elemente einer wachstumsfreundlichen Politik enthalten – aber nur die wenigsten wurden umgesetzt. [...]

Während hierzulande viele glauben, dass eine Welt ohne Wachstum möglich und sogar lebenswert ist, wird die Notwendigkeit einer höheren Wachstumsrate in anderen Ländern überhaupt nicht angezweifelt. Aber warum ist Wachstum wichtig? Wer ist dafür zuständig? Und kann die G20 selber liefern?

Dies sind spannende Fragen, die auch das Kernproblem der europäischen Wirtschaftspolitik berühren – nämlich die enorme Arbeitslosigkeit. Zu dessen Reduzierung, insbesondere unter Jugendlichen, ist Wachstum notwendig.

Wachstum ist außerdem erforderlich, um die Umweltprobleme zu lösen und Klimaziele zu erreichen. Denn Wachstum hat sehr viel mit Strukturwandel, Innovation und geringerem Ressourcenverbrauch zu tun. Ohne Wachstum gibt es keinen Strukturwandel. Länder ohne Wachstum wiesen in der Vergangenheit die größten Umweltprobleme auf.

Hier liegt das große Missverständnis der Wachstumskritiker. Außerdem kann Wachstum nicht leicht gebremst werden – außer mit schlechter Wirtschaftspolitik.

Letzteres hat damit zu tun, dass wirtschaftliches Wachstum ein [...] Prozess ist, der durch Individuen getrieben wird. Es sind die Ambitionen und Wünsche der einzelnen Menschen, die eine Wirtschaft wachsen lassen.

Menschen wollen ihre Situation verbessern. Sie streben nach Wohlstand und Sicherheit. Unternehmer reagieren darauf mit neuen Gütern und Diensten; manchmal begründen sie diese Wünsche auch erst mit ihrem Angebot – das ist die praktische Anwendung des Say'schen Gesetzes. Damit bedrängen oder verdrängen sie außerdem ihre Konkurrenten, die darauf mit besseren oder preiswerteren Angeboten reagieren können. Diesen Prozess nennt man schöpferische Zerstörung. Neue Arbeitsplätze entstehen, alte verschwinden. Unternehmer und ihre Motivation spielen also eine wesentliche Rolle für den Wachstumsprozess.

Andreas Freytag, www.wiwo.de, 5.9.2014

M 23 ● Blindes Wachstum

Die Hoffnungen sind groß, obwohl keine Beschlüsse geplant sind: An diesem Dienstag findet in New York der UN-Klimagipfel statt. Hunderttausende sind deshalb am Sonntag weltweit für Klimaschutz auf die Straße gegangen; auch im australischen Cairns, wo die Finanzchefs der großen Industrie- und Schwellenländer tagten, standen vor der Tür Demonstranten; manche hielten Schilder mit grünen Herzen hoch. Doch drinnen einigten sich die G-20-Vertreter unbeirrt darauf, die Nachfrage anzukurbeln. Um zwei Extra-Prozentpunkte soll die Wirtschaft bis 2018 wachsen. Was das für den Planeten heißt, wurde nicht groß diskutiert. Klimaschutz? Bedaure, da sind wir nicht zuständig, hier geht es um Wachstum. Aber was wäre das für ein Wachstum? Wachstum, das noch mehr Städte zu Molochen macht, mit großen Entfernungen, verstopften Straßen und zu wenig öffentlichem Nahverkehr? Wachstum, das auch in Schwellenländern energiehungrige Industrien und für diese noch mehr schmutzige Kraftwerke entstehen lässt, die auf Jahrzehnte hinaus Treibhausgase ausstoßen? Wachstum, das nicht mehr Lebensqualität, sondern nur immer mehr Krempel bringt? Wer solches Wachstum hat, der braucht keine Rezession mehr, damit es ihm schlecht geht.

[...] [W]enn die Erde ein lebenswerter Ort für sieben, acht oder noch mehr Milliarden Menschen bleiben soll, dann müssen sich auch Wirtschaft und Konsumenten verändern und mit ihnen das Wachstum. Nicht viel langsamer muss es werden, aber anders – es muss weg von fossilen, hin zu erneuerbaren Energien gehen. Das Wachstum muss bessere, umweltfreundliche Produkte und Strukturen schaffen. Und nicht immer mehr von allem, sondern weniger. Dass so ein grünes Wachstum möglich ist, haben viele Studien gezeigt. Aber mit der Umsetzung hapert es, dabei ist der Gedanke nicht neu. Schon 1995 veröffentlichte Ernst Ulrich von Weizsäcker mit US-Kollegen einen Bericht. [...] Sie rechneten darin vor, wie man den Naturverbrauch halbieren und die Wirtschaftsleistung verdoppeln kann: Man muss nur Energie und Rohstoffe viermal besser einsetzen.

Aber während die Ökoenergien auch dank der deutschen Energiewende einen sagenhaften Siegeszug hingelegt haben, ist aus dem Energiesparen bislang nicht viel geworden – und der CO_2-Ausstoß steigt und steigt. Von halbiertem oder auch nur vermindertem Naturverbrauch kann weltweit keine Rede sein. Und zwar nicht, weil die Technik versagt hätte. Sondern weil der Wunsch nach mehr, nach höher, schneller, weiter, zu oft den ökologischen Fortschritt abgehängt hat.

Denn die Energie, die Menschen mit einem Gerät sparen, schleudern sie an anderer Stelle wieder hinaus. Spülmaschinen etwa, die Weizsäcker im Blick hatte, verbrauchen nur noch halb so viel Strom wie 1995. Dafür gibt es in den Wohnungen inzwischen auch Espressomaschinen und Computer, von Smartphones und Tablets ganz zu schweigen. Oder Autos: 1995 war technisch schon das 1,5-Liter-Auto in Reichweite. Seither sind die Motoren viel besser geworden. Aber der durchschnittliche Neuwagen hat viel mehr PS und mehr Schnickschnack als früher, und es wird mehr herumgefahren als je zuvor. Das Ergebnis ist, dass selbst in Deutschland der Energieverbrauch in Haushalten und auf den Straßen seit 1995 nicht nennenswert gesunken ist.

So geht es nicht mehr ewig weiter, denn der Klimawandel ist bereits da. Lange war vage die Rede von künftigen Generationen, an die man denken müsse. Inzwischen sind längst Kinder geboren worden, die bis ins letzte Viertel des Jahrhunderts hinein leben werden. Sie haben die Folgen der heutigen Entscheidungen zu tragen. Blindes Wachstum mag kurzfristig hier und dort mehr Reichtum schaffen, auf Dauer aber zerstört es alles.

Marlene Weiß, Süddeutsche Zeitung, 23.9.2014

M 24 ● Verzweifelt gesucht: das neue (Wachstums-)Maß der Dinge

Sie ist noch schwer vorstellbar, die Welt, von der Ökonomen, Politiker und auch Unternehmer immer häufiger sprechen: eine Welt, in der das ökonomische und politische Handeln nicht auf das größtmögliche Wirtschaftswachstum, sondern auf die Maximierung der Lebenszufriedenheit ausgerichtet ist.

Zwar ist das BIP nach wie vor das Maß aller Dinge, doch diese Welt ist keine utopische Spinnerei – sie ist eine immer realistischer werdende Alternative zum Streben nach immer neuen Wachstumszuwächsen: „Die gesellschaftlichen Prioritäten entwickeln sich weg vom Bruttoinlandsprodukt, wir brauchen eine Alternative“, sagte Stefan

Bergheim, Direktor der Denkfabrik Zentrum für gesellschaftlichen Fortschritt [...].

Dass das BIP, das lediglich misst, wie produktiv eine Volkswirtschaft ist, als alleiniger Wohlstandsindikator ausgedient hat, wird unter Ökonomen mehr und mehr zum Konsens. Wie Alternativen aussehen können, das ist eine der Fragen, über die [...] Volkswirte, Politiker und Unternehmer [...] diskutieren.

Das BIP ist in hoch entwickelten Industrienationen als Wohlstandsindikator vor allem deshalb in die Kritik geraten, weil Ökonomen erkannt haben, dass ab einem bestimmten Niveau trotz wachsenden materiellen Wohlstands die Lebenszufriedenheit der Menschen stagniert. Bildung, der Gesundheitszustand und viele andere wichtige Faktoren, die das Glück der Menschen bestimmen, würden durch das Wachstumsmaß schlicht nicht erfasst, erklärte Bergheim. Bei der Suche nach einem neuen, handlichen Instrument zur Wohlstandsmessung, dass auch diese Faktoren berücksichtigt, sieht der Forscher seine Disziplin in der Pflicht: „Ökonomen können diesen Weg noch konstruktiver begleiten als bisher."

Wie schwierig diese Suche ist, zeigen die vielen Ansätze, die Volkswirte bereits entwickelt haben, ohne, dass sich einer der Vorschläge als allgemein verbindlich durchgesetzt hat. Paul Schreyer, stellvertretender Chef-Statistiker bei der Organisation für wirtschaftliche Zusammenarbeit und Entwicklung (OECD), rief [...] in Erinnerung, dass unter anderem eine Kommission um Nobelpreisträger Joseph Stiglitz einen umfassenden Indikator präsentiert habe und auch die OECD seit mehreren Jahren an einem entsprechenden Modell arbeitet. Dabei gehe es nicht darum, das BIP abzuschaffen, sondern um eine sinnvolle Ergänzung, so Schreyer.

Das BIP sei ein guter Maßstab, um die Wettbewerbsfähigkeit und die Produktivität eines Staates zu messen. Doch um auch weichere Facetten zu berücksichtigen, erfasse der OECD-Ansatz beispielsweise auch die Ausgewogenheit zwischen Arbeit und Freizeit, die Sicherheit in einem Land und den Zustand der Umwelt.

Da sich schlecht vom Reißbrett aus bestimmen lässt, was das Lebensglück jedes einzelnen Menschen tatsächlich ausmacht, hat die OECD auf ihrer Homepage sogar ein Projekt gestartet, bei dem jeder Bürger selbst bestimmen kann, was ein neuer Wohlstandsindikator beinhalten sollte. Rund 500.000 Interessierte hätten den „Your Better Life Index" bereits getestet. Eine interessante Beobachtung der Forscher: „Die Nutzer gewichten das Einkommen nicht am stärksten", sagte Schreyer.

Ganz neu ist die Diskussion nicht, gestanden die Forscher ein, „aber durch die Krise hat die Debatte eine neue Dynamik erhalten", so der OECD-Statistiker. Mittlerweile hätte auch die Politik erkannt, dass Alternativen zum BIP dringend gebraucht werden, will man nicht länger der gesellschaftlichen Realität hinterher hecheln. Neben Frankreich haben auch Deutschland, Großbritannien und die EU-Kommission Expertengruppen mit Vorschlägen beauftragt.

Dorit Heß/Johannes Pennekamp, www.handelsblatt.com, 24.1.2012

F Berechnen Sie unter http://www.oecdbetterlifeindex.org/de/ Ihren persönlichen „Better Life Index". Begründen Sie anschließend, ob Sie der Better Life Index als Ergänzung oder Alternative zum BIP als Wohlstandsindikator überzeugt oder nicht.

Aufgaben

1. Fassen Sie die Kernaussagen der beiden Autoren zum Wirtschaftswachstum zusammen (M 22, M 23).
2. Stellen Sie dar, mit welchen Argumenten beide Autoren ihre jeweilige Position begründen (M 22, M 23).
3. Diskutieren Sie ausgehend von M 24 in Ihrem Kurs, welche Folgen die Einbeziehung von sozialen und ökologischen Faktoren in die Berechnung des BIP für die Ausgestaltung staatlicher Wachstums- und Konjunkturpolitik hätte.

3.8 Neue Ziele staatlicher Wirtschaftspolitik

M 25 ● Das magische Sechseck

© Bergmoser + Höller Verlag AG 200 515

Vom magischen Vier- zum magischen Sechseck

Seit 1994 ist der Schutz der natürlichen Lebensgrundlagen als Staatsziel im Grundgesetz verankert (Art. 20a). Damit ist dem Natur- und Umweltschutz Verfassungsrang gegeben worden. Aus dem Sozialstaatsgebot des Art. 20 GG lässt sich zudem eine gerechte Einkommens- und Vermögensverteilung als Ziel staatlicher Politik ableiten. Das magische Viereck wird dadurch zu einem magischen Sechseck der Wirtschaftspolitik.

M 26 ● Beziehungen zwischen den wirtschaftspolitischen Zielen

Die wirtschaftspolitischen Ziele der Bundesrepublik Deutschland werden als „magisches Sechseck" bezeichnet, weil ein gleichzeitiges Erreichen aller Ziele unmöglich ist. Zwischen den Zielen bestehen vielmehr drei mögliche Beziehungen:

(1) Von **Zielkomplementarität** spricht man, wenn das Verfolgen eines Ziels das Erreichen eines weiteren ebenfalls fördert. Viele Ökonomen und Politiker gehen von einer Komplementarität zwischen „Wirtschaftswachstum" und „hohem Beschäftigungsstand" aus.

(2) **Zielneutralität** ist gegeben, wenn Maßnahmen zur Realisierung eines Ziels ein anderes weder positiv noch negativ beeinflussen.

(3) **Zielkonflikte** existieren dann, wenn die Verwirklichung eines Ziels die eines anderen behindert. Solche Gegensätze werden häufig für die Zielbeziehungen „Wirtschaftswachstum – Umweltschutz" und „hoher Beschäftigungsstand – Preisniveaustabilität" behauptet.

Grundlagen der Volkswirtschaft, Bamberg 2011, S. 119

Aufgaben

1. Erläutern Sie anhand von Beispielen, warum wirtschaftliche Stabilität Ziel der Wirtschaftspolitik sein muss.
2. Entscheiden Sie, welche Ziele der Staat vorrangig verfolgen sollte. Diskutieren Sie Ihre Entscheidungen anschließend in Ihrem Kurs (M 26).

Konjunktur
(M 1)

Die wirtschaftliche Entwicklung der Bundesrepublik folgt einem Muster, das als Konjunkturzyklus bezeichnet wird. Dieser besteht aus vier Phasen: Aufschwung, Boom, Abschwung und Talsohle.

Ziele staatlicher Wirtschaftspolitik
(M 4 – M 6, M 25, M 26)

Das Stabilitätsgesetz (StabG) von 1967 gibt der deutschen Wirtschaftspolitik ein gesamtwirtschaftliches Gleichgewicht als Ziel vor. Dies soll durch die Umsetzung der vier Einzelziele „hoher Beschäftigungsstand", „stetiges und angemessenes Wirtschaftswachstum", „stabiles Preisniveau" und „außenwirtschaftliches Gleichgewicht" erreicht werden. Die umgangssprachliche Bezeichnung „magisches Viereck" für das StabG weist darauf hin, dass nicht alle Ziele gleichzeitig erreicht werden können. Einige Ziele harmonieren nicht miteinander oder konkurrieren sogar. Inzwischen wurde das StabG um die Ziele „Umweltschutz" und „gerechte Einkommens- und Vermögensverteilung" erweitert, sodass man heute von einem „magischen Sechseck" spricht.

Nachfrageorientierung/ Fiskalismus
(M 18, M 20)

Die wirtschaftspolitische Konzeption der Nachfrageorientierung geht davon aus, dass die wirtschaftliche Entwicklung hauptsächlich durch die gesamtwirtschaftliche Nachfrage bestimmt wird. Ist die gesamtwirtschaftliche Nachfrage wegen fehlender privater Nachfrage bezogen auf das gesamtwirtschaftliche Angebot zu gering, muss der Staat die fehlende Nachfrage der privaten Haushalte durch die Erhöhung seiner Staatsausgaben ausgleichen. Über höhere Staatsinvestitionen soll ein positiver, sich selbst verstärkender Wirtschaftsprozess in Gang gesetzt werden. Der Staat hat seine Ausgaben also antizyklisch zum Konjunkturverlauf zu gestalten. Die Fiskalpolitik ist so zu gestalten, dass in der Rezession die Ausgaben kreditfinanziert (deficit spending) zu erhöhen sind, im Boom sind höhere Steuereinnahmen zur Rückzahlung der Staatsschulden oder zur Bildung von Rücklagen zu verwenden.

Angebotsorientierung/ Monetarismus
(M 19, M 20)

Das wirtschaftspolitische Konzept der Angebotsorientierung sieht die Gründe für eine schwache Wirtschaft in zu starker staatlicher Regulierung (z. B. im Arbeitsrecht). Unternehmen sind deshalb nicht flexibel genug, um auf strukturelle Veränderungen reagieren zu können. Das schränkt die Investitionsbereitschaft ein und schwächt die Wettbewerbsfähigkeit der Unternehmen. Vertreter der Angebotsorientierung fordern deshalb, die Wirtschaft durch Deregulierung und zurückhaltende Lohnpolitik in Phasen der Konjunkturschwäche von Kosten zu entlasten und so bessere Wettbewerbsfähigkeit zu erreichen. Ein weiterer Grund ist laut angebotsorientierten Vertretern eine unzulängliche Geldpolitik (Monetarismus). Zu hohe Staatsschulden sorgen dafür, dass die Geldmenge stärker steigt als die Gütermenge, was zu höheren Preisen führt.

Indikatoren zur Messung des Wirtschaftswachstums
(M 14 – M 17, M 24)

Als Messgröße für Wirtschaftswachstum wird oftmals die Änderungsrate des BIP verwendet. Negative externe Effekte, wie z. B. Umweltverschmutzung, werden dabei allerdings nicht berücksichtigt. Es wird daher vielfach vorgeschlagen, das BIP als Wohlstandsindikator um weitere Kriterien wie Lebensqualität, Wohlstandsverteilung, Gesundheit, Lebenserwartung, Bildungschancen etc. zu ergänzen.

Wachstum – Profit – Wirtschaft

Karikatur: Kostas Koufogiorgos

Aufgaben

1. Beschreiben und interpretieren Sie die Karikatur.
2. Nehmen Sie Stellung zur Aussage des Karikaturisten. Gehen Sie dabei auf die Bedeutung und die Problematik des Wirtschaftswachstums ein.
3. Diskutieren Sie Möglichkeiten, quantitatives und qualitatives Wachstum miteinander in Einklang zu bringen.

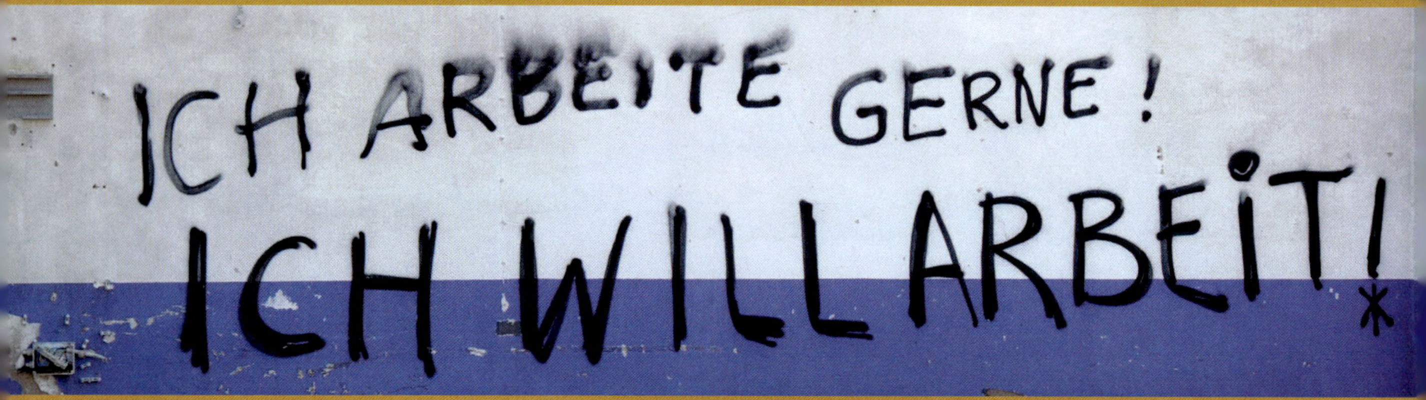
ICH ARBEITE GERNE!
ICH WILL ARBEIT!*

Wegen
Lehrermangel
geschlossen

Beschäftigungspolitik

4

Im Zentrum der wirtschaftspolitischen Debatten steht meist die Beschäftigung. Die instabile, dynamische Entwicklung einer Marktwirtschaft ist mit Planungsschwierigkeiten, Arbeitslosigkeit und möglicherweise mit Einkommensverlusten der Beschäftigten verbunden. Diese können zu sozialen und politischen Krisen führen, welche im schlimmsten Fall sogar die Stabilität des politischen Systems beeinträchtigen.
Beschäftigungspolitik muss daher den Umstand berücksichtigen, dass durch die verschiedenen Formen der Innovation der Anteil der Arbeit bei der Produktion von Gütern beständig geringer wird. Gleichzeitig wächst der Dienstleistungssektor deutlich. Viele Arbeitsplätze in dieser Branche sind allerdings relativ schlecht bezahlt, weshalb viele Beschäftigten nur sehr schwer ein angemessenes Leben führen können.
Arbeitspolitiker müssen dann die Frage beantworten, wie darauf zu reagieren ist, wenn immer weniger Arbeitskräfte benötigt werden, um die gleiche Anzahl an Gütern zu produzieren. Sie müssen auch dafür Sorge tragen, dass nicht nur die vorhandenen Arbeitsplätze gesichert werden, sondern zusätzliche Arbeitsplätze geschaffen werden können, um allen Menschen den Erhalt eines Arbeitsplatzes zu ermöglichen, der ihren Lebensunterhalt garantiert.

Was wissen und können Sie schon?

Stellen Sie in einer Mind-Map dar, welche Bedeutung die Beschäftigung für den Einzelnen und für die Gesellschaft hat.

KOMPETENZEN

Am Ende dieses Kapitels sollten Sie Folgendes wissen und können:

- Sie können die Notwendigkeit der Beschäftigungspolitik begründen.
- Sie sind in der Lage, einzelne beschäftigungspolitische Maßnahmen darzustellen und zu erläutern.
- Sie können Wirksamkeit und Folgen konkreter beschäftigungspolitischer Maßnahmen beurteilen.

4.1 Arbeits- und Beschäftigungspolitik – warum brauchen wir die?

M 1 Bürger und Firmen treiben deutsches Wachstum an

So stark wie von Januar bis März ist die deutsche Wirtschaft seit drei Jahren nicht mehr gewachsen – um 2,5 Prozent legte das Bruttoinlandsprodukt (BIP) im ersten Quartal im Vergleich zum Vorjahreszeitraum zu.

Bemerkenswert ist allerdings nicht nur die Dynamik des Konjunkturschubs, sondern auch dessen Ursache: Ausschließlich die hohe Nachfrage von Bürgern und Unternehmen ist für das stärkere Wirtschaftswachstum verantwortlich, wie aus Zahlen des Statistischen Bundesamts hervorgeht. Der Export, jahrelang Garant für Deutschlands ökonomische Stärke, bremst inzwischen hingegen die Konjunktur. [...]

Auch die Verbraucher setzten am Jahresanfang ihre seit langem in Umfragen bekundete Kauflaune in die Tat um: Die privaten Haushalte gaben 0,7 Prozent mehr aus als im Vorquartal. Begünstigt wurde das von der Rekordbeschäftigung, steigenden Löhnen und niedriger Inflation. Der Staat steigerte seine Konsumausgaben ebenfalls, allerdings weniger stark um 0,4 Prozent.

Damit haben die ausgabefreudigen deutschen Unternehmen und Verbraucher auch einen Großteil dazu beigetragen, dass die Euro-Zone als Ganzes gewachsen ist. [...]

Zu den höheren Konsumausgaben der deutschen Verbraucher dürfte auch geführt haben, dass die Zahl der Beschäftigten gestiegen ist. Im Zeitraum von Januar bis März waren 41,7 Millionen Menschen in Deutschland erwerbstätig, ein Jahr zuvor waren es noch 344.000 Menschen weniger.

fdi/Reuters/dpa/AFP, Spiegel Online, 23.5.2014

M 2 Gesamtfiskalische Kosten der Arbeitslosigkeit

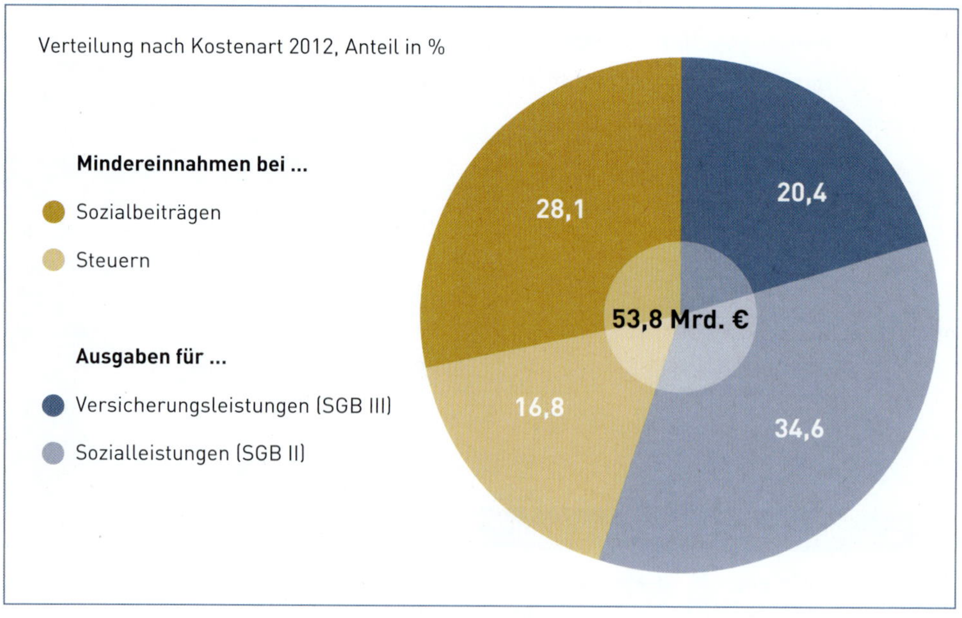

Quelle: Berechnungen des IAB

M 3 ● Deutschland gehen die Meister und Facharbeiter aus

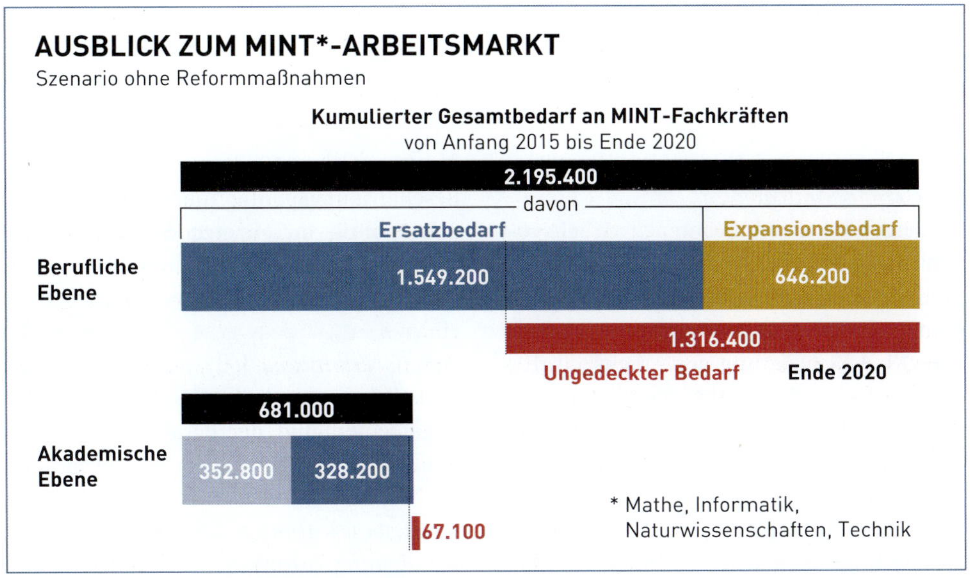

Quelle: Institut der Deutschen Wirtschaft Köln

Den Firmen fehlen zunehmend Fachkräfte aus dem MINT-Bereich. Gesucht werden nicht nur Akademiker, sondern vor allem Meister und Techniker – obwohl die Branche mit guten Bedingungen und Löhnen lockt.

In Deutschland fehlen in diesem Herbst rund 123.500 Fachkräfte aus den MINT-Bereichen Mathematik, Informatik, Naturwissenschaften und Technik. Gesucht werden aber nicht nur Akademiker wie Ingenieure und Physiker, sondern vor allem Arbeitskräfte mit einer MINT-Berufsausbildung.

60 Prozent der offenen Stellen entfallen auf Facharbeiter, Meister oder Techniker. In der Zukunft wird sich der Fachkräftemangel im Bereich der Nicht-Akademiker dramatisch verschärfen.

Bis zum Jahr 2020 macht der MINT-Herbstreport des Instituts der deutschen Wirtschaft (IW) eine Lücke von 1,3 Millionen Fachkräften aus, allein 670.000 Arbeitskräfte werden schon aus Altersgründen ausscheiden. Diese Lücke werde sich trotz aller Anstrengungen nicht schließen lassen, warnte IW-Experte Axel Plünnecke. Die Chancen auf mehr Wachstum und Wohlstand würden dadurch vermindert. [...]

Das IW empfiehlt daher, mehr junge Menschen aus dem Ausland für eine berufliche Ausbildung in Deutschland zu gewinnen. Zudem müssten die Potenziale junger Erwachsener ohne abgeschlossene Berufsausbildung besser ausgeschöpft werden. 1,3 Millionen Menschen zwischen 20 und 29 Jahren haben keinen Berufsabschluss. Jeder fünfte Schulabgänger gilt als nicht ausbildungsreif. Langfristig wichtig sei eine Stärkung der MINT-Fächer schon an den Schulen.

Stefan von Borstel, www.welt.de, 8.10.2014

Aufgabe

Erschließen Sie Gründe, warum der Staat eine aktive Beschäftigungs- und Arbeitsmarktpolitik betreiben muss (M 1 – M 3).

4.2 Was kann der Staat für die Beschäftigung tun? – Was wurde bereits getan?

M 4 ● Beschäftigungspolitische Strategien und Instrumente

An der Angebotsseite des Arbeitsmarktes ansetzende Strategien
Verringerung des angebotenen Arbeitsvolumens durch eine Verkleinerung des Erwerbspersonenpotenzials (demografische Komponente, Verringerung der Erwerbsneigung, [...] Reduzierung der Arbeitszeit ([...] z. B. Verkürzung der tariflichen Wochenarbeitszeit oder Verlängerung des tariflichen Urlaubs oder individuelle Regelungen)).

An der Nachfrageseite des Arbeitsmarktes ansetzende Strategien
Beabsichtigt wird eine Erhöhung der Arbeitskräftenachfrage, da der Arbeitsmarkt vom Gütermarkt abgeleitet wird und die Nachfrage nach Arbeit von der geplanten Güterproduktion abhängt. Strategien zur Beeinflussung der Beschäftigung setzen daher am Produktionsvolumen an:

1) konjunkturpolitische Maßnahmen (Erhöhung der Gesamtnachfrage durch expansive Geld- und Fiskalpolitik, Konjunkturpolitik);
2) strukturpolitische Maßnahmen (Förderung des Strukturwandels, Strukturpolitik);
3) wachstumspolitische Maßnahmen (bei anhaltender Wachstumsschwäche). In welchem Umfang hierdurch zusätzliche Arbeitsplätze geschaffen werden, hängt allerdings entscheidend davon ab, wie sich das Wirtschaftswachstum und die gesamtwirtschaftliche Produktivität entwickeln, d. h. ab welcher Wachstumsrate die Gesamtbeschäftigung steigt. [...]

Eine besondere Stellung im Rahmen der Beschäftigungspolitik nimmt die Arbeitsmarktpolitik im engeren Sinne, also der Ausgleich von Angebot und Nachfrage am Arbeitsmarkt mit folgenden Instrumenten ein:
Arbeitsvermittlung, [...]
Qualifizierungspolitik, z. B. Förderung der allgemeinen und der beruflichen Ausbildung sowie der beruflichen Weiterbildung. [...]
Arbeitsbeschaffungsmaßnahmen, z. B. Verwirklichung struktur- und umweltpolitischer Ziele, Verbesserung der Vermittlungschancen für Langzeitarbeitslose. [...]
In der Diskussion über die Ursachen der hohen Arbeitslosigkeit spielen das Argument, das reale Lohnniveau sei zu hoch, sowie die abgeleitete Empfehlung, die Entwicklung des Lohnniveaus abzubremsen, um die Beschäftigung zu erhöhen, eine große Rolle. Die Nachfrage nach Arbeit sei umso geringer, je höher die Kosten des Produktionsfaktors Arbeit seien. Nicht nur werde der teurer werdende Faktor Arbeit durch den sich relativ verbilligenden Faktor Kapital ersetzt, sondern sinkende Gewinne führen zu weniger Investitionen. [...] Hieraus resultieren eine Fehlsteuerung der Produktions- und Beschäftigtenstruktur und eine Verringerung des möglichen Beschäftigungsvolumens.

Frank Baumgärtner/Ansgar Belke, Konrad-Adenauer-Stiftung, 30.10.2014

M 5 ● Die Hartz-Reformen

Hartz I bis IV sind Kurzbezeichnungen für Arbeitsmarktreformen. Sie hatten sowohl eine effizientere Gestaltung der Arbeitsmarktpolitik in Deutschland als auch die Reformierung der staatlichen Arbeitsvermittlung zum Ziel. Auszüge:
Hartz I und II (2003)

- Aufwertung der Leiharbeit: Viele Auflagen wurden gestrichen, die verhindern sollten, dass Zeitarbeiter dauerhaft reguläre Arbeitsplätze besetzen. Seither ist es den Unternehmen möglich, Zeitarbeiter unbefristet einzusetzen [...]. Die gleiche Entlohnung von Stamm- und Zeitarbeits-Belegschaft [ist] zur Ausnahme geworden.

- Mini-Jobs: Bei dieser „geringfügigen Beschäftigung“ zahlt der Arbeitnehmer [...] bis zu einem Verdienst von 450 Euro keine Sozialversicherungsbeiträge, der Arbeitgeber eine Pauschale.

Hartz IV (2005)

- Arbeitslosengeld II: Arbeitslosen- und Sozialhilfe wurden zum neuen Arbeitslosengeld II zusammengelegt. [...] Den Regelsatz des Arbeitslosengeldes II (in der öffentlichen Diskussion meist Hartz IV genannt), erhält jeder, der länger als ein Jahr arbeitslos ist. Diese verkürzte Bezugsfrist für das Arbeitslosengeld I, das sich nach der Höhe des vorigen Erwerbseinkommens richtet, sollte den Druck auf Langzeitarbeitslose erhöhen, sich um eine Erwerbstätigkeit zu kümmern.
- Ein-Euro-Jobs: Arbeitslosengeld-II-Empfänger können ihren Regelsatz um einen Euro Arbeitslohn pro Stunde aufstocken. Die Tätigkeit der Ein-Euro-Jobber muss laut Gesetz zumutbar, im öffentlichen Interesse und zusätzlich sein – sie darf also nicht in den Aufgabenbereich eines regulär Beschäftigten fallen. Hinter diesem Instrument steht die Idee, dass so die Arbeitsdisziplin Langzeitarbeitsloser erhalten werden kann.

www.wirtschaftundschule.de, Wirtschaftslexikon, Stand: Juni 2012

Aufstocker

Mit dem Begriff „Aufstocker“ werden umgangssprachlich diejenigen Personen bezeichnet, die mit ihrer Beschäftigung ein so geringes Einkommen erzielen, dass sie ergänzend finanzielle Leistungen nach dem Zweiten Buch Sozialgesetzbuch (SGB II) erhalten. Die Arbeitsmarktstatistik spricht offiziell von „erwerbstätigen Arbeitslosengeld II-Beziehern“. Das Einkommen wird um die entsprechenden Leistungen des SGB II „aufgestockt“.

M 6 ● Konjunkturpakete gegen die Krise

194 097 © Bergmoser + Höller Verlag AG

Aufgaben

1. Stellen Sie die beschäftigungspolitischen Strategien in einem Schaubild dar (M 4).
2. Ordnen Sie die Maßnahmen den Strategien zu (M 5, M 6).

H zu Aufgabe 2
Überlegen Sie, wer zunächst von den Maßnahmen profitiert.

4.3 Wie gut hat die staatliche Beschäftigungspolitik gewirkt?

M 7 Schlagzeilen zur Beschäftigung

August-Arbeitslosigkeit auf Rekordtief
dpa-infocom GmbH, www.welt.de, 28.8.2014

So funktioniert das deutsche Jobwunder
Flexible Beschäftigungsmodelle wie Leiharbeit und Minijobs haben einen bedeutenden Anteil am Aufschwung auf dem Arbeitsmarkt.
Martin Greive, www.welt.de, 19.1.2014

Arbeitsmarkt in Deutschland: Zahl der Erwerbstätigen steigt auf Rekordhoch
Im Jahr 2014 gab es durchschnittlich 42,6 Millionen Erwerbstätige. Das hat das Statistische Bundesamt errechnet. Das ist ein Rekordwert. Ursache war den Statistikern zufolge auch die gestiegene Zahl der Zuwanderer. Die Arbeitslosenquote sank von 4,9 auf 4,7 Prozent.
Süddeutsche Zeitung, 5.1.2015

Studie: Deutschland hat die meisten Niedriglöhner in Europa
Kein anderes westeuropäisches Land hat einen derart großen Niedriglohnsektor wie Deutschland.
www.deutsche-wirtschafts-nachrichten.de, 24.12.12

Jahr	Anzahl der Beschäftigten mit Niedriglöhnen* in Deutschland (in Mio.)	Anzahl der Niedriglohnbeschäftigten in % aller Beschäftigten in Deutschland
1995	5,89	18,8
1996	6,25	19,6
1997	6,05	19,5
1998	6,21	19,8
1999	6,56	20,7
2000	6,79	21,3
2001	6,40	21,6
2002	6,96	22,0
2003	7,27	23,1
2004	7,04	22,8
2005	7,33	23,1
2006	7,40	23,9
2007	7,95	24,7
2008	7,84	23,4
2009	8,24	24,7
2010	8,34	24,6
2011	7,91	23,2
2012	8,37	24,3

** Niedriglohnschwelle: zwei Drittel des mittleren Stundenlohns (Median)*

Thorsten Kalina/Claudia Weinkopf, IAQ-Report 2014-02, 4.3.2014

M 8 Zahl der Erwerbstätigen erneut auf Rekordhoch

Das wiedervereinigte Deutschland zählt so viele Erwerbstätige wie nie: 42,6 Millionen Menschen mit Wohnort in der Bundesrepublik waren nach Berechnungen des Statistischen Bundesamtes im Jahresdurchschnitt 2014 erwerbstätig. Damit setzte sich der positive Trend der vergangenen Jahre fort.

Nach Angaben der Wiesbadener Behörde vom Montag kletterte die Zahl im Vergleich zum Vorjahr um 372.000 oder 0,9 Prozent. Diesen vorläufigen Berechnungen zufolge fiel der Anstieg höher aus als im Jahr 2013. Gleichzeitig gab es im achten Jahr in Folge einen neuen Höchststand bei der Zahl der Erwerbstätigen.

Begünstigt wurde die Entwicklung nach Einschätzung der Statistiker durch die Zuwanderung ausländischer Arbeitskräfte und eine insgesamt gestiegene Erwerbsneigung.

Der Chef der Bundesagentur für Arbeit (BA), Frank-Jürgen Weise, sieht Zuwanderer insgesamt nicht als Konkurrenz für heimische Langzeitarbeitslose auf dem Arbeitsmarkt. „Die Zuwanderer kommen oft mit einer guten Qualifikation und motiviert nach Deutschland", sagte Weise der Zeitung „Die Welt". „Sie wollen als Fachkraft arbeiten, und hier haben wir auch viele offene Stellen."

Wenn es gelinge, die offenen Stellen mit Fachkräften zu besetzen, entstünden dadurch neue Jobs, sagte Weise: „Ein Projektleiter braucht Teamassistenten, und Aufträge werden hierzulande realisiert, die sonst möglicherweise ins Ausland gegangen wären." Unter dem Strich gebe es deshalb keine Konkurrenz mit Langzeitarbeitslosen. Der deutsche Arbeitsmarkt brauche Zuwanderer, betonte der Behördenchef.

Die Erwerbstätigkeit legte nach den Zahlen

des Bundesamtes im Jahr 2014 im Vergleich zum Vorjahr in fast allen Wirtschaftsbereichen zu – vor allem im Dienstleistungssektor mit Berufen in Erziehung, Gesundheit, Handel, Verkehr und Gastgewerbe.
Zählt man Erwerbstätige dazu, die aus den Nachbarstaaten zur Arbeit nach Deutschland pendeln, liegt die Zahl der Erwerbstätigen in Deutschland sogar noch etwas höher bei rund 42,7 Millionen.
Die Bundesagentur für Arbeit (BA) rechnet trotz des weiter schwierigen wirtschaftlichen Umfeldes zum Jahresbeginn 2015 mit einer Entspannung auf dem Arbeitsmarkt. Die große Mehrheit der 156 örtlichen Arbeitsagenturen gehe für die kommenden drei Monate saisonbereinigt von einem leichten Rückgang der Arbeitslosigkeit aus, teilte das Institut für Arbeitsmarkt- und Berufsforschung (IAB) am Montag mit.
Es befragt monatlich die Agenturchefs. Das daraus ermittelte Arbeitsmarktbarometer sei im Dezember zum dritten Mal in Folge gestiegen – und zwar auf 101,6 Punkte (plus 0,7 Punkte). Werte über 100 signalisieren eine Besserung der Situation.

dpa, www.handelsblatt.com, 5.1.2015

M 9 ● Forscher raten Politikern zu weiteren Arbeitsmarktreformen

Arbeitsmarktforscher haben der Politik nach den Erfolgen der Hartz-Reformen zu weiteren Reformanstrengungen geraten. Sie müssten dabei auf die „Schattenseiten“ reagieren, mit denen die Arbeitsmarktreform der früheren rot-grünen Bundesregierung zumindest für einen Teil der Bevölkerung verbunden seien, heißt es in einer am Dienstag veröffentlichten Studie des Instituts für Arbeitsmarkt- und Berufsforschung (IAB). Das IAB ist die Denkfabrik der Bundesagentur für Arbeit.
„Trotz des makroökonomischen Erfolges der Hartz-Reformen ist mit ihrer Wirkung auch ein soziales Auseinanderdriften verbunden gewesen“, kritisieren die Autoren der Studie, Sabine Klinger, Thomas Rothe und Enzo Weber. Die Lasten der Reformen hätten im Wesentlichen die Arbeitnehmer getragen.
So habe seit den Hartz-Reformen die „atypische Erwerbstätigkeit“, wie Leiharbeit, befristete Beschäftigung oder Minijobs deutlich zugenommen. Betroffene würden zudem oft nur für kurze Zeit beschäftigt und schlechter bezahlt. [...] Darüber hinaus habe die bereits seit Jahrzehnten zunehmende Einkommensungleichheit zugenommen – und zwar dadurch, dass gerade die Löhne in den unteren Lohngruppen gesunken seien.

Allerdings sei es mit den Hartz-Reformen auch gelungen, den verfestigten Kern der Arbeitslosigkeit zum Teil aufzubrechen. [...] Insgesamt funktioniere der Arbeitsmarkt besser – und das auf Dauer, meinen die Forscher. Inzwischen seien diese Reform-Effekte aber aufgebraucht. Um langfristig die mit den Hartz-Reformen erzielten Strukturerfolge nicht zu gefährden, müssten mehr Menschen als bisher von den früheren Reformen profitieren. Konkret sprechen sich die Arbeitsmarktforscher für eine stärkere Einzellfall-Betreuung von Langzeitarbeitslosen aus. Langzeitarbeitslose, die eine neue Stelle gefunden haben, sollten auch danach noch eine Zeit lang von den Fallmanagern in den Jobcentern betreut werden. Wer den Sprung in die Arbeitswelt geschafft habe, sollte mit Weiterbildung die Chance erhalten, sich beruflich zu verbessern, raten die IAB-Wissenschaftler.

dpa-AFX, www.wallstreet-online.de, 18.6.2013

Jahr	Erwerbsfähige Hartz IV-Bezieher (in Mio.)	Aufstocker (in Mio.)	Anteil an allen erwerbsfähigen Leistungsbeziehern (in %)
2007	5,277	1,220	23,12
2008	5,010	1,322	26,38
2009	4,909	1,325	26,99
2010	4,894	1,381	28,22
2011	4,615	1,355	29,35
2012	4.443	1,324	29,80
2013	4,425	1,318	29,79

Nach: Bundesagentur für Arbeit, Datenbestand: April 2014, © www.HartzIV.org

M 10 ● Arm trotz Arbeit

Sie arbeiten, kommen aber trotzdem kaum über die Runden: Mehr als drei Millionen Erwerbstätige in Deutschland leben unterhalb der Armutsschwelle. Ihre Zahl ist in den vergangenen Jahren um 25 Prozent angestiegen.

Immer mehr Menschen in Deutschland können laut Statistischem Bundesamt kaum von ihrem Einkommen leben. Ende 2013 bezogen demnach rund 3,1 Millionen Erwerbstätige ein Einkommen unterhalb der Armutsschwelle – 25 Prozent mehr als 2008. Damals hatte die Zahl noch bei rund 2,5 Millionen gelegen, wie die „Saarbrücker Zeitung" unter Berufung auf eine Sonderauswertung der Statistiker berichtete.

Als armutsgefährdet gilt, wer einschließlich aller staatlichen Transfers wie zum Beispiel Wohn- oder Kindergeld weniger als 60 Prozent des mittleren Einkommens erzielt. 2013 lag diese Schwelle den Angaben zufolge in Deutschland bei 979 Euro netto im Monat.

Den Angaben zufolge konnten beispielsweise

- 379.000 der armutsgefährdeten Erwerbstätigen 2013 ihre Miete nicht rechtzeitig bezahlen.
- 417.000 verzichteten auf angemessenes Heizen.
- Rund 538.000 sparten beim Essen, indem sie nur jeden zweiten Tag eine vollwertige Mahlzeit zu sich nahmen.
- Für rund jeden zweiten Betroffenen war der Statistik zufolge schon ein einwöchiger Urlaub im Jahr nicht bezahlbar.
- Fast 600.000 Betroffene hätten sich kein eigenes Auto leisten können.

Die zitierten Zahlen des Statistischen Bundesamts basieren auf Haushaltsbefragungen. „Die Zahl der Erwerbstätigen, die mit ihrem Einkommen knapp unter oder geringfügig über den staatlichen Hartz-IV-Leistungen liegen, ist erschreckend hoch", sagte die Präsidentin des Sozialverbandes VdK, Ulrike Mascher, der „Saarbrücker Zeitung". Für viele dieser Haushalte sei offenkundig das Wohngeld unzureichend, um einigermaßen über die Runden zu kommen.

Insgesamt war 2013 jeder fünfte Einwohner Deutschlands von Armut oder sozialer Ausgrenzung betroffen. Das entspricht etwa 16,2 Millionen Menschen beziehungsweise 20,3 Prozent der Bevölkerung, wie das Statistische Bundesamt im Dezember mitteilte.

wit/AFP/dpa, Spiegel Online, 24.1.2015

Jahr (Stichtag: 30. Juni)	Anzahl der Leiharbeitnehmer in Deutschland
1996	177.935
1997	212.664
1998	252.895
1999	286.394
2000	339.022
2001	357.264
2002	326.295
2003	327.331
2004	399.789
2005	453.389
2006	598.284
2007	731.152
2008	794.363
2009	609.720
2010	806.123
2011	909.545
2012	908.113
2013	851.818

Nach: Statistik der Bundesagentur für Arbeit, Arbeitnehmerüberlassungsstatistik 2014

Aufgaben

1. Beschreiben Sie die Entwicklung und die augenblickliche Situation am Arbeitsmarkt der Bundesrepublik (M 7 – M 10). Welche Faktoren haben wohl zur derzeitigen Lage beigetragen? Berücksichtigen Sie dabei auch die Angaben in den Randspalten.
2. Beurteilen Sie die Wirksamkeit der durchgeführten beschäftigungspolitischen Maßnahmen nach den Kategorien Effizienz (Waren die Maßnahmen wirksam?), Legitimität (Wurden Gemeinwohl und demokratische Werte berücksichtigt?) und Sichtweise (Wie sind die einzelnen Beteiligten betroffen?).

F Recherchieren Sie im Internet Art und Umfang prekärer und atypischer Beschäftigung in Deutschland und gestalten Sie ein Plakat dazu.

Methode: Analyse einer politischen Rede

Man könnte die Sprache als das Handwerkszeug der Politiker bezeichnen, denn ihr Handeln drückt sich überwiegend durch Sprache aus. Einschätzungen, Absichten und Vorhaben der Parteien und politischer Institutionen werden überwiegend in Reden vorgetragen, sei es im Bundestag, vor einem bestimmten Publikum oder zu besonderen Anlässen.
In einer Rede versucht der Redner, mit sprachlichen Mitteln bestimmte Ziele zu erreichen, z. B. die Abgeordneten des Deutschen Bundestages davon zu überzeugen, politische Vorhaben zu unterstützen und in ihrem Sinne zu abzustimmen.
Die Intentionen des Redners und die rhetorischen Mittel, die er verwendet, müssen deshalb analysiert werden.

Folgende Aspekte müssen bei der systematischen Analyse einer Rede beachtet werden:

1. Redner
2. Kontext
3. Adressaten
4. Inhalt
5. Absicht
6. Struktur
7. Vortrag (wenn die Rede zu hören/sehen ist) und Wirkung

Analyseschritte/Fragen

1. Wer ist der Redner und in welcher Funktion spricht er? Welche weltanschaulichen Grundpositionen leiten ihn?
2. Wo, wann und zu welchem Anlass wird die Rede gehalten? Welches ist der thematische Zusammenhang/die aktuelle Situation, in der sie gehalten wird?
3. Wer sind die Adressaten der Rede? Handelt es sich um eine homogene Gruppe? Sind in der Gruppe nur Anhänger oder nur Gegner des Redners oder beides? (Wie) Stellt der Redner während seiner Rede eine Beziehung zu den Adressaten her? Wie reagieren diese?
4. Was ist das zentrale Thema der Rede, worum geht es? Wie ist die Rede inhaltlich gegliedert?
5. Welche Strategien verwendet der Redner (Aufwertung, Abwertung, Beschwichtigung)? Welche Wirkung will der Redner (offensichtlich) erzielen?
6. Welche sprachlich-rhetorischen Mittel verwendet der Redner? Wie ist die Argumentation aufgebaut? Welche politischen Leitbegriffe, Schlagwörter, Floskeln etc. verwendet der Redner? Welche Argumente werden vorgebracht?
7. Wie wird die Rede vorgetragen (Lautstärke, Tempo, Emotionalität)? Wie wirkt die Rede (auf mich)?

Rhetorische Strategien

Aufwertung

Der Redner versucht seine Position so günstig darzustellen, dass ihm die Zustimmung seiner Hörer gewiss ist:

- günstige Seite hervorheben, ungünstige abschwächen oder verschweigen
- positive Attribute für eigene Gruppe
- dynamisches Wortfeld für eigene Gruppe
- Koppelung mit positiven Werten
- Übersteigerung eigener Verdienste: „einziger Garant für soziale Gleichheit"
- Fehler anderen zuschieben: anderer Gruppe oder den Umständen („unabwendbares Schicksal")

Abwertung

Darstellung des Gegners als negativ, sodass die Zuhörer ihn ablehnen:

- ungünstige Seite hervorheben, günstige abschwächen oder verschweigen
- Häufung negativer Attribute
- Koppelung des Gegners mit negativen Werten

Beschwichtigung

Verwendung von vagen, unkonkreten Formulierungen, sodass auch Gruppen mit gegensätzlichen Interessen ihnen zustimmen können:

- Verständnis zeigen
- Formulierungen verwenden, die jede Interpretation zulassen

METHODE

Rede von Gregor Gysi (Fraktionsvorsitzender der Linksfraktion) vom 14.3.2013 im Deutschen Bundestag

Frau Präsidentin! Meine Damen und Herren!

Ich glaube, die SPD hat Recht, wenn sie sagt, dass wir dringend Zukunftsinvestitionen benötigen. Aber was müsste die erste Zukunftsinvestition sein? Wir müssen die Binnenwirtschaft stärken. [...] (Beifall bei der LINKEN)

Ich sage Ihnen: Diesbezüglich lag die Agenda 2010 falsch. Herr Nüßlein, ich stimme Ihnen überhaupt nicht zu: Die SPD hat den Jahrestag gefeiert wie verrückt. Aber ich finde das völlig falsch, weil die Agenda 2010 der größte Sozialabbau in der Geschichte der Bundesrepublik Deutschland war. (Beifall bei der LINKEN) [...]

23 Prozent aller Beschäftigten sind heute prekär beschäftigt. Das ist etwas, was sich lohnt, worauf Sie stolz sein wollen? „Prekär beschäftigt" heißt: Es sind Aufstockerinnen und Aufstocker, es sind Leiharbeiterinnen und Leiharbeiter; sie sind im Niedriglohnsektor bzw. in Minijobs beschäftigt. Hinzu kommen die befristet Beschäftigten. Diese zählen gar nicht zu den prekär Beschäftigten. [...]

Von den Bürgerinnen und Bürgern unseres Landes bis zum 35. Lebensjahr haben 52 Prozent ein befristetes Arbeitsverhältnis. Dann kommt die Union und sagt ihnen, sie sollen Familien gründen und mehr Kinder bekommen. Ja, wie denn? Wie soll denn jemand mit einem Halbjahresvertrag eine Perspektive haben? Davon kann niemand ausgehen. So bekommen Sie niemals eine gute Familienpolitik zustande. Das garantiere ich Ihnen. (Beifall bei der LINKEN)

Jetzt kommt immer das Argument – auch von Ihnen wieder, Herr Nüßlein –, dass die Arbeitslosenzahlen so sehr zurückgegangen sind. Nehmen Sie bitte eine Tatsache zur Kenntnis: Wir haben jetzt dasselbe Volumen an Arbeitsstunden wie vor Beginn der Agenda 2010; es hat sich nichts geändert. Der einzige Unterschied ist, dass aus einer Vollzeitarbeitsstelle drei Drittelstellen geworden sind. Damit verbessern Sie die Statistik, aber nicht die Lage der Leute, im Gegenteil: Sie wird nur prekärer. (Beifall bei der LINKEN) [...]

Ich will Ihnen noch sagen: Wenn die Reichen mehr Geld haben – das muss die CDU/CSU mal zur Kenntnis nehmen –, dann spekulieren sie mehr. Wenn Arme, Geringverdienende oder durchschnittlich Verdienende mehr Geld haben, dann kaufen sie mehr Waren und nehmen mehr Dienstleistungen in Anspruch. Der Binnenwirtschaft können Sie nicht mit mehr Reichtum, sondern nur mit mehr sozialer Gerechtigkeit helfen. (Beifall bei der LINKEN)

Ich führe Ihnen noch einmal die Unterschiede vor Augen. Zwischen 1992 und 2012 ist das Geldvermögen in Deutschland von 4,6 Billionen Euro auf 10 Billionen Euro gestiegen; es hat sich also mehr als verdoppelt.

(Ernst Hinsken (CDU/CSU): Das sagen Sie jetzt zum vierten Mal in diesem Plenum!)

0,6 Prozent der Haushalte besitzen davon knapp 20 Prozent, nämlich 1,9 Billionen Euro. Die unteren 50 Prozent der Haushalte – das ist auch interessant – besaßen 1998 4 Prozent des Geldvermögens und besitzen heute nur noch 1 Prozent des Geldvermögens. Auch das ist ein Ergebnis der Agenda 2010. Warum korrigieren Sie das nicht und fangen nicht an, ganz anders politisch zu agieren und darüber nachzudenken, wie wir diesbezüglich zu einer anderen Gesellschaft kommen? (Beifall bei der LINKEN)

Wenn wir die Binnenwirtschaft stärken wollen, brauchen wir gerechte, höhere Löhne, Renten und Sozialleistungen. [...] Der Verlauf unseres Einkommensteuertarifs ist nicht linear, sondern hat einen Bauch, und zwar bei der Mittelschicht der Gesellschaft, also den Facharbeiterinnen und Facharbeitern, den Meisterinnen und Meistern, aber auch den Lehrerinnen und Lehrern, den Polizistinnen und Polizisten und vielen Selbstständigen. Sie alle müssen sehr viel mehr Steuern zahlen, als es gerecht ist. Deshalb muss dieser Steuerbauch weg. Warum ist der Steuerbauch da?

(Zuruf von der CDU/CSU: Weil die von der SPD nicht mitmachen wollten!)

Weil der Spitzensteuersatz gesenkt worden ist. Sie wollen den Steuerbauch beseitigen – so weit sind wir einverstanden –, aber ohne Erhöhung des Spitzensteuersatzes. [...] Das geht nicht. Deshalb sage ich Ihnen: Wir brauchen einen Ausgleich, einen höheren Spitzensteuersatz, und dann können wir endlich den Bauch bei der Mittelschicht beseitigen, der tatsächlich überwunden werden muss. (Beifall bei der LINKEN) [...]

Also: Was müssen wir machen? Wir brauchen einen flächendeckenden gesetzlichen Mindestlohn von 10 Euro pro Stunde. Wir würden auch einem geringeren Mindestlohn zustimmen, aber er wäre falsch. Ich sage Ihnen noch einmal: Wir brauchen in Deutschland einen flächendeckenden gesetzlichen Mindestlohn von 10 Euro. (Beifall bei der LINKEN)

Wir brauchen statt prekärer Beschäftigung gute Arbeit, höhere Renten und höhere Sozialleistungen. Das wäre die wichtigste Investition für unsere Binnenwirtschaft und damit für unsere Zukunft.

Sie haben recht: Wir brauchen auch Investitionen im Energiebereich. Die erneuerbaren Energien müssen gefördert werden. Bis zum Jahre 2020 muss ihr Anteil von 25 Prozent auf 50 Prozent steigen. Was macht die Bundesregierung jetzt? Sie stellen die Förderung ein. Abenteuerlicherweise begründen Sie das auch noch mit den Strompreisen, Herr Altmaier.

(Birgit Homburger (FDP): Ach! So ein Schwachsinn!) [...]

Wir haben gesagt: Wir brauchen gute Arbeit und gerechte Löhne. Deshalb sage ich Ihnen noch einmal: Mindestlohn ist klar: Leiharbeit möchte ich überwinden. Aber wenn Sie sie nicht überwinden, führen Sie doch endlich nicht nur den gleichen Lohn für die Leiharbeiterinnen und Leiharbeiter wie für die Stammbelegschaft ein, sondern einen Zuschlag von 10 Prozent wie in Frankreich. Dieser Zuschlag ist mir wichtig. Es muss für das Unternehmen teurer sein, eine Leiharbeiterin oder einen Leiharbeiter zu beschäftigen. Außerdem verdienen die Leute dieses Geld. Dann wird es nämlich zur Ausnahme und nicht Schritt für Schritt zur Selbstverständlichkeit, wie es leider in unserer Gesellschaft geworden ist.

(Beifall bei der LINKEN; Ernst Hinsken (CDU/CSU): Jetzt sagen Sie noch mal, was das alles kostet, was Sie hier gefordert haben!)

Ja, passen Sie auf. Wir müssen die Befristung verbieten, wenn sie ohne sachlichen Grund erfolgt, wenigstens das. Ich bin es leid, dass die Leute fast nur noch befristete Verträge erhalten. Fast alle Neueinstellungen erfolgen inzwischen befristet und damit ja auch ohne Kündigungsschutz.

(Zuruf von der CDU/CSU: Stimmt gar nicht! Er hat keine Ahnung!) [...]

Ich wünsche Ihnen trotzdem alles Gute. (Beifall bei der LINKEN)

Deutscher Bundestag, 17. Wahlperiode, 228. Sitzung, 14.3.2013

Aufgabe

Analysieren Sie die Rede Gregor Gysis vom 14.3.2013 im Deutschen Bundestag nach den angegebenen Analyseschritten.

ORIENTIERUNGSWISSEN

Warum Beschäftigungspolitik?
(M 1 – M 3)

Beschäftigungspolitik hat für unsere Gesellschaft eine enorme Bedeutung, weil Arbeitslosigkeit für den Einzelnen und die Gesellschaft eine hohe Belastung darstellt. Neben den Ausgaben für Lohnersatzleistungen bringt sie Mindereinnahmen für den Staat mit sich, weil weniger Lohn- und Einkommensteuer anfallen. Auch die Zweige der gesetzlichen Sozialversicherung werden durch die Arbeitseinkommen finanziert. Bei steigender Arbeitslosigkeit werden die Zahlungen in die Kassen der Arbeitslosenversicherung geringer; gleichzeitig steigen die Ausgaben für Arbeitslosengeld.
Eine hohe Zahl von Erwerbstätigen ist ebenfalls wichtig für das Wachstum der Wirtschaft. Je mehr Menschen einen Arbeitsplatz haben, desto höher ist der Konsum von Gütern und damit auch das Wachstum, welches wiederum Arbeitsplätze schafft.

Ziel der beschäftigungspolitischen Maßnahmen
(M 4 – M 6)

Beschäftigungspolitik muss also darauf abzielen, Bedingungen zu schaffen, die Arbeitsplätze entstehen lassen. Über die richtigen Bedingungen gibt es unterschiedliche Lösungsansätze seitens der Politik. Während eine Seite die Deregulierung und Flexibilisierung des Arbeitsmarktes für notwendig erachtet ist die andere davon überzeugt, dass eine Stärkung der Binnennachfrage, z. B. durch höhere Löhne geeignet ist, Wachstum und damit auch Arbeitsplätze zu schaffen.

Erfolge der Beschäftigungspolitik
(M 8)

Die Reformen in der Arbeits- und Beschäftigungspolitik seit Beginn der Jahrtausendwende haben dazu geführt, dass sich die Anzahl der Beschäftigten in der Bundesrepublik auf einem Höchststand befindet und die Arbeitslosigkeit sehr niedrig ist. Deutschland steht im europäischen Vergleich in den Beschäftigungsstatistiken ausgezeichnet da.

Weitere Herausforderungen
(M 9, M 10)

Diesem Erfolg steht die Tatsache gegenüber, dass ein großer Teil der neuen Arbeitsplätze den Arbeitenden keinen ausreichenden Lohn einbringt oder nicht unbefristet angelegt ist. Hinzu kommt, dass die Löhne in den unteren Lohngruppen gesunken sind und deshalb die Einkommensungleichheit zugenommen hat.
Die Situation lässt sich so zusammenfassen, dass die steigende Wirtschaftsleistung nicht mehr für größeren Wohlstand für alle sorgt, sondern dass die Bundesrepublik in zunehmendem Maße mit dem Problem der Armut trotz Arbeit konfrontiert ist. Weitere Arbeitsmarktreformen sind deshalb nötig.

Altersvorsorge – viele Deutsche können sich das Sparen nicht mehr leisten

Immer weniger Deutsche sorgen fürs Alter vor. Laut einer Studie kümmert sich jeder Dritte nicht um seine finanzielle Zukunft. Viele können es sich einfach nicht leisten, Geld zurückzulegen.

Altersvorsorge wird für viele Menschen in Deutschland zunehmend zum Luxus. Das geht aus dem Vermögensbarometer des Deutschen Sparkassen- und Giroverbandes hervor [...]. Demnach gaben 30 Prozent der Befragten an, finanziell nicht für die Zukunft vorzusorgen – deutlich mehr als in den vergangenen Jahren.

Besonders alarmierend scheint, dass 16 Prozent sich eine Vorsorge nach eigenem Bekunden nicht leisten können. Auch dieser Wert ist in den vergangenen Jahren stetig gestiegen. Ein finanzielles Polster zur Absicherung werde zwar allgemein als wichtig erkannt, sagte Sparkassenpräsident Georg Fahrenschon [...], „gleichzeitig steigt aber die Zahl der Menschen, die angeben, es finanziell nicht stemmen zu können, Geld zurückzulegen".

Wie die Umfrage zeigt, sind es vor allem Menschen mit geringem Einkommen, die nicht vorsorgen. Unter denen, die monatlich weniger als 1.000 Euro zur Verfügung haben, liegt der Anteil der Nichtsparer bei mehr als 50 Prozent. Sparkassenpräsident Fahrenschon fordert daher auch politisch ein Umdenken.

Stefan Kaiser, Spiegel Online, 23.10.2014

Überschneidung von Grundsicherungsbedarf und Rente bei sinkendem Rentenniveau nach Entgeltposition und Beitragsjahren, 2012 - 2030

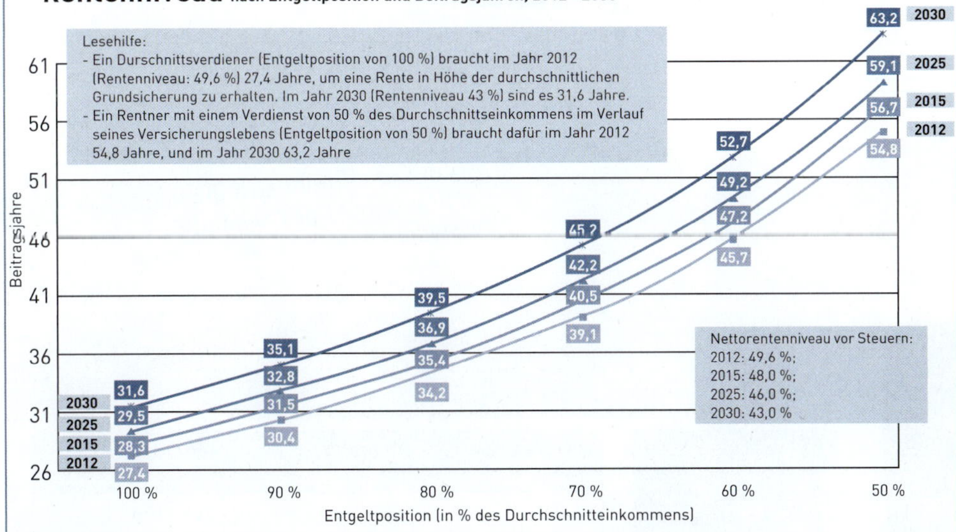

Annahmen:
Grundsicherung im Alter: Bedarf für Alleinstehende (Regelbedarf und bundesdurchschnittliche Kosten der Unterkunft) im Jahr 2013: 690 Euro
Rente: Nettorente vor Steuern; Beitragsabzüge (Krankenversicherung und Pflegeversicherung) Werte für 2012
Rentenniveau 2012, 2015, 2025 nach Gesetzentwurf RV-Leistungsverbesserungsgesetz, 2030: Untergrenze der Niveausicherungsklausel

Quelle: IAQ/sozialpolitik-aktuell.de

Aufgaben

1. Überprüfen Sie die Aussagen von Stefan Kaiser anhand der Entwicklung der Beschäftigung in Deutschland.
2. Erklären Sie mit Bezug auf das Schaubild die Notwendigkeit weiterer Arbeitsmarktreformen in der Bundesrepublik.

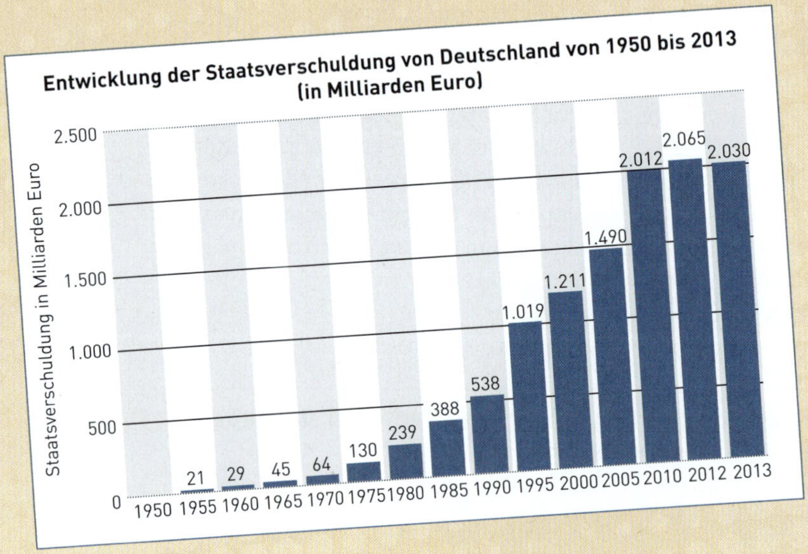

© statista 2015

Um 1.556 Euro erhöht sich die deutsche Staatschuld pro Sekunde.
www.staatsschuldenuhr.de, 27.1.2015

Speichergröße/ Modell	iPhone 6	iPhone 6 Plus
16 GB	699 Euro	799 Euro
64 GB	799 Euro	899 Euro
128 GB	899 Euro	999 Euro

Jusuf Hatic, www.connect.de, 12.9.2014

Herausforderungen durch die Staatsverschuldung

5

Der Staat spielt im wirtschaftlichen Geschehen eine gewichtige Rolle, was sich in Deutschland in der Wirtschaftsordnung der Sozialen Marktwirtschaft widerspiegelt. Im Wirtschaftskreislauf ist der Staat neben dem Bankenwesen, den privaten Haushalten, den Unternehmen und dem Ausland einer von fünf Akteuren. Seine Erfüllung von Aufgaben für die Gesellschaft wie z. B. die Bereitstellung von „öffentlichen Gütern" – wie innere und äußere Sicherheit, Krankenhäuser, Verwaltung, Schulen und Hochschulen – führen zu immer neuen An- und Herausforderungen an die staatliche Wirtschaftspolitik, und hier speziell an die Finanzpolitik. Denn für eine positive wirtschaftliche Entwicklung gilt als Zielsetzung, dass sich Einnahmen und Ausgaben im Sinn des Prinzips des „Haushaltens" decken sollen. In der Vergangenheit wurde dieses Prinzip allerdings oft nicht beachtet, weshalb die Verschuldung der Bundesrepublik seit den 1970er Jahren ständig gewachsen ist. Die Staatsverschuldung Deutschlands hat u. a. zur Folge, dass der finanzpolitische Spielraum zunehmend eingeengt wird und für wichtige Zukunftsinvestitionen immer weniger Mittel zur Verfügung stehen. Damit das Staatsdefizit in Zukunft nicht unkontrollierbar ausufert, wurde in Deutschland eine Schuldenbremse eingeführt. Sie soll das Hauptproblem der bisherigen Fiskalpolitik überwinden: In konjunkturell guten Zeiten sollen künftig Schulden getilgt werden, statt sie – wie in der Vergangenheit – sogar noch anwachsen zu lassen.

Was wissen und können Sie schon?

1. Errechnen Sie für den gesamten Kurs/alle Schüler an Ihrer Schule, wie viele iPhone 6 Plus man sich für eine Stunde Neuverschuldung des Staates leisten kann.
2. Ist Schulden machen schlecht? Verfassen Sie einen kurzen Text zur Begründung Ihrer Position. Berücksichtigen Sie dabei mögliche Unterschiede bei Schulden von Privatpersonen, Unternehmen und dem Staat.

KOMPETENZEN

Am Ende dieses Kapitels sollten Sie Folgendes wissen und können:

- Sie können Zielvorgaben und Zielerfüllungen in der Finanzpolitik darstellen.
- Sie kennen die Ursachen der Staatsverschuldung und können die Gefahren hoher Staatsdefizite beurteilen.
- Sie können Maßnahmen zum Schuldenabbau diskutieren und bewerten.

5.1 Wie finanziert sich der Staat?

M 1 Der Bundeshaushalt

Im Bundeshaushalt werden jährlich die geplanten Einnahmen und Ausgaben des Bundes festgelegt. Er ist die finanzwirtschaftliche Grundlage für die Aktivitäten des Bundes und legt unter anderem fest, wie viel Geld für welche Zwecke ausgegeben wird und wie der Finanzbedarf durch Einnahmen gedeckt werden kann.

Die Bundesregierung kann zu unterschiedlichen Stellschrauben greifen, um den Haushalt zu gestalten. Die erste Stellschraube ist die der Ausgabenseite: Hier konkurrieren die unterschiedlichen Ministerien um den großen Topf des Bundeshaushaltes. Die zweite Stellschraube ist die der Steuereinnahmen. Sie sind die wichtigste Einnahmequelle des Staates. Die dritte Stellschraube ist die der Neuverschuldung. Je nach Höhe des Saldos zwischen Einnahmen und Ausgaben kann der Staat zum Mittel der Kreditaufnahme greifen.

Einen Haushalt ohne eine Neuverschuldung aufzustellen, ist immer wieder das Ziel der deutschen Haushalts- und Finanzpolitik.

Bearbeiter

M 2 Aus welchen Quellen kommen die Steuern?

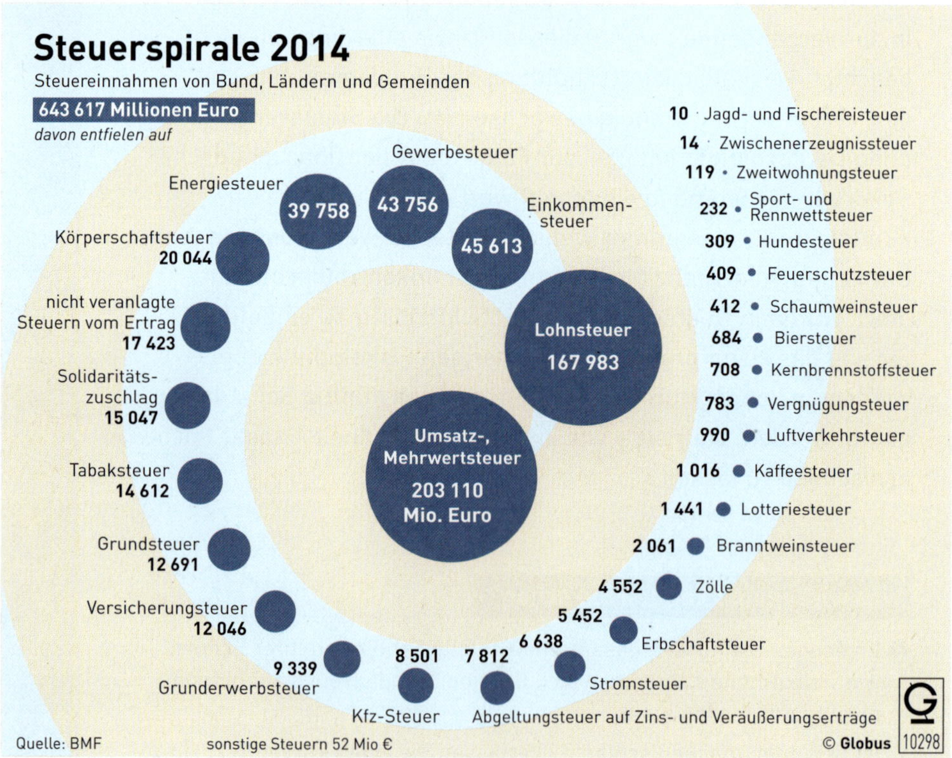

M 3 ● Haushaltssanierung durch hohe Steuereinnahmen?

Steuereinnahmen sanieren Staatshaushalt

in Milliarden Euro

Lesebeispiel: Im Jahr 2012 liegt die Neuverschuldung des Bundes bei voraussichtlich 34,8 Milliarden Euro. Das sind 17,5 Milliarden mehr als 2011. Die Ausgaben des Staates sind sogar um 21,8 Milliarden Euro gestiegen, doch Steuermehreinnahmen von 4,3 Milliarden Euro haben den Fehlbetrag reduziert.

	2012	2013	2014	2015	2016
Neuverschuldung des Bundes laut Eckwertebeschluss 2013 und Finanzplan 2012 bis 2016	34,8	19,6	14,6	10,3	1,1
Veränderung gegenüber Vorjahr, davon	+17,5	-15,2	-5,0	-4,3	-9,2
Steuermehreinnahmen gegenüber Vorjahr	4,3	7,9	10,4	8,2	11,3
Mehrausgaben des Staates gegenüber Vorjahr	21,8	-7,3	5,3	3,9	2,1

2012: 8,7 Milliarden Euro Ausgaben entfallen auf den Nachtragshaushalt zur Finanzierung des ESM
Ursprungsdaten: Bundesfinanzministerium

Institut der deutschen Wirtschaft Köln

M 4 ● Die Kehrseite – Abgabenlast im internationalen Vergleich

So hoch ist die Belastung durch Steuern und Abgaben

Lediger Durchschnittsverdiener
OECD-Rang / Abzüge in Prozent[1]

1. Belgien	59,3
2. Ungarn	54,0
3. Deutschland	**53,1**
4. Österreich	53,0
5. Frankreich	52,8
6. Italien	52,0
7. Schweden	48,2
11. Griechenland	46,6
14. Spanien	45,4
23. Großbrit.	36,8
24. Ver. Staaten	34,4
25. Japan	33,1
32. Schweiz	24,2
34. Chile	13,8
OECD-Durchschnitt	***40,3***

Doppelverdiener, zwei Kinder[2]
OECD-Rang / Abzüge in Prozent[1]

1. Griechenland	47,0
2. Belgien	46,9
3. Italien	45,0
4. Frankreich	44,1
5. Deutschland	**43,1**
6. Schweden	43,0
7. Österreich	42,9
8. Ungarn	42,4
10. Spanien	41,5
22. Großbrit.	29,4
23. Japan	29,2
24. Ver. Staaten	28,2
32. Schweiz	15,6
34. Chile	11,8
OECD-Durchschnitt	***33,3***

1) Abzüge (durch Einkommensteuer und Sozialabgaben) von den Arbeitskosten; einschließlich Belastung durch Umsatzsteuer. Stand: 2013.
2) Ein Partner arbeitet Vollzeit, ein Partner Teilzeit (33 Prozent).
Quellen: Deutsches Steuerzahlerinstitut; OECD / F.A.Z.-Grafik Brocker

M 5 Lohn-, Einkommen- und Umsatzsteuer

Lohnsteuer: Die Lohnsteuer ist die Steuer, die ein Arbeitnehmer auf seinen Arbeitslohn zahlt. Der Arbeitgeber zieht sie direkt vom Arbeitslohn ab und überweist sie ans Finanzamt (sog. Quellenabzug). Anders ausgedrückt: Die Lohnsteuer ist die vom Arbeitslohn direkt abgezogene Einkommensteuer auf Einkünfte aus nichtselbständiger Arbeit.

Einkommensteuer: Die Einkommensteuer umfasst auch die Besteuerung aller anderen Einkunftsarten wie Einkünfte aus selbständiger Arbeit, aus Gewerbebetrieb, Kapitalvermögen, Renten, etc.

Umsatzsteuer: Sie wird auch Mehrwertsteuer genannt und ist eine indirekte Steuer (die Steuer ist vom Unternehmer zu entrichten, wird aber auf den Verbraucher umgewälzt). Bis auf wenige Ausnahmen belastet sie alle Konsumausgaben (Steuersatz 19 %, bei vielen Lebensmitteln und ausgewählten Waren des Grundbedarfs beträgt dieser 7 %).

Lohn- und Einkommensteuer nach: Ministerium der Finanzen Rheinland-Pfalz (13.8.2013) / Umsatzsteuer: Bearbeiter

M 6 Wie stark darf man Bürger belasten – soll die kalte Progression abgebaut werden?

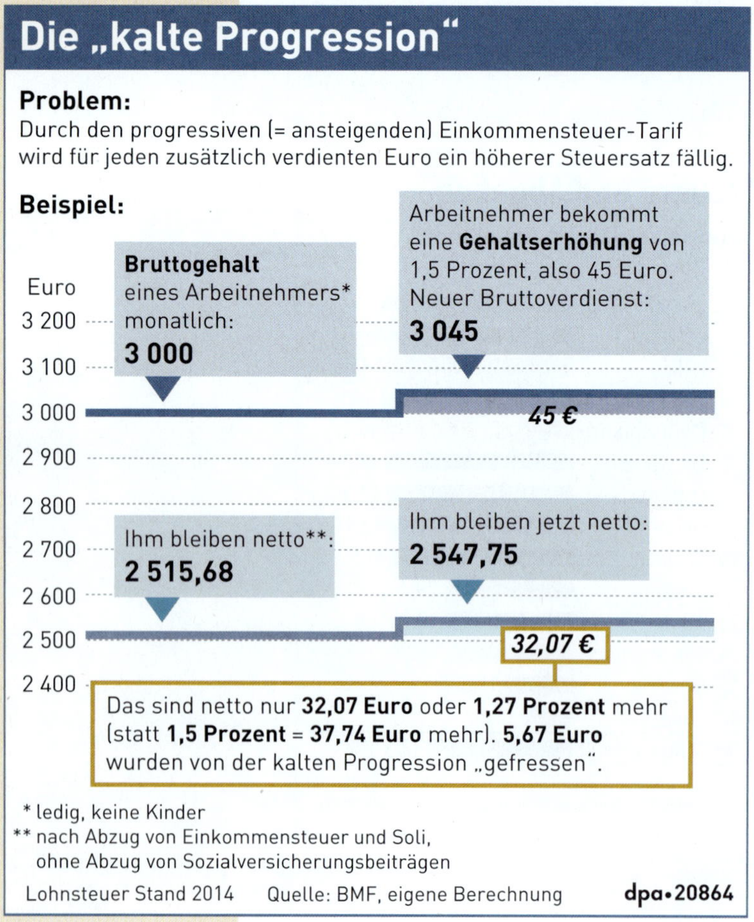

Die Debatte um Steuerentlastungen für Bürger erhöht den Druck auf Bundesfinanzminister Wolfgang Schäuble, die kalte Progression abzubauen. FDP-Chef Christian Lindner schrieb in einem Brief an den einstigen Koalitionspartner: „Hören Sie auf, sich an der ‚kalten Progression' zu bereichern! Steuerzahler mit Jahresgehalt zwischen 10.000 und 30.000 Euro würden um bis zu 14 Prozent entlastet, rechnen Experten." [...] Die kalte Progression führt dazu, dass Arbeitnehmer je nach Inflationsrate mitunter trotz Lohnzuwächsen wegen eines höheren Steuertarifs real nicht mehr Geld in der Tasche haben. [...] Die Ressortchefs von Niedersachsen, Nordrhein-Westfalen und Baden-Württemberg, Peter-Jürgen Schneider, Norbert Walter-Borjans und Nils Schmid, sagten, es sei eine Frage der Gerechtigkeit, dass Lohnerhöhungen nicht durch automatisch steigende Steuertarife aufgefressen würden. Wie ein Abbau gegenfinanziert werden kann, ist aber strittig. Schmidt sagte: „Klar ist, dass die Ausfälle vollständig und sozial ausgewogen gegenfinanziert sein müssen und nicht zulasten der Landeshaushalte gehen dürfen." Um das zu erreichen, könnten Steuersubventionen an anderer Stelle gestrichen werden. [...] Die SPD bot der Union rasche Gespräche über derartige Steuererleichterungen an. Kanzlerin Angela Merkel sieht derzeit aber keine Spielräume für einen Abbau der kalten Progression. Der Bund der Steuerzahler verlangte Mut von der großen Koalition. „Im Wahlkampf wurde versprochen, dass es keine Steuererhöhungen geben soll. Dies muss auch für heimliche Steuererhöhungen gelten", sagte Verbandspräsident Reiner Holznagel.

cvh/dpa, www.focus.de, 4.8.2014

Erklärfilm „kalte Progression"

Mediencode: 73006-05

M 7 ● Die Tarife der Einkommensteuer in Deutschland

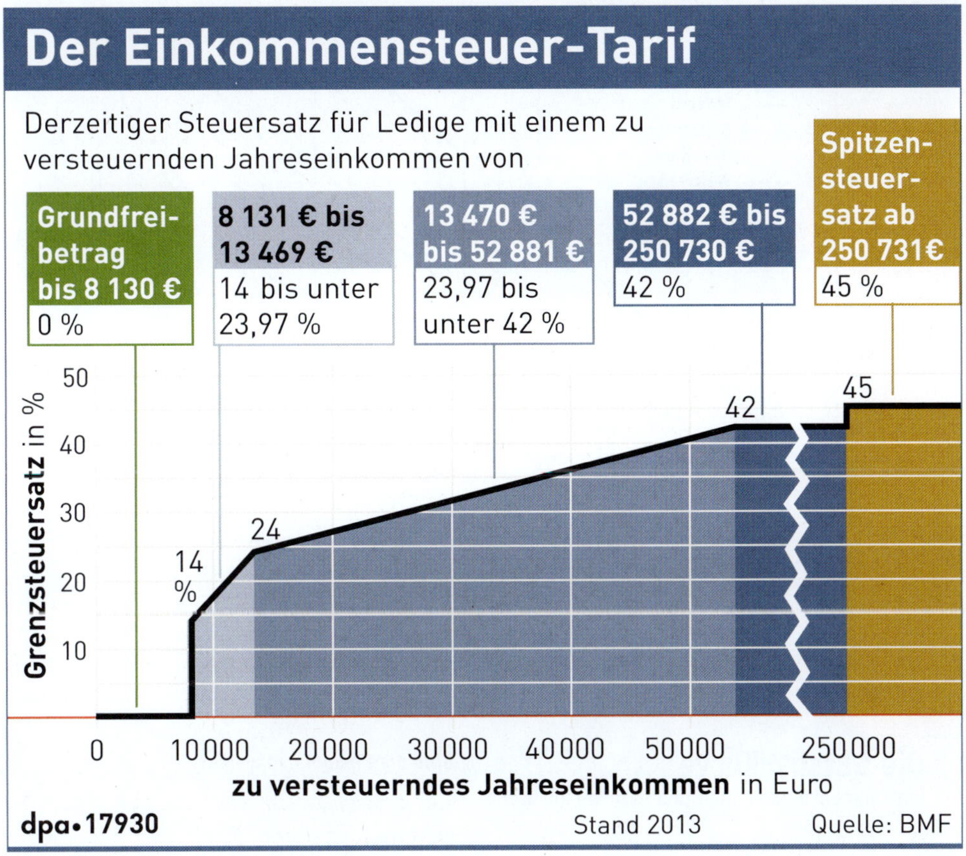

Aufgaben

1. Analysieren Sie die Materialien M 1 – M 4 sowohl aus Perspektive der Bundesregierung als auch der Bürgerinnen und Bürger.
2. Erörtern Sie, ob die Mehrwertsteuer oder die Einkommensteuer als gerechteres System der Besteuerung gelten kann (M 5).
3. Gestalten Sie ausgehend von M 5 – M 7, einen nach ihrer Meinung idealen Einkommensteuer-Tarif und diskutieren Sie Ihre Entwürfe im Kurs.

H Arbeiten Sie aus M 6 Argumente für und gegen den Abbau der „kalten Progression" heraus.

5.2 Ist der Wohlstand in Deutschland gerecht verteilt – was sagt die Statistik dazu?

M 8 ● Die Lorenzkurve als Indikator der Einkommensverteilung

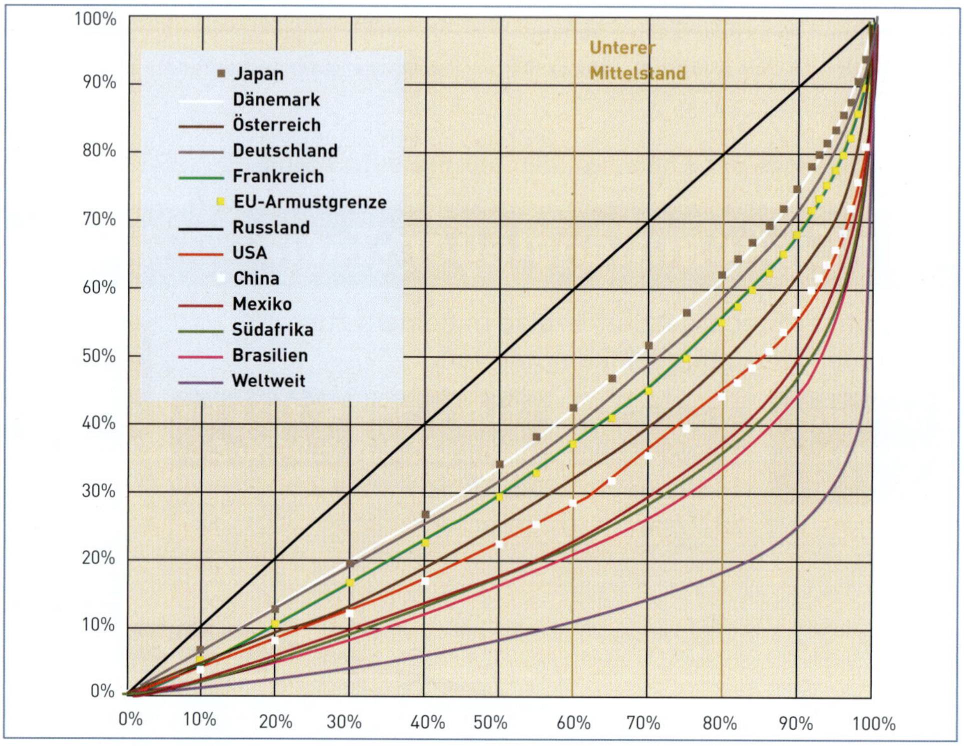

https://bornmax.wordpress.com, 27.1.2015

M 9 ● Zusammenhänge zwischen Einkommensungleichheit und sozialer Mobilität

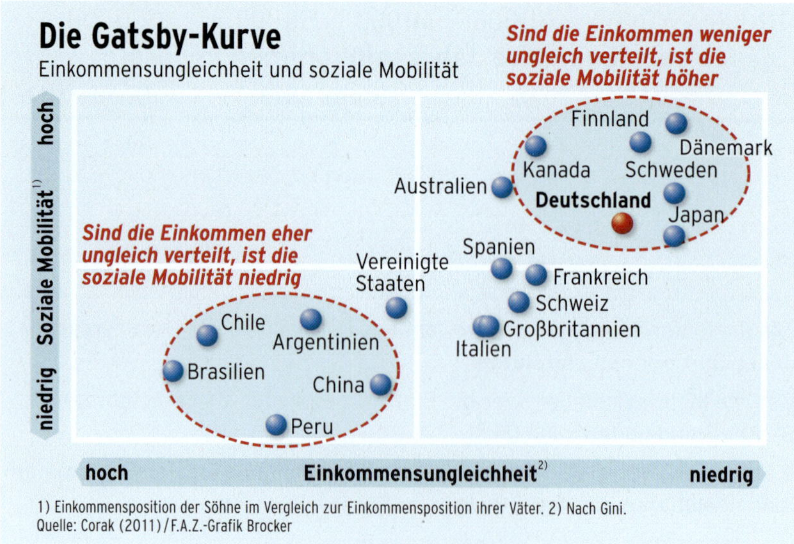

1) Einkommensposition der Söhne im Vergleich zur Einkommensposition ihrer Väter. 2) Nach Gini.
Quelle: Corak (2011)/F.A.Z.-Grafik Brocker

Lorenzkurve

Grafische Darstellung der Ungleichheit der Einkommensverteilung. Sie veranschaulicht das Ausmaß der Ungleichheit innerhalb der Verteilung [und] gibt [...] an, welcher Anteil des Volkseinkommens von welchem Anteil der Bevölkerung getragen wird. [...] Die gebogene Kurve [...] zeigt die tatsächliche Verteilung der Einkommen auf die Bevölkerungsanteile. Dabei gilt, je bauchiger die Lorenzkurve ist, also je mehr sie sich der x-Achse nähert und somit von der Gleichverteilungslinie abweicht, desto größer ist die Ungleichheit.

Nach: Miriam Müller, www.vorlesungen.info, 22.5.2011

Soziale Mobilität

Veränderungen der Schichtzugehörigkeit von Personen oder Personengruppen im Lebenslauf oder in der Abfolge der Generationen.

Berndt Keller, http://wirtschaftslexikon.gabler.de (27.1.2015)

M 10 Gini-Koeffizient vor und nach Steuern und Transfers

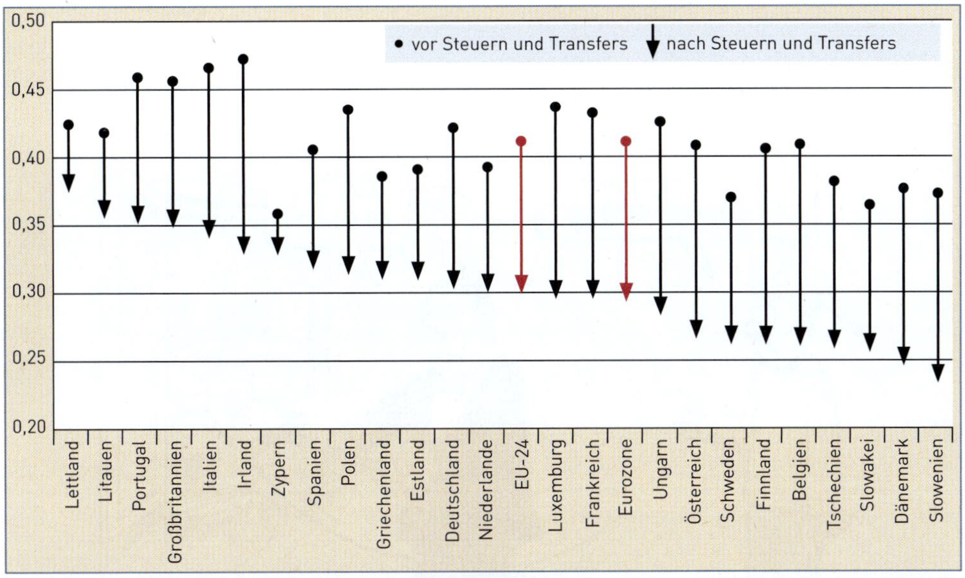

Manuel Melzer, blog.arbeit-wirtschaft.at, 7.11.2013 / OECD Income Distribution and Poverty Database. Werte für Lettland, Litauen, Irland und Zypern beziehen sich auf 2007

Gini-Koeffizient

Er ist ein Verteilungsmaß, welches das Ausmaß der Ungleichheit der Einkommensverteilung in einer Zahl ausdrückt. Diese Zahl liegt zwischen 0 und 1. [...] Ein Gini-Koeffizient mit dem Wert 0 entspricht der völligen Gleichverteilung der Einkommen. Ein Gini-Koeffizient mit dem Wert 1 entspricht der völligen Ungleichverteilung der Einkommen.

Nach: Miriam Müller, www.vorlesungen.info, 22.5.2011

M 11 Gewinne steigen stärker an als Arbeitnehmerentgelte

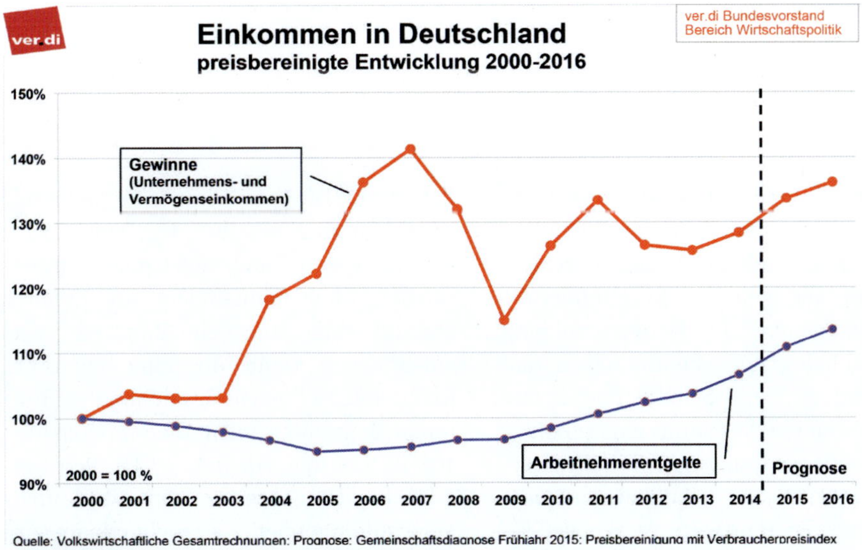

Aufgaben

1. Werten Sie M 10 aus und erstellen Sie daraufhin zwei Ranglisten:
   a) Gewichten Sie für die erste Rangliste die Länder nach der Ungleichheit vor Steuern und Transfer sowie
   b) bei der zweiten Rangliste nach Steuern und Transfer.
2. Analysieren Sie M 8 – M 11 hinsichtlich der Behauptung vieler Wirtschaftsexperten, die Bundesrepublik sei ein Land der sozialen Gerechtigkeit.

F Recherchieren Sie im Internet für die Länder mit der größten Abweichung nach möglichen Ursachen für diese Abweichung (M 10).

5.3 Kann und soll die Staatsverschuldung gebremst werden?

M 12 ● Realität der Schuldenbremse?

Karikatur: Harm Bengen

M 13 ● Die Schuldenbremse im Grundgesetz

Schuldenstandquote

Als Schuldenstandquote bezeichnet man das prozentuale Verhältnis des Schuldenstandes eines Staates zum nominalen Bruttoinlandsprodukt (BIP) dieses Staates.

$$\text{Schuldenstandsquote} = \frac{\text{Schuldenstand}}{\text{nominales Bruttoinlandsprodukt}} \times 100$$

1. Ursachen: Höhe und Entwicklung des in den Haushalten von Bund und Ländern aufgelaufenen Schuldenstandes zeigen, dass die bislang geltenden Regeln über die Schuldenaufnahme die Neuverschuldung nicht nachhaltig eingedämmt haben und den Anstieg der Schuldenstandquote (Schuldenstand im Verhältnis zum nominalen Bruttoinlandsprodukt) nicht haben verhindern können. Die Schuldenstandquote der öffentlichen Haushalte ist seit der Finanzverfassungsreform von 1967/69 von damals rund 20 Prozent auf heute knapp 70 Prozent gestiegen. Ursächlich war u. a. der ungeeignete Investitionsbegriff, die zu weit gefassten Ausnahmeregelungen über die drohende „Störung des gesamtwirtschaftlichen Gleichgewichts" und die ungenügende Abstimmung zwischen Haushaltsaufstellung und Haushaltsvollzug.

2. Lösung: Die Schuldenbremse findet sich im neuen Art. 109 III 1 GG, wonach die Haushalte von Bund und Ländern grundsätzlich ohne Einnahmen aus Krediten auszugleichen sind. Beim Bund wird dem entsprochen, wenn die Einnahmen aus Krediten 0,35 Prozent des nominalen Bruttoinlandsprodukts nicht überschreiten (Art. 109 III S. 4 und 115 II S. 2 GG). Den Ländern ist demgegenüber eine strukturelle Verschuldung überhaupt nicht erlaubt (Art. 109 III S. 5 GG). Allerdings können Bund und Länder Regelungen „zur im Auf- und Abschwung symmetrischen Berücksichtigung der Auswirkungen einer von der Normallage abweichenden konjunkturellen Entwicklung" vorsehen (Art. 109 III S. 2 GG). Das gilt auch für eine Ausnahmeregelung für Naturkatastrophen oder außergewöhnliche Notsituationen, die sich der

Nach: © Andreas Burth/ Marc Gnädinger, www. haushaltssteuerung.de (17.2.2015)

Kontrolle des Staates entziehen und die staatliche Finanzlage erheblich beeinträchtigen (Art. 109 III S. 3 GG).

3. Inkrafttreten: Der Bund hat das neue Haushaltsrecht erstmals für das Haushaltsjahr 2011 anzuwenden; die Länder dürfen von 2011 bis Ende 2019 von den Vorgaben des neuen Art. 109 III GG abweichen.

Eggert Winter, http://wirtschaftslexikon.gabler.de (27.1.2015)

M 14 ● Die Schere zwischen Ausgaben und Einnahmen schließt sich

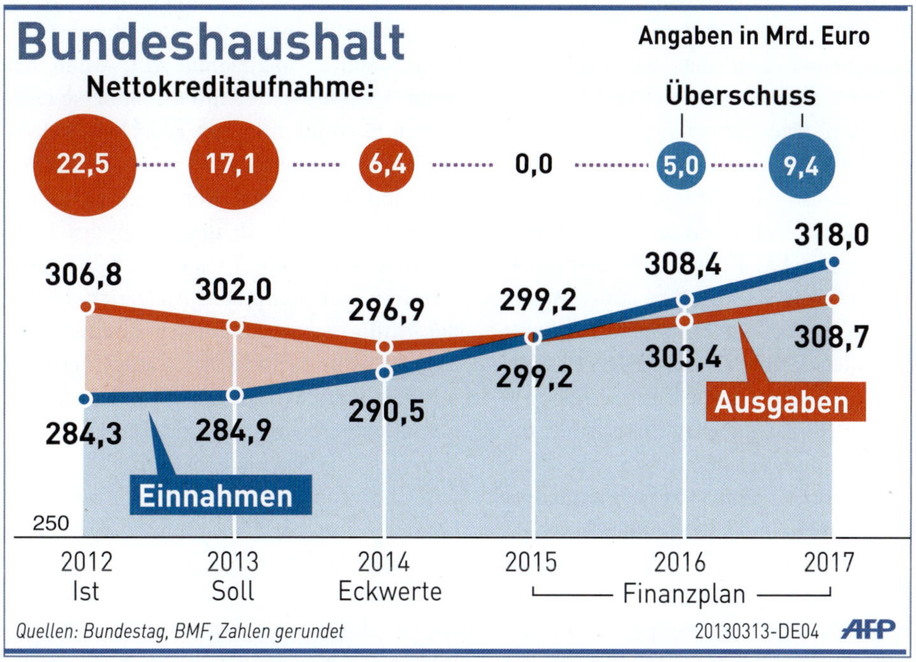

M 15 ● Schäubles zäher Kampf um den Haushalt ohne Neuverschuldung

Vom nächsten Jahr an zeigt die Grafik für die Neuverschuldung Werte konstant auf Höhe des Nullpunkts. Auch wenn in der Vergangenheit der Haushaltsausgleich schon öfter vorhergesagt wurde, spricht diesmal viel dafür, dass es so kommt wie Wolfgang Schäuble plant. Nicht nur der Finanzminister, sondern die gesamte große Koalition hat sich diesem Ziel verpflichtet. Einen Etat ohne neue Schulden hat es seit 1969 nicht mehr gegeben. Das lässt erahnen, wie groß die dahinter stehende Aufgabe ist. Wenn mehr als viereinhalb Jahrzehnte hindurch Haushalt um Haushalt auf Kredit gebaut wurde, ist es schwer, damit Schluss zu machen – aber auch höchste Zeit. Der (zu erhoffende) Erfolg hat drei Väter – aber auch drei Opfer. Natürlich gehört zu denen, die sich den erfolgreichen Ausgang der Konsolidierungsbemühungen auf die Fahnen schreiben können, als Erstes der Finanzminister. Wolfgang Schäuble hat in den vergangenen Jahren die Ausgabenschatulle geschickt verteidigt. Doch gehört zur Ehrlichkeit dazu, dass die FDP in der alten Koalition dabei behilflich war. Auch nachdem ihr Lieblingsprojekt Steuersenkung gestorben war, pochten die Liberalen auf eine sparsame Haushaltspolitik. Dass dies nicht selbstverständlich ist, zeigt der Blick auf die Planung der großen Koalition. Die Ausgaben steigen vom Jahr 2016 an wieder kräftig. Überschüsse, die Schwarz-Gelb für die Zeit nach 2015 an-

Fiskalpolitik

Sie beinhaltet alle Maßnahmen des Staates, mit denen über die Veränderung der öffentlichen Einnahmen und Ausgaben die konjunkturelle Entwicklung gelenkt werden soll. Basierend auf den Annahmen von John Maynard Keynes (1883 – 1946) soll der Staat dabei vor allem die gesamtwirtschaftliche Nachfrage beeinflussen, um die Beschäftigung in der Volkswirtschaft zu verbessern. Die Staatsausgaben und Staatseinnahmen sollen antizyklisch, also entgegen dem Konjunkturverlauf, ausgerichtet werden.

Nach: Wolfgang Eggert, http://wirtschaftslexikon.gabler.de (27.1.2015)

Gesundheitsfonds

Am 1.1.2009 in Kraft getreten. Er bündelt die Finanzströme der gesetzlichen Krankenkassen (GKV). Dies bedeutet, dass:

- die Finanzmittel der gesetzlichen Krankenversicherung (Beitragseinnahmen der Krankenkassen und steuerfinanzierter Bundeszuschuss) in diesen Topf fließen und
- die Krankenkassen nach bestimmten Regeln aus diesem Topf die Finanzmittel für die Krankenversorgung ihrer Versicherten erhalten.

Der Gesundheitsfonds deckt zum Startzeitpunkt 100 Prozent der GKV-Ausgaben. Falls die Krankenkassen mit den Fondsmitteln die Kosten der Krankenversorgung nicht decken können, kann die Finanzierungsquote durch den Fonds auf 95 Prozent sinken. Bis zu fünf Prozent der GKV-Ausgaben müssten dann durch einen Zusatzbeitrag gedeckt werden.

Thomas Gerlinger/Kai Mosebach/Rolf Schmucker, Wettbewerbssteuerung in der Gesundheitspolitik. Die Auswirkungen des GKV-WSG auf das Akteurshandeln im Gesundheitswesen, Frankfurt a. M. 2007, S. 14

strebte, haben sich damit erledigt. Doch zurück zu den Vätern des Erfolgs. So merkwürdig es klingt, auch die Finanzkrise trug zur haushaltspolitischen Umkehr bei. Der Schuldenstand stieg in der Folge deutlich über die zulässige Obergrenze zum Schutz des Euros. Dass andere Länder aus der Währungsunion unter ihren finanzpolitischen Altlasten schier zusammenbrachen und gerettet werden mussten, verstärkte den allgemeinen Eindruck, dass der Staat nicht länger so unsolide wie früher wirtschaften darf. Erleichtert hat die haushaltspolitische Wende natürlich auch die neue Schuldenbremse im Grundgesetz. Hinzu kam ein neues Verfahren zur Aufstellung des Bundeshaushalts. Nunmehr beschließt das Kabinett jeweils im März zunächst die Eckpunkte, bevor der Finanzminister mit seinen Kollegen über Details redet. Das hat die Position von Schäuble gestärkt. So lassen sich der Ausgabenrahmen und die Neuverschuldung leichter festzurren. Dass der CDU-Politiker von steigenden Steuereinnahmen, von stetig steigenden Beschäftigungszahlen und sprudelnden Steuereinnahmen profitierte, steht auf einem anderen Blatt. Doch das Doppel aus Schuldenbremse und zähem Haushaltschef war ziemlich unschlagbar. Nun zu den Opfern. Dazu gehört die Infrastruktur. Bei Straßen und Schienenwegen ist der Verschleiß mittlerweile höher als die Investition in den Erhalt. Die Rheinbrücke bei Leverkusen, die schon für den Schienenverkehr gesperrt werden musste, ist zum Symbol einer Politik geworden, die sträflich eine zentrale Aufgabe des Staates vernachlässigt. Zwar haben Union und SPD ein paar Milliarden zusätzlich für den Verkehrsetat vorgesehen, aber im Vergleich zu dem, was notwendig wäre, um die Zukunft des Wirtschaftsstandorts zu sichern, ist das deutlich zu wenig. Die Sozialkassen sind das zweite Opfer der großen Koalition. Die Reserve der Rentenversicherung wird geplündert, um die neuen Wohltaten zu finanzieren und den Haushalt trotzdem ausgleichen zu können. Wiederholt kappt Schäuble den Zuschuss an den Gesundheitsfonds. Zwar ist es verständlich, dass der Bund nicht neue Kredite finanzieren will, wenn der Staat woanders Milliardenüberschüsse hortet. So werden Lasten zwischen Steuerzahlern und Beitragszahlern ohne klare Kriterien verschoben. Wer wofür zuständig ist, verschwimmt. Drittes Opfer des Etatausgleichs sind die Steuerzahler. Ihre notwendige Entlastung zum Ausgleich der mit der Inflation verbundenen steuerlichen Mehrbelastung (Stichwort: kalte Progression) verzögert sich. In nur fünf Jahren steigen allein die eingeplanten Steuereinnahmen des Bundes um ein Fünftel. Konkret wird ihm von 2013 bis 2018 ein Mehraufkommen von gut 50 Milliarden Euro vorhergesagt. Was Bund, Länder und Kommunen zusätzlich einnehmen, fehlt Millionen Arbeitnehmern am Ende auf dem Konto. Die Lasten aus der Vergangenheit werden den Kassenwart des Bundes schon bald einholen: Ewig wird sich eine Entlastung der Steuerzahler nicht aufschieben lassen. [...] Spätestens wenn der nächste Konjunktureinbruch kommt und die Sozialkassen geleert sind, werden sich neue Löcher im Bundeshaushalt auftun. Dass die Haushaltspolitik langweilig wird, weil der Bund nie mehr Schulden macht, ist daher – leider – kaum zu befürchten.

Manfred Schäfers, Frankfurter Allgemeine Zeitung, 11.3.2014

M 16 ● 180 Prozent Staatsschuld bis 2060?

Wenn Bund, Länder und Kommunen ihre Finanzpolitik nicht ändern, würde sich der Schuldenstand der öffentlichen Haushalte von heute knapp 80 Prozent des Bruttoinlandsproduktes (BIP) bis 2060 auf 180 Prozent erhöhen. Nur unter der Voraussetzung, dass die geltenden Fiskalregeln wie etwa die Schuldenbremse konsequent eingehalten werden, sinkt die Schuldenquote stetig, [so ein Expertenbericht]. Auch ohne Einbeziehung der großen Koalition zeigt sich, dass die altersabhängigen Ausgaben in den nächsten Jahrzehnten kräftig steigen werden, je nach Szenario von derzeit knapp 26 Prozent des BIP auf 28,7 Prozent bis 32 Prozent. Finanzminister Wolfgang Schäuble (CDU) warnte davor, den Bericht über zu bewerten. Zentrale Aussage sei, wenn man alle Probleme für die Tragfähigkeit der öffentlichen Haushalte bis 2060 lösen wolle, gebe es einen Anpassungsbedarf von 0,5 Prozent des BIP je Jahr.

Manfred Schäfers, Frankfurter Allgemeine Zeitung, 26.3.2014

Erklärfilm „Staatsverschuldung"

Mediencode: 73006-06

M 17 ● Am Schuldenabbau führt kein Weg vorbei

Insbesondere die wirtschaftlich angeschlagenen Franzosen und Italiener ärgern sich über die vermeintlich „unselige Sparpolitik" in der Eurozone. „Mehr Flexibilität" heißt das Stichwort – das klingt zwar logisch, trägt aber Eulen nach Paris und Rom. Denn auch der erst kürzlich verschärfte Stabilitätspakt nimmt Rücksicht auf die Situation der Mitgliedsstaaten. So haben zum Beispiel Frankreich und Spanien jeweils zwei Jahre länger Zeit bekommen, ihr Haushaltsdefizit wieder unter die 3-Prozent-Marke zu drücken – wenn auch nur unter der Auflage von Strukturreformen. Der Stabilitätspakt erlaubt also durchaus ein maßvolles Konsolidierungstempo, um die Krise nicht durch überzogenes Sparen noch weiter zu verschärfen. [...] Auch andere Krisenländer in der Eurozone durften ihr Konsolidierungstempo drosseln. Mehr staatliche Investitionen, wie sie die Spar-Kritiker fordern, sind grundsätzlich ebenfalls möglich, allerdings muss die EU-Kommission dem zustimmen. [...] Tatsächlich haben viele Euroländer nach wie vor sehr hohe Schulden – und hätten bei einer neuerlichen schweren Rezession Schwierigkeiten, fiskalpolitisch gegenzusteuern. Wer bereits stark verschuldet ist und zudem ein hohes laufendes Defizit aufweist, hat kaum noch Spielraum zur Krisenbekämpfung. Und vom Finanzmarkt würden solche Staaten nur schwerlich Geld bekommen. Deshalb ist es so wichtig, die Staatsdefizite in moderatem Tempo weiter zu senken. Selbstverständlich muss der Staat auch und gerade in einer Krise genau aufpassen, ob und wofür er sein Geld ausgibt. Konjunkturprogramme verdienen ihren Namen nur, wenn sie den Auslastungsgrad der Wirtschaft spürbar erhöhen können, nicht aber, wenn das Geld nur ausgegeben wird, um die Bürger und die Wirtschaft vor notwendigen Anpassungen zu bewahren. Denn der Staat kann nur vorübergehende Ausfälle der privaten Nachfrage ausgleichen, nicht aber dauerhafte Rückgänge. Zudem können Konjunkturprogramme keine strukturellen Probleme lösen.

© 2014, IW Medien • iwd 28, Institut der deutschen Wirtschaft Köln Medien GmbH, 10.7.2014, S. 1

Stabilitäts- und Wachstumspakt

Außer in Zeiten einer konjunkturellen Rezession oder bei außerordentlichen Ereignissen wie Naturkatastrophen belegt die Vereinbarung die EU-Mitgliedstaaten, deren Defizite im öffentlichen Haushalt über 3% bezogen auf das Bruttoinlandsprodukt (BIP) liegen, mit Sanktionen. Beträgt der Rückgang des BIP eines Mitgliedstaates in einem Jahr weniger als 0,75%, dann müssen Länder mit übermäßigen Defiziten innerhalb einer bestimmten Frist Budgetkorrekturen vornehmen. Geschieht dies nicht, wird der EU-Rat in der Regel Sanktionen beschließen.

Duden Wirtschaft von A bis Z: Grundlagenwissen für Schule und Studium, Beruf und Alltag. 5. Aufl. Mannheim: Bibliographisches Institut 2013. Lizenzausgabe Bonn: Bundeszentrale für politische Bildung 2013

Aufgaben

1. Beschreiben Sie – auch mithilfe der Karikatur – mögliche negative Auswirkungen der Schuldenbremse auf die Finanzpolitik der Bundesrepublik (M 12, M 13).
2. Zeigen Sie anhand von M 15 auf, dass die Experten aus M 16 mit ihrer Annahme einer stetig anwachsenden Staatsschuld unter Umständen nicht recht behalten könnten.
3. Erläutern Sie, warum nach Auffassung des Instituts der Deutschen Wirtschaft der Stabilitäts- und Wachstumspakt nicht noch weiter gelockert werden sollte (M 17).

Methode: Erkenntnisgewinnung durch Modelle – die ökonomische Modellbildung

Die ökonomische Modellbildung ist die Untersuchungs- und Erklärungsmethode der Wirtschaftstheorie. Dabei werden komplizierte wirtschaftliche Zusammenhänge auf möglichst einfache Art und Weise dargestellt. [...] Außerdem wird häufig angenommen, dass alle Einflussgrößen und Begleitumstände, die nicht untersucht werden sollen, im Modell unverändert bleiben, die sog. Ceteris-paribus-Methode (unter sonst gleichen Bedingungen). Unter diesen modellhaften Bedingungen werden verschiedene ökonomische Einflussgrößen wie der Nutzen, den verschiedene Güter stiften, oder Preise und Konsummengen untersucht. Das Modell hat dabei den Vorteil, dass ökonomische Zusammenhänge (z. B. zwischen Inflation und Arbeitslosigkeit) leichter zu durchschauen sind und Teilausschnitte der Wirklichkeit (deshalb auch Partialanalyse genannt) untersucht werden können, während die sonstigen Rahmenbedingungen unverändert bleiben.

Duden Wirtschaft von A bis Z: Grundlagenwissen für Schule und Studium, Beruf und Alltag. 5. Aufl. Mannheim: Bibliographisches Institut 2013. Lizenzausgabe Bonn: Bundeszentrale für politische Bildung 2013

Der einfache Wirtschaftskreislauf

Der Wirtschaftskreislauf ist ein Modell zur Darstellung der volkswirtschaftlichen Tauschvorgänge in der Form eines Kreislaufschemas. Ausgangspunkt bei der Kreislaufdarstellung ist der Umstand, dass es in der Volkswirtschaft zwei Wertkreisläufe gibt, den Geldkreislauf und den Güterkreislauf. Geldkreislauf und Güterkreislauf verlaufen in der Volkswirtschaft meistens entgegengesetzt, da Güter mit Geld bezahlt werden. Beim einfachen Wirtschaftskreislauf wird von der Modellvorstellung ausgegangen, dass die Austauschbeziehungen lediglich zwischen zwei Teilnehmern am Wirtschaftsleben (Wirtschaftssubjekten), den Unternehmen und den privaten Haushalten, stattfinden. Diese beiden Gruppen sind zu sog. Sektoren zusammengefasst. Im Modell des einfachen Wirtschaftskreislaufs bestehen keine außenwirtschaftlichen Beziehungen und auch der Staat greift nicht in das Wirtschaftsleben ein. Die privaten Haushalte stellen die Produktionsfaktoren Arbeit, Boden und Kapital den Unternehmen zur Verfügung, produzieren keine Güter selbst und verbrauchen ihr gesamtes Einkommen. Die Unternehmen bieten den Menschen Arbeitsplätze und produzieren Waren und Dienstleistungen, die am Markt angeboten werden. Das Kreislaufschema zeigt nun, dass die privaten Haushalte am Markt ihre Arbeitsleistung sowie die Faktoren Kapital und Boden den Unternehmen anbieten, die diese nutzen und die Haushalte dafür bezahlen. Die Unternehmen ihrerseits erzeugen durch Kombination der von den Haushalten erworbenen Produktionsfaktoren Güter, die sie an die Haushalte verkaufen. Die Haushalte kaufen die von den Unternehmen produzierten Güter und zahlen dafür mit ihren Geldeinkommen, das den Unternehmen als Erlös zufließt.

Duden Wirtschaft von A bis Z: Grundlagenwissen für Schule und Studium, Beruf und Alltag. 5. Aufl. Mannheim: Bibliographisches Institut 2013. Lizenzausgabe Bonn: Bundeszentrale für politische Bildung 2013

Der erweiterte Wirtschaftskreislauf

Im erweiterten Wirtschaftskreislauf wird davon ausgegangen, dass die privaten Haushalte einen Teil ihres Einkommens nicht für Konsumzwecke ausgeben, sondern Ersparnisse bilden und nicht alle produzierten Güter verbraucht, sondern teilweise für Investitionszwecke genutzt werden. Kapitalsammelstellen (Banken) sorgen dabei für die Sammlung der Ersparnisse der privaten Haushalte und deren Weitergabe zur Finanzierung von Investitionen an die Unternehmen. Die mit den volkswirtschaftlichen Ersparnissen finanzierten Investitionen sorgen für eine stetige Verbesserung und Erneuerung der Maschinen und Anlagen in den Unternehmen. Durch die Einbeziehung des Staates (Bund, Länder, Gemeinden und Sozialversicherung) wird der Wirtschaftskreislauf nochmals erweitert. Der staatliche Sektor produziert öffentliche Güter und leistet Transferzahlungen (z. B. Sozialleistungen, Subventionen), dafür fließen ihm Mittel zu (z. B. Steuern und Gebühren), die von Unternehmen und privaten Haushalten aufgebracht werden. Anhand dieser Darstellung lässt sich gut beobachten, welche Rolle das staatliche Eingreifen, insbesondere in die Finanzströme, für die Volkswirtschaft spielt: Wenn bspw. der Sparanteil gegenüber den Investitionen überwiegt, kann die staatliche Kreditaufnahme, also eine Erhöhung der Staatsverschuldung, das Ungleichgewicht beseitigen und somit dafür sorgen, dass die Wirtschaftsleistung der Volkswirtschaft nicht weiter sinkt. Handelt es sich aber gar nicht um ein Ungleichgewicht, stehen Investitionen und Sparen demnach in ausgewogenem Verhältnis zueinander, dann führt eine höhere Staatsverschuldung dazu, dass Kreditnehmer von den Kapitalsammelstellen verdrängt werden, was sich wiederum auf die Sachanlageinvestitionen der Unternehmen auswirkt.

Z. 1 – 20: Duden Wirtschaft von A bis Z: Grundlagenwissen für Schule und Studium, Beruf und Alltag. 5. Aufl. Mannheim: Bibliographisches Institut 2013. Lizenzausgabe Bonn: Bundeszentrale für politische Bildung 2013 / Z. 21 – 41 nach: Sario Marketing GmbH (20.8.2014)

Der vollständige Wirtschaftskreislauf

Moderne Volkswirtschaften verfügen über eine Vielzahl von Wirtschaftsbeziehungen zum Ausland. Ein nicht unerheblicher Teil der inländischen Produktion wird vom Ausland nachgefragt und als Exporte bezeichnet. Im Gegenzug importiert die inländische Volkswirtschaft Güter aus dem Ausland, die im Inland entweder weiterverarbeitet werden (Rohstoffe) oder zu Konsumzwecken dienen. Sind die Exporte größer als die Importe, erhöhen sich im Umfang des Ausfuhrüberschusses die Forderungen des Inlands gegenüber dem Ausland. Umgekehrte Vermögenseffekte treten ein, wenn die Exporte kleiner als die Importe sind. Mit der Einführung des Sektors Ausland ist auch der Saldo der Erwerbs- und Vermögenseinkommen aus der übrigen Welt abzüglich der Erwerbs- und Vermögenseinkommen an die übrige Welt als Geldstrom zum Sektor Unternehmen zu berücksichtigen. Werden die staatlichen Aktivitäten und die grenzüberschreitenden Transaktionen durch die Einführung des Sektors Ausland erfasst, gelangt man zum Kreislaufmodell einer offenen Volkswirtschaft mit staatlicher Aktivität.

Max Bauer, Buchners Kompendium Politik, Bamberg 2013, S. 92 f.

Ökonomische Ströme im vollständigen Wirtschaftskreislauf

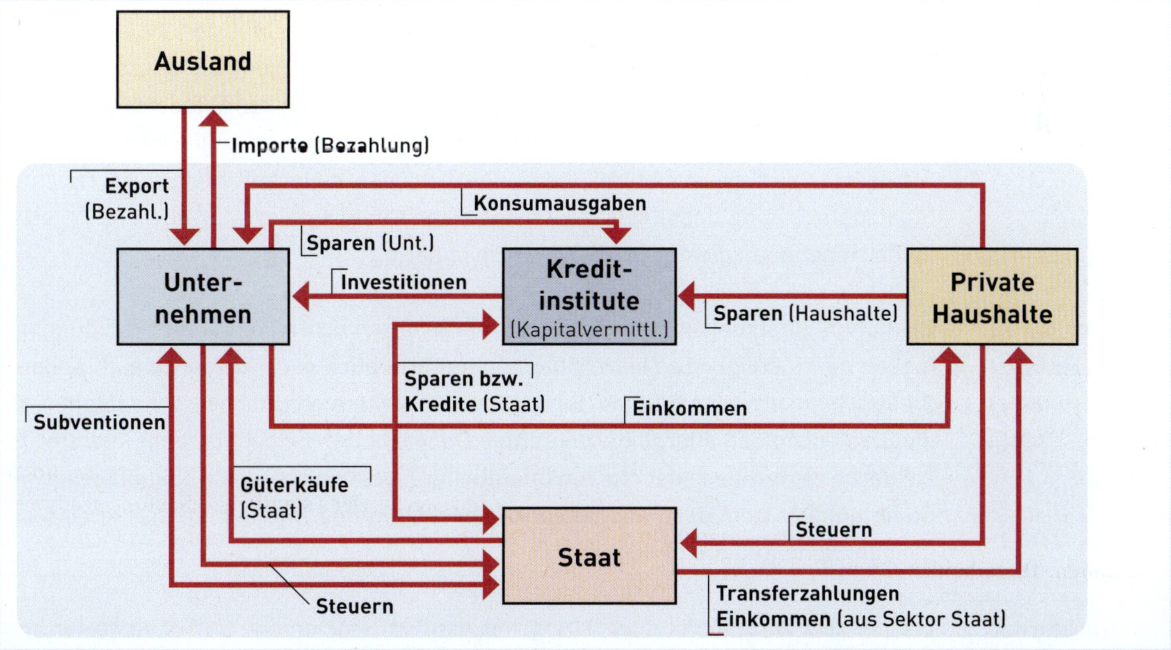

Nach: Siegfried von Känel, www.iwk-svk-dresden.de (27.1.2015)

Aufgabe

Erörtern Sie die Folgen des Szenarios, wenn der Staat als Akteur aus dem Wirtschaftskreislauf ausscheidet.

Aufgaben der Finanzpolitik

Im Rahmen seiner Finanzpolitik kommt dem Staat die Aufgabe zu, mithilfe des Steuersystems die Finanzierung der staatlichen Aufgaben zu sichern, insbesondere der öffentlichen Güter wie Verkehrswege oder Bildung, aber auch Maßnahmen zur Milderung sozialer Ungleichheiten – dem größten Posten des Bundeshaushaltes – zu finanzieren. Zudem ist es eine wesentliche Aufgabe der Finanzpolitik, im Sinne einer aktiven Wirtschaftspolitik die konjunkturelle Entwicklung des Staates zu beeinflussen.

Steuern und Abgaben (M 1 – M 6)

Die nötigen Einnahmen erzielt die Bundesrepublik in erster Linie mithilfe zahlreicher Steuern. Dabei ist zwischen den direkten Steuern – wie etwa der Lohn- und Einkommensteuer – und den indirekten Steuern, z. B. der Mehrwertsteuer, die auf die Preise der Produkte und Dienstleistungen aufgeschlagen werden, zu unterscheiden. Im Kreuzfeuer der Kritik steht, dass die Steuer- und Abgabenbelastung – ausgedrückt durch die Staatsquote – von vielen Bürgern als zu hoch angesehen wird. Doch die Spielräume für Steuersenkungen sind gering, will auch der Staat weiterhin seinen Verpflichtungen im Rahmen der Sozialen Marktwirtschaft nachkommen.

Ursachen der Staatsverschuldung (M 13, M 16)

Gewaltige Summen zur Bankenrettung, staatliche Konjunkturpakete als Folge der globalen Finanzkrise und die Stützungsmaßnahmen für hoch verschuldete Eurostaaten haben die Staatsverschuldung in Deutschland erheblich anwachsen lassen und eine öffentliche Diskussion über die Grenzen des Staatsdefizits ausgelöst. Es gibt gute Gründe für die staatliche Kreditfinanzierung: Öffentliche Investitionsvorhaben, vor allem im Bereich der Infrastruktur, fallen nicht gleichmäßig über die Jahre an, sondern konzentrieren sich auf bestimmte Zeiträume. Müssten sie durch Steuern finanziert werden, so wären dazu sprunghafte Änderungen im Steuersystem notwendig. Und unbestritten ist, dass staatliche Verschuldung zur Abfederung konjunktureller Schwankungen notwendig ist. Skepsis ist allerdings angebracht, wenn die Staatsverschuldung strukturell begründet ist, also dauerhaft steigt. Die enormen Staatsdefizite sind dabei kein deutsches Phänomen, sondern für alle entwickelten Industrienationen gleichermaßen kennzeichnend.

Gefahren einer zu hohen Staatsverschuldung (M 15)

Die hohen Staatsdefizite der Gebietskörperschaften schränken deren Handlungsfähigkeit durch steigende Zinsverpflichtungen erheblich ein – Gelder, die an anderer Stelle fehlen, etwa für Bildung, Sicherheit und weitere öffentliche Kernaufgaben. Ob die Staatsschulden allerdings zukünftige Generationen belasten, hängt in erster Linie davon ab, wie hoch der Nutzen öffentlicher Investitionen in der Zukunft sein wird. So ist unbestritten, dass Ausgaben für Forschung und Bildung langfristig eine besonders hohe Rendite generiert.

Lösung des Schuldenproblems (M 13, M 17)

Die positive Wirtschaftsentwicklung mit deutlich steigenden Wachstumsraten und sinkender Arbeitslosigkeit lässt die Steuereinnahmen kräftig wachsen und nährt die Hoffnung, die Staatsverschuldung mittelfristig zurückführen zu können. Dem trägt auch die im Grundgesetz (Art. 115) verankerte „Schuldenbremse" Rechnung, die dem Staat rechtliche Grenzen der Kreditaufnahme setzt.

Wann Schulden sinnvoll sind – und wann nicht

Die ganze Welt baut auf Kredit. Ob Staaten, Unternehmen oder Privatleute – sich zu verschulden gehört zur Normalität des Alltags. Aber sind Schulden in jedem Fall sinnvoll? Und wo liegen die Grenzen einer verantwortungsvollen Verschuldung?

Die vergangenen Jahre haben gezeigt, was passiert, wenn diese Grenzen überschritten werden. In Bankkreisen spricht man in diesem Zusammenhang gerne vom Überschreiten der Schuldentragfähigkeit. Und leider waren es ausgerechnet Banken, die ihre Schuldentragfähigkeit in den zurückliegenden Jahren vielfach falsch einschätzten und dadurch in existenzielle Probleme gerieten. Auch einige Staaten Europas haben sich über die Grenzen ihrer Schuldentragfähigkeit hinaus verschuldet. [...]

Auch für Staaten kann eine Verschuldung durchaus sinnvoll sein. Zwar wünscht sich der Bürger, der Staat käme stets mit dem Geld aus, das er über Steuern und andere Abgaben einnimmt. Doch können sich klug verwendete Kredite, die beispielsweise in Aufrechterhaltung und Ausbau der Infrastruktur oder in Bildungseinrichtungen fließen, für einen Staat durchaus lohnen.

Wenn die Parteien im letzten Wahlkampf verstärkte Bemühungen in puncto Bildung angemahnt haben, mag das Manchen, mächtig auf die Nerven gegangen sein. Es beißt aber die Maus keinen Faden daran ab, dass der (Aus-)Bildungsgrad der Bürger für die Erhaltung des Wohlstandes von essentieller Bedeutung ist. Nur wenn hervorragend ausgebildete Mitarbeiter in den Unternehmen innovative Produkte entwickeln und herstellen, kann der enorme Wohlstand in den alten Industrienationen auf Dauer erhalten werden.

Gewiss: Nicht jeder Mensch kann Ingenieur werden. Ebenso wahr ist aber auch, dass Ungelernte auf dem deutschen Arbeitsmarkt nur geringe Chancen haben. Hier können kreditfinanzierte, staatliche Hilfsmaßnahmen im Ausbildungsbereich Früchte tragen, die Zins und Tilgung hierfür aufgenommener Kredite auf mittlere bis lange Sicht tragbar erscheinen lassen.

Problematisch wird die staatliche Verschuldung hingegen dann, wenn die aufgenommenen Gelder nicht für Investitionen in die Zukunft des Landes verwendet werden. Hohe Arbeitslosigkeit kann eine Staatskasse dabei ebenso über ihre Grenzen hinaus belasten wie die Zahlungsverpflichtungen gegenüber Rentnern und Pensionären.

Insbesondere mit Blick auf die Versorgung einer stetig alternden Gesellschaft steht der Staat vor einer besonders großen Herausforderung – der demografische Wandel lässt grüßen.

Auch wenn Schulden dazu aufgenommen werden, fragwürdige Projekte zu finanzieren, droht Gefahr. Viele Menschen dürften die Bankenrettungen der vergangenen Jahre zum Kreis solch fragwürdiger Projekte zählen. [...] Haben die Schulden eines Landes erst einmal eine gewisse Höhe erreicht, droht eine gefährliche Abwärtsspirale, an deren Ende der Wohlstand aller Bürger in Gefahr ist.

Oliver Engelmann, www.wiwo.de, 7.5.2014

Aufgabe

Entwerfen Sie anhand des Textes eine Finanzpolitik, welche ihrer Meinung nach gerecht ist, aber auch einen soliden Staatshaushalt garantiert.

Karikatur: Jürgen Janson

Artikel 127 Vertrag über die Arbeitsweise der Europäischen Union (AEU-Vertrag):

(1) Das vorrangige Ziel der ESZB [Europäisches System der Zentralbanken] ist es, die Preisstabilität zu gewährleisten.

© Europäische Zentralbank, 2012, www.ecb.europa.eu, Monatsbericht Juli 2012:

Der EZB-Rat hat außerdem deutlich gemacht, dass er in seinem Streben nach Preisstabilität darauf abzielt, mittelfristig eine Preissteigerungsrate von unter, aber nahe 2 % beizubehalten.

Artikel 3 Vertrag über die Europäische Union (EU-Vertrag):

(3) Die Union errichtet einen Binnenmarkt. Sie wirkt auf die nachhaltige Entwicklung Europas auf der Grundlage eines ausgewogenen Wirtschaftswachstums und von Preisstabilität, eine in hohem Maße wettbewerbsfähige soziale Marktwirtschaft, die auf Vollbeschäftigung und sozialen Fortschritt abzielt, sowie ein hohes Maß an Umweltschutz und Verbesserung der Umweltqualität hin. Sie fördert den wissenschaftlichen und technischen Fortschritt. [...] Sie fördert den wirtschaftlichen, sozialen und territorialen Zusammenhalt und die Solidarität zwischen den Mitgliedstaaten.

Die neue Rolle der Europäischen Zentralbank

6

Galt der Euro bis vor kurzem als Erfolgsgeschichte, stürzen die gigantischen Schuldenberge einzelner Eurostaaten die Gemeinschaftswährung immer tiefer in die Krise. Die Politik reagiert mit milliardenschweren Rettungspaketen bisher ungeahnten Ausmaßes. Und dennoch: Forderungen nach dem Ausstieg aus dem Euro sind unüberhörbar.
Zugleich aber soll die Europäische Zentralbank (EZB) mit ihrem Instrumentarium die Preisstabilität der Eurozone garantieren. So richten sich alle Blicke auf die EZB. Sie soll durch großzügige Bereitstellung von Geld die Politik im Kampf gegen die europäische Staatsschuldenkrise unterstützen und den drohenden Zerfall der Eurozone verhindern.
Wie geht die EZB mit dieser historischen Bewährungsprobe um? Kann sie mit ihrer klassischen Geldpolitik einen Beitrag zur Krisenbewältigung leisten? Oder sind die Währungshüter zu einer strategischen Neuausrichtung gezwungen, ohne vom grundlegenden Prinzip ihrer Unabhängigkeit vor politischer Einflussnahme abzurücken? Nicht nur für den europäischen Binnenmarkt, auch für die Wechselkursstabilität des Euro übernimmt die EZB Verantwortung. Doch welcher Außenwert des Euro ist im globalen Wettbewerb der richtige?

KOMPETENZEN

Am Ende dieses Kapitels sollten Sie Folgendes wissen und können:

- Sie können Zielvorgaben und Zielerfüllungen in der Geldpolitik darstellen.
- Sie kennen die Ziele der Europäischen Zentralbank und können die Geldpolitik der EZB vor dem Hintergrund der Staatsschuldenkrise erklären.
- Sie können kontroverse Positionen zur Zukunft der europäischen Gemeinschaftswährung bewerten.

Was wissen und können Sie schon?

Beschreiben und interpretieren Sie die Karikatur.

Sekundärmarkt
Finanzmarkt zum Handel von Wertpapieren, vor allem Aktien und Anleihen (z. B. Börse)

6.1 Die Europäische Zentralbank auf dem Prüfstand

M 1 ● Ist die Krise schon bewältigt?

Auf dem Höhepunkt der Eurokrise versprach EZB-Chef Mario Draghi in einer dramatischen Rede, alles zu tun, um den Euro zu erhalten: Die Europäische Zentralbank erhielt das Recht, unbegrenzt Staatsanleihen von Eurostaaten, die ein Rettungsprogramm erhielten, auf dem Sekundärmarkt zu kaufen. Zwei Jahre später hat sich die Lage deutlich beruhigt. Aber trotz aller Anstrengungen der Politik und der Währungshüter kommt die Wirtschaft in der Eurozone nicht so richtig auf Touren. Die Staaten sitzen immer noch auf enormen Schuldenbergen und die Arbeitslosigkeit vor allem in den südlichen Euroländern ist horrend hoch. Beunruhigend ist vor allem, dass die jüngst noch positiven Wachstumsprognosen für die Länder der Währungsunion schon wieder Makulatur sind.

Bearbeiter

M 2 ● Restriktive vs. expansive Geldpolitik der Zentralbank

Als Geldpolitik bezeichnet man die wirtschaftspolitischen Maßnahmen, die eine Zentralbank ergreift, um ihre Ziele zu erreichen. Eine restriktive Geldpolitik zielt darauf, die Höhe des sich im Umlauf befindlichen Geldes zu verringern und geht einher mit höheren Zinsen. Eine expansive Geldpolitik vergrößert die Geldmenge oder das Geldangebot der Zentralbank und geht mit sinkenden Zinsen einher.

Restriktive Geldpolitik **Ziel: Inflationsbekämpfung**	**Expansive Geldpolitik** **Ziel: Deflationsbekämpfung / Ankurbelung der Konjunktur**
EZB: Erhöhung der Zinsen, Reduktion der Geldmenge	**EZB:** Senkung der Zinsen, Erhöhung der Geldmenge
↓	↓
Geschäftsbanken: Erhöhung der Kredit- und Sparzinsen	**Geschäftsbanken:** Senkung der Kredit- und Sparzinsen
↓	↓
Nachfrage: Kreditnachfrage sinkt, Sparanreiz steigt	**Nachfrage:** Kreditnachfrage steigt, Sparanreiz sinkt
↓	↓
Konjunktur: gesamtwirtschaftliche Nachfrage sinkt, gesamtwirtschaftliches Angebot > gesamtwirtschaftliche Nachfrage	**Konjunktur:** gesamtwirtschaftliche Nachfrage steigt, gesamtwirtschaftliches Angebot < gesamtwirtschaftliche Nachfrage
↓	↓
Preise: geringe Preiserhöhungsspielräume, Inflation sinkt	**Preise:** Preiserhöhungsspielräume steigen
↯	↯
Rezession und Arbeitslosigkeit	Inflation

Autorengrafik

M 3 ● Der Leitzins

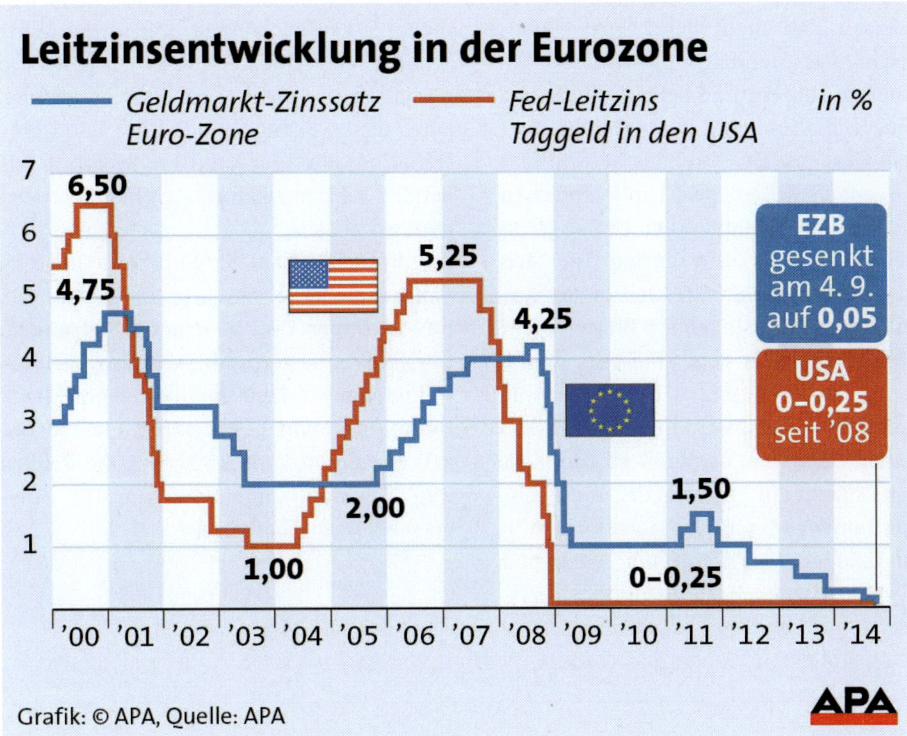

Grafik: © APA, Quelle: APA

M 4 ● Deflationsgefahren in der Eurozone?

Auf den niedrigen Preisauftrieb im Euroraum hat die EZB mit einer neuerlichen Senkung ihres Leitzinses reagiert: Anfang Juni nahm sie ihn von 0,25 Prozent auf das Rekordtief von 0,15 Prozent zurück. Doch damit nicht genug: Den Zins für Bankeinlagen, der seit dem Höhepunkt der Staatsschuldenkrise im Juli 2012 bei 0,0 Prozent gelegen hatte, senkte die Notenbank auf minus 0,10 Prozent. Mit diesen Maßnahmen – aber auch mit den neuen Milliardenspritzen für Banken – verfolgen die Währungshüter das Ziel, die Kreditvergabe vor allem in den südlichen Euroländern anzukurbeln. Niedrige Zinsen verbilligen tendenziell Kredite und Investitionen und kurbeln so die Wirtschaft an, was in der Regel auch den Preisauftrieb stärkt. Mit der Entscheidung der EZB sollen also offenkundig Stagnations- und Deflationssorgen vertrieben werden. [...]

Doch droht in der Eurozone tatsächlich eine sich selbst verstärkende Abwärtsspirale der Preise? Blickt man nach Griechenland, könnte sich dieser Eindruck aufdrängen. Das Mittelmeerland steckt wegen seiner anhaltend schweren Wirtschaftskrise weiter in der Deflation fest. Im Mai fielen die Verbraucherpreise im Vergleich zum Vorjahresmonat um durchschnittlich 2 Prozent; es war bereits der 15. Monat in Folge mit fallenden Verbraucherpreisen. Maßstab ist dabei der von der EU verwendete Harmonisierte Verbraucherpreisindex. Doch nicht nur in Griechenland sind die Preise in den letzten Monaten gesunken, auch in Zypern, Spanien und Portugal war das Preisniveau teilweise leicht rückläufig. Im Euroraum als Ganzes steigen die Preise zwar, aber die Inflationsrate liegt gerade mal bei 0,5 Prozent, womit die Zielmarke der Europäischen Zentralbank von knapp

Leitzins

Von der Notenbank (z. B. der Europäischen Zentralbank) festgelegter Zinssatz für Zentralbankgeld, von dessen Höhe Auswirkungen auf das allgemeine Zinsniveau – in erster Linie das Zinsniveau auf dem Geldmarkt – ausgehen.

Kerstin Altdorf et al., Bundesverband deutscher Banken (Hrsg.), Das Bank- und Börsen-ABC, 14. Ausgabe 2009

Erklärfilm „Leitzins"

Mediencode: 73006-07

Erklärfilm „Deflation"

Mediencode: 73006-08

unter 2 Prozent weit verfehlt wird. Insgesamt ist die Inflation im Euroraum so niedrig wie seit 2009 nicht mehr. Noch gravierender ist, dass sie im Trend rückläufig ist. Vor diesem Hintergrund scheint die Frage, ob eine Deflation eine reale Gefahr oder nur ein Gespenst ist, durchaus berechtigt.
Und doch: Verschiedene Gründe sprechen dafür, dass die Gefahr einer Deflation in der Eurozone nur sehr gering ist. Sich selbst verstärkende Effekte sind in den wenigen Ländern mit sinkenden Preisen nicht zu beobachten. Das liegt einerseits daran, dass der Preisrückgang – mit Ausnahme Griechenlands – erst vor kurzem eingesetzt hat, andererseits hat es damit zu tun, dass er nicht zuletzt ein Ergebnis der umfassenden und notwendigen Strukturreformen in diesen Ländern ist. Denn um wieder an Wettbewerbsfähigkeit zu gewinnen, mussten u. a. die Löhne gesenkt werden. Dadurch sollen die Unternehmen in Ländern wie Portugal günstiger produzieren und mehr verkaufen können, um so der Wirtschaft wieder einen Schub zu verleihen. Ob dieser Plan aufgeht, ist noch ungewiss. Doch erste Erfolge sind erkennbar. Eine Deflationsspirale mit auf breiter Front sinkenden Preisen zeichnet sich hingegen nirgendwo ab. [...]
Auch mit Blick auf die Eurozone sind sich daher viele Experten einig: Die Geldpolitik ist auf Dauer kein geeignetes Instrument, um die Wettbewerbsfähigkeit einzelner Euroländer zu stärken. Gerade weil eine akute Deflationsgefahr gegenwärtig nicht beobachtet werden kann, scheinen die Risiken und Nebenwirkungen der jüngsten Zinsentscheide zu überwiegen.

Schulbank, Ausgabe 06/2014, S. 4 f.

Die Inflationsrate im Euroraum

Jahr	Inflation in %
2004	2,2
2005	2,2
2006	2,2
2007	2,2
2008	3,3
2009	0,3
2010	1,6
2011	2,7
2012	2,5
2013	1,3
2014	0,4

© Statista 2015

Deflation

Prozess stetiger Preissenkungen in der Volkswirtschaft, d. h., Waren und Dienstleistungen werden fortwährend billiger. Deflation liegt vor, wenn der gesamtwirtschaftlichen Gütermenge eine zu geringe Geldmenge gegenübersteht, die Gesamtnachfrage also geringer ist als das volkswirtschaftliche Gesamtangebot. Die Deflation entsteht z. B. als Folge einer übermäßigen Verringerung der Geldmenge durch einschränkende, geldpolitische Maßnahmen der Zentralbank, durch hohe Einfuhrüberschüsse, die mit dem Abfluss von Geldmitteln in das Ausland verbunden sind.

Duden Wirtschaft von A bis Z: Grundlagenwissen für Schule und Studium, Beruf und Alltag. 5. Aufl. Mannheim: Bibliographisches Institut 2013. Lizenzausgabe Bonn: Bundeszentrale für politische Bildung 2013

Deflation: Sinkende Preise – ein Problem?

Sich selbst verstärkende Abwärtsspirale der Preise

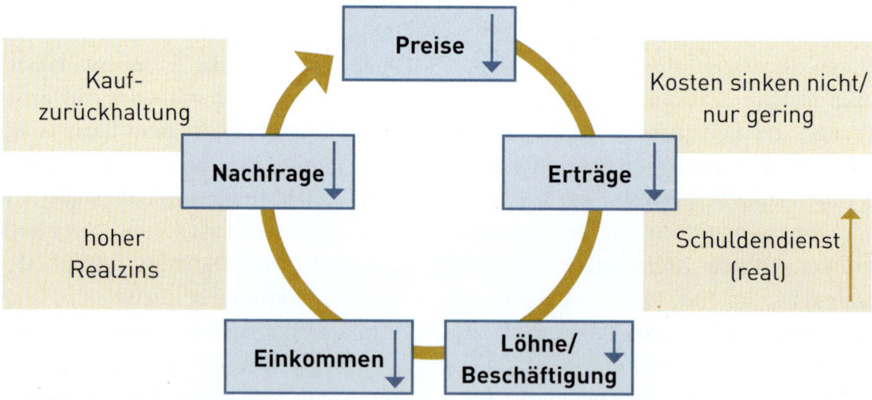

Beispiel: USA 1929–1933

- Rückgang des Preisniveaus rund 10 % p.a.
- Einbruch der Wirtschaftsleistung, Massenarbeitslosigkeit ⟶ große Depression

Quelle: Bundesverband deutscher Banken

M 5 Die Bedeutung von Staatsanleihen

Staatsanleihen von Ländern mit solidem Staatshaushalt gelten als die sichersten Wertpapiere der Welt. Weltweit nutzen Anleger aber auch Notenbanken das Mittel der Staatsanleihe, um ihr Geld möglichst sicher anzulegen. Als sicherste Staatsanleihen gelten Anleihen von Staaten, die mit einem AAA-Rating ausgestatten sind, der höchsten Bonitätsnote (z. B. Deutschland, Schweiz, Kanada, Australien).
Doch in der Geschichte sind unzählige Beispiele bekannt, wo selbst ein Staat seine Schulden nicht mehr bedienen konnte und den Staatsbankrott ausgerufen hat. Entwicklungsländer oder Industrieländer mit hoher Schuldenlast haben eine tiefere Bonitätsnote und zahlen höhere Zinsen auf ihren Anleihen, um an Geld zu kommen, weil sie weniger Sicherheit bieten [...]. Jüngste Beispiele von Zahlungsausfällen bei Staatsanleihen sind Griechenland und Argentinien.

Andreas Schönenberger, www.finanz-seiten.com (27.1.2015)

M 6 Anleihekauf durch die EZB

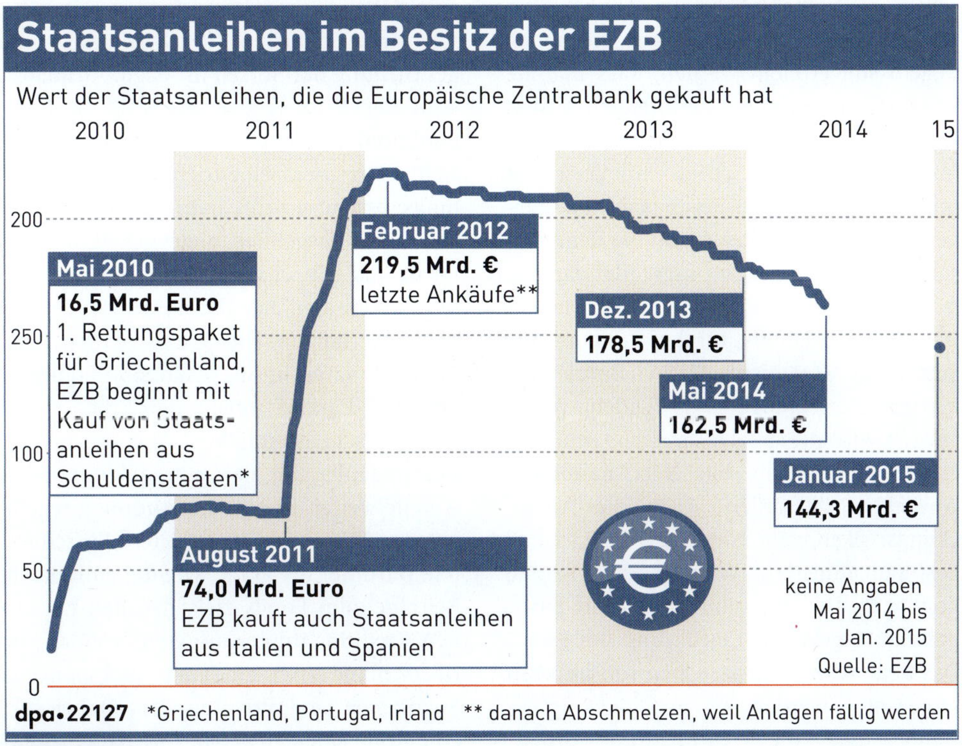

Aufgaben

1. Analysieren Sie anhand von M 2 und M 3 sowie der Tabelle in der Randspalte zur Inflationsrate im Euroraum die Notwendigkeit der Leitzinsbewegungen der EZB.
2. Erörtern Sie die Gefahr einer Deflation für den Euroraum (M 4).
3. Beschreiben und erklären Sie Möglichkeiten der Politik, eine Deflation zu bekämpfen oder ihr vorzubeugen.
4. Diskutieren Sie in Ihrem Kurs, ob der Ankauf von Staatsanleihen durch die EZB ein sinnvolles Mittel ist, um die Krise zu überwinden.

Staatsanleihen

Staatsanleihen sind verzinsliche Wertpapiere, die von einem Staat herausgegeben werden. Der Staat nutzt die Anleihe, um am internationalen Kapitalmarkt Geld aufzunehmen, das er für den Staatsbetrieb und Investitionen benötigt.

Erklärfilm „Anleihen"

Mediencode: 73006-09

Ratingagenturen

Private Unternehmen, die die Kreditwürdig- bzw. Zahlungsfähigkeit von Staaten und Unternehmen bewerten. Die Agenturen fassen das Ergebnis ihrer Untersuchung (Rating) in einer Buchstabenkombination zusammen, die i. d. R. von AAA (beste Qualität) bis D (zahlungsunfähig) reicht.

Erklärfilm „Ratingagenturen"

Mediencode: 73006-10

6.2 Rettung der Europäischen Währungsunion oder Abschied auf Raten?

M 7 Steuerzahler sollen nicht mehr die Last von Rettungsaktionen tragen

Die Pfeiler für die Europäische Bankenunion stehen. Vertreter der EU-Staaten und des Europäischen Parlaments einigten sich auf die lange umstrittenen Details für die Abwicklung von angeschlagenen Banken inklusive der Einrichtung eines Abwicklungsfonds. Der Abwicklungsmechanismus ergänzt die bereits beschlossenen anderen Elemente der Bankenunion, wie die Sicherung von Sparguthaben und die EU-Bankenaufsicht unter Führung der Europäischen Zentralbank, die im Herbst ihre Arbeit aufnehmen wird. Durch die neuen Regeln soll erreicht werden, dass marode Banken effizient und zu minimalen Kosten für Steuerzahler und Unternehmen aufgelöst werden können. „Dies wird Vertrauen und Stabilität in den Finanzmärkten stärken und die Kreditvergabe an die Realwirtschaft wiederherstellen", sagte [der damalige] EU-Kommissionspräsident José Manuel Barroso. Der [damals] für den Binnenmarkt zuständige Kommissar Michel Barnier erklärte: „Bei grenzübergreifenden Insolvenzen wird dieser Mechanismus sehr viel effizienter sein als ein Netz nationaler Abwicklungsbehörden. Auch die Ansteckungsrisiken werden geringer sein." Bundesfinanzminister Wolfgang Schäuble nannte die Bankenunion das „größte europäische Projekt seit Einführung des Euro". Das neue Abwicklungssystem soll ab 2016 angewendet werden.

Dann müssen die Kreditinstitute vorbeugend Sanierungs- und Abwicklungspläne in der Schublade haben. Steuert eine Bank auf den Abgrund zu, müssen zunächst Anteilseigner und Gläubiger für deren Rettung haften. Ist eine Abwicklung unvermeidbar, kommen zusätzliche Mittel aus einem gemeinsamen Fonds, den die EU-Banken über acht Jahre hinweg mit 55 Mrd. Euro ausstatten sollen. In der Ansparphase sollen die nationalen Anteile noch voneinander getrennt bleiben und bei Bedarf nur im jeweils eigenen Land eingesetzt werden. Stück für Stück sollen die Anteile dann zusammengelegt werden, auch Kredite sollen möglich sein. Genaue Regeln dafür legen die EU-Staaten in einem zwischenstaatlichen Abkommen fest. Die Entscheidung über die Abwicklung einer Bank kann nach Ansicht des Europaparlaments mit den neuen Regeln nun an einem Wochenende getroffen werden, zwischen der Schließung der US-Börsen und der Öffnung der Börsen in Asien. Ausgelöst wird der Prozess von der EZB in ihrer Funktion als neuer zentraler Bankenaufsicht. Der neu einzurichtende Abwicklungsausschuss prüft dann, ob die fragliche Bank tatsächlich abgewickelt werden muss, und legt ein Konzept dafür vor. Die EU-Kommission hat das Recht, Änderungen zu verlangen. Tut sie das, werden auch die EU-Staaten in die Diskussion einbezogen. [...] Parallel gehen die Arbeiten an dem zwischenstaatlichen Abkommen zur Zusammenlegung der nationalen Fonds-Anteile weiter. Die EU-Institutionen regeln mit den Mitgliedstaaten weitere Einzelheiten. Darunter die Frage, wie die nationalen Beiträge zum Fonds zwischen den einzelnen Kreditinstituten aufgeteilt werden; in Deutschland etwa zwischen Volksbanken, Sparkassen und Privatbanken. Dabei soll eine Rolle spielen, welches Risiko einzelne Bankengruppen für das gesamte System darstellen. Michael Kemmer, Hauptgeschäftsführer des Bundesverbands deutscher Banken (BdB), schätzt, dass alle deutschen Banken zusammen nun rund 1,8 Milliarden Euro pro Jahr einzahlen müssen. Finanzpolitiker der großen Koalition in Berlin betonten, es sei wichtig, dass die Abgabe in allen Mitgliedsländern einheitlich erhoben wird. Ralph Brinkhaus (CDU) sagte, die Banken sollten die jährliche Gebühr für den Rettungstopf nicht von der Steuer abziehen können. „Einen Aufbau des Fonds auf Kosten des Steuerzahlers sollte es nicht geben“, erklärte der CDU-Abgeordnete.

EU-Nachrichten 06/27.3.2014, S. 4

M 8 ● Der Euro-Rettungsschirm

Die EFSF und der ESM im Vergleich

Name	Europäische Finanzstabilitätsfazilität (EFSF)	Europäsicher Stabilitätsmechanismus (ESM)
Rechtsform	Unternehmen (Zweckgesellschaft) nach Luxemburger Recht	intergouvernementale Institution nach internationalem Recht
Dauer	temporär (Juni 2010 bis Juni 2013)	dauerhafte Institution
Kapitalstruktur	abgesichert durch Garantien der Euro-Staaten	gezeichnetes Kapital von 700 Mrd. €, davon: – 80 Mrd. € einbezahltes Kapital – 620 Mrd. € zugesagtes abrufbares Kapital
Garantiestruktur	Mitgliedstaaten, die selber Hilfe erhalten, leisten keine Garantien mehr („step-out“)	kein „step-out“
Maximale Kreditvergabekapazität	440 Mrd. €	500 Mrd. €
Status als Gläubiger	pari passu (gleichrangig zu anderen Gläubigern)	bevorzugter Gläubigerstatus (im Falle von Zahlungsschwierigkeiten muss ein Gläubigerstaat den ESM nach dem IMF, aber vor anderen Gläubigern bedienen)[1]

[1] Im Sinne einer Ausnahme (Übergangssituation) wird für den Beistand an die spanische Banken-Rekapitalisierung pari passu angewandt. Quelle: ESM

[Zusätzlich zur EFSF und dem ESM wurde] von den Staats- und Regierungschefs der EU im Januar 2012 [ein weiteres Maßnahmenpaket] zur Haushaltsdisziplin der Mitgliedstaaten beschlossen [...] Zum Inhalt [dieses] Europäischen Fiskalpakts, der im Januar 2013 in Kraft [trat], gehört, dass die EU-Staaten möglichst ausgeglichene Staatshaushalte anstreben. So darf das jährliche Defizit höchstens 0,5% des Bruttoinlandsprodukts (BIP) betragen. Daneben müssen die einzelnen Staaten Schuldenbremsen einführen und diese bis 2018 in nationales Recht umsetzen. Werden die Defizitgrenzen überschritten, kann die EU-Kommission automatisch Sanktionen gegen das entsprechende Land verhängen und Geldstrafen bis zu 0,1% der Wirtschaftsleistung festlegen, die in den Europäischen Stabilitätsmechanismus ESM eingezahlt werden.

Nach: Duden Wirtschaft von A bis Z: Grundlagenwissen für Schule und Studium, Beruf und Alltag. 5. Aufl. Mannheim: Bibliographisches Institut 2013. Lizenzausgabe Bonn: Bundeszentrale für politische Bildung 2013

M 9 ● Die Europäische Währungsunion: Abschied auf Raten?

Die Auflösung der Europäischen Währungsunion und die Rückkehr zu nationalen Währungen sind unter Ökonomen und in der Bevölkerung umstritten. Jüngsten Umfragen zufolge wollen 69 Prozent der Deutschen am Euro festhalten, 27 Prozent hingegen fordern die Rückkehr zur D-Mark. [...] Es gebe mehrere Wege, die Eurozone abzuwickeln, das Festhalten an der Einheitswährung sei daher nicht alternativlos, wie die Bundesregierung behauptet. Der radikalste Weg wäre es, wenn ein Land oder mehrere Länder die Währungsunion Hals über Kopf verließen und zu ihren na-

Euro-Rettungsschirm
Bezeichnung für die Gesamtheit aller Maßnahmen der Europäischen Union und der Mitgliedstaaten der Eurozone, die dazu dienen sollen, die finanzielle Stabilität im gesamten Euro-Währungsgebiet zu sichern.

Erklärfilm „ESM“

Mediencode: 73006-11

Erklärfilm „Europäischer Fiskalpakt“

Mediencode: 73006-12

Leistungsbilanz
Zusammenfassende statistische Gegenüberstellung aller Bewegungen von Waren (Handelsbilanz) und Dienstleistungen (Dienstleistungsbilanz), die in das Ausland geliefert werden bzw. vom Ausland bezogen werden, und die Erwerbs- und Vermögenseinkommen (z. B. Arbeitsentgelte, Kapitalerträge) sowie die Übertragungen (z. B. Heimatüberweisungen ausländischer Arbeitnehmer, Entwicklungshilfezahlungen). [...] Weist die Leistungsbilanz einen Überschuss aus, so bedeutet dies, dass das Land mehr produziert hat, als es selbst an eigenen und fremden Gütern nachfragt. Dieses Land wird Geldvermögen (Auslandsvermögen) bilden und mehr Deviseneinnahmen als -ausgaben erzielen.

Duden Wirtschaft von A bis Z: Grundlagenwissen für Schule und Studium, Beruf und Alltag. 5. Aufl. Mannheim, Bibliographisches Institut 2013

F In einem fiktiven Planspiel stehen Sie vor der Wahl, entweder Deutschland oder Griechenland zur Rückkehr zur D-Mark bzw. Drachme zu bewegen. Begründen Sie, für welches Land Sie sich entschieden werden.

tionalen Währungen zurückkehrten. Zwar sehen die EU-Verträge einen Euroausstieg nicht vor. Allerdings könnte ein einstimmiger Beschluss des Europäischen Rates ein Mitgliedsland ermächtigen, eine eigene Währung einzuführen. Machte Deutschland davon Gebrauch und führte die D-Mark wieder ein, könnte die Bundesbank geldpolitisch autonom agieren und die Zinsen an den Bedürfnissen der deutschen Wirtschaft ausrichten. Die D-Mark würde im Gefolge massiver Kapitalzuflüsse kräftig aufwerten und die Exporte verteuern. Ein Kollaps der Ausfuhren wäre dennoch nicht zu befürchten. So zeigen ökonometrische Untersuchungen, dass der Wechselkurs nicht die entscheidende Größe für die heimischen Ausfuhren ist. Wertet der effektive Außenwert der Währung um ein Prozent auf, lässt dies die deutschen Exporte nur um rund 0,5 Prozent sinken. Der Grund ist, dass die Nachfrage nach deutschen Produkten wegen der hohen Produktqualität wenig preissensibel ist. Dazu kommt, dass deutsche Exporte zu mehr als 40 Prozent aus importierten Vorleistungen bestehen. Eine starke Währung senkt daher die Einfuhrkosten und bietet den Exporteuren so Spielräume für Preisnachlässe. Auf diese Weise können die Unternehmen die wechselkursbedingte Verteuerung ausgleichen. Entscheidend für die deutschen Exporte ist vielmehr die Auslandskonjunktur. Legt das Bruttoinlandsprodukt in den Abnehmerländern um ein Prozent zu, klettern die deutschen Ausfuhren Studien zufolge um mehr als zwei Prozent. Die Auslandskonjunktur ist mithin vier Mal so wichtig für die Exporte wie der Wechselkurs. Stiege Deutschland aus der Währungsunion aus, dürfte der Euro kräftig abwerten. Für die Krisenländer wäre das ein Segen. Mit dem Rückenwind der schwachen Währung könnten sie ihre Exporte steigern und ihre Leistungsbilanzen aus den roten Zahlen holen. Die Konjunktur käme wieder in Fahrt – und die deutschen Exporte in diese Länder beschleunigten sich. [...] Entschiede sich ein Krisenland wie Griechenland, die Währungsunion zu verlassen, wertete seine Währung kräftig ab. Dies verbesserte seine preisliche Wettbewerbsfähigkeit im Nu. Statt in die Türkei strömten die Touristen wieder auf den Peloponnes. Zugleich verteuerte die schwache Drachme die Einfuhren. Statt Tomaten aus Holland zu importieren, kauften die Griechen wieder eigenes Gemüse. Das Defizit in der Leistungsbilanz verschwände, und die Inlandsproduktion legte zu. Griechenlands Wirtschaft könnte wieder wachsen. Allerdings besteht die Gefahr, dass höhere Importpreise eine inflationäre Lohn-Preis-Spirale in Gang setzen. Um dies zu vermeiden, müsste die Zentralbank die geldpolitischen Zügel anziehen. Auch verteuerte die schwache Drachme den Schuldendienst für die auf Euro lautenden Altschulden. Ein Forderungsverzicht der Gläubiger wäre kaum zu vermeiden. Dieser träfe im Falle Griechenlands in erster Linie die öffentlichen Gläubiger, also Regierungen, den Euro-Rettungsschirm und die Europäische Zentralbank (EZB). Fraglich wäre, ob die griechische Notenbank nach einem Euroaustritt ihre Verbindlichkeiten aus dem Target-Zahlungssystem der Euro-Notenbanken begleichen könnte. Die Steuerzahler in Deutschland müssten sich daher auf milliardenschwere Belastungen einstellen.

Malte Fischer, Wirtschaftswoche, 15.4.2013

Aufgaben

1. Erstellen Sie mithilfe von M 7 ein Schaubild, das die Grundzüge der Bankenunion darstellt und bewerten Sie die Zukunftsaussichten dieser Bankenunion.
2. Dirk Meyer, Ökonomieprofessor der Bundeswehruniversität Hamburg, fordert, dass zahlungsunfähige Länder die Eurozone verlassen, den Euro aber als Zahlungsmittel weiter verwenden sollen. Diskutieren Sie diesen Vorschlag ausgehend von M 9.

6.3 Wie beeinflusst die Geldpolitik die Wechselkurse?

M 10 ● Historischer „Finanz-Tsunami“

Die Mitteilung gleicht einer Kapitulationserklärung: Man sei „zum Schluss gekommen, dass die Durchsetzung und die Aufrechterhaltung des Euro-Franken-Mindestkurses nicht mehr gerechtfertigt“ sei, ließ die Schweizer Nationalbank (SNB) die Welt am Donnerstagmorgen wissen – und stürzte die Finanzmärkte damit in Turbulenzen. Binnen Minuten schoss der Kurs des Euro zum Franken um fast 30 Prozent nach unten. Die Aktienmärkte sackten europaweit ab. Mit dem Schritt hatte niemand gerechnet. Seit September 2011 hatte die SNB einen Mindestkurs für den Euro im Vergleich zum Schweizer Franken festgesetzt.

Weniger als 1,20 Franken sollte der Euro nicht wert sein. Oder andersherum: Stärker durfte die Schweizer Währung nicht werden. Bis zuletzt hatte die Notenbank keinen Zweifel daran gelassen, dass sie diese Grenze verteidigen werde – sie tat das, indem sie so viel Euro oder Euro-Anleihen kaufte wie nötig. Der Mindestkurs hatte immer einen klaren Zweck: Er sollte verhindern, dass der Franken zu wertvoll wird. Was zunächst paradox klingt, war durchaus sinnvoll. Die Schweiz exportiert rund 60 Prozent ihrer Ausfuhren in die Euro-Zone. Und je stärker der Franken, desto teurer werden Schweizer Produkte im Ausland – und desto schlechter lassen sie sich verkaufen. Auch der Erfolg des Tourismusgeschäfts hängt nicht unwesentlich daran, ob sich ein deutscher Urlauber auf einer Schweizer Skihütte für seine Euro ein Käsefondue leisten kann oder nur ein Gläschen Rivella. Umso dramatischer dürfte nun das plötzliche Ende des Mindestkurses für die Schweizer Wirtschaft sein. Schon der Eurokurs von 1,20 Franken war für viele Unternehmen eine Last. Mit einem Verhältnis von eins zu eins, das viele Experten nun mittelfristig erwarten, werden die Firmen ums Überleben kämpfen müssen.

Zudem droht die gesamte Volkswirtschaft der Schweiz in eine Deflation abzugleiten. Schon Ende 2014 war die Inflationsrate in den negativen Bereich gerutscht. Im Schnitt fielen also die Verbraucherpreise. Bisher wurde der Franken durch den Mindestkurs indirekt auch im Vergleich zur Ölwährung Dollar künstlich niedrig gehalten. Dadurch ließ sich der dramatische Sturz der Heizöl- und Benzinpreise aber zumindest noch etwas abfedern. Auch das dürfte nun vorbei sein. Ab jetzt schlägt der billige, in Dollar abgerechnete Ölpreis voll auf die Preisentwicklung durch.

Selbst wenn niedrigere Preise für viele Verbraucher und Unternehmen zunächst positiv klingen mögen: Insgesamt dürfte der hohe Frankenkurs das Wirtschaftswachstum deutlich bremsen. Abzulesen ist das auch am Schweizer Aktienmarkt, der am Donnerstag zeitweise um fast 14 Prozent einbrach – so viel wie noch nie an einem Tag. „Ein Zeitraum starker Deflation ist ein ernstzunehmendes Risiko“, urteilt Ökonom Christian Schulz von der Berenberg Bank über die Schweiz. Auch wenn er glaubt, dass die Schweizer damit schon irgendwie zurechtkommen werden.

Und was ist mit Deutschland und der Eurozone? Schon seit gut einem halben Jahr verliert der Euro auch gegenüber dem Dollar drastisch an Wert. Nach dem überraschenden Schritt der Schweizer Notenbank stürzte er am Donnerstag zeitweise auf den niedrigsten Stand seit 2003. Ein Grund zur Sorge? Eher nicht. Denn der Euro-Absturz ist auch gewollt. Mit ihrer äußerst lockeren Geldpolitik versucht die Europäische Zentralbank (EZB), die Wirtschaft in der Eurozone wieder in Schwung zu bringen. Die ultraniedrigen Zinsen sollen zum einen die Kreditvergabe der Banken anregen, zum anderen aber auch den Kurs des Euro schwächen. Auf diese Weise werden Produkte aus der Eurozone weltweit billiger und damit wettbewerbsfähiger. Im Gegenzug werden zwar auch importierte Produkte teurer. Das kann der EZB aber nur recht sein: Ähnlich wie die SNB kämpft auch sie gegen eine zu niedrige Inflation. In der Eurozone waren die Preise zuletzt ebenfalls gefallen. Teurere Importe helfen, die Deflation zu bekämpfen.

Stefan Kaiser, Spiegel Online, 15.1.2015

M 11 ● Die Entwicklung des Schweizer Franken im Verhältnis zum Euro am 15.1.2015

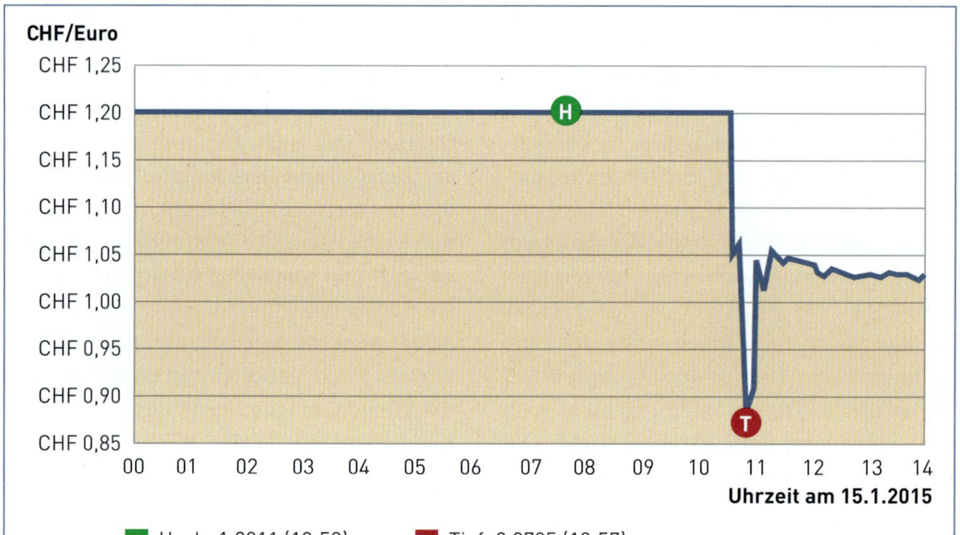

Quelle: VWD

M 12 ● Die Entwicklung des Schweizer Franken im Verhältnis zum Euro mit und ohne Kursbindung

www.finanzen.net (18.2.2015)

M 13 Der Wechselkurs

Preis einer ausländischen Währungseinheit, ausgedrückt in heimischer Währung (Preisnotierung), oder Preis einer inländischen Währungseinheit, ausgedrückt in ausländischer Währung (Mengennotierung). In Deutschland ist die Preisnotierung üblich.

Der Wechselkurs ist der Preis, zu dem zwei Währungen getauscht werden. Die Veränderungen des Wechselkurses bezeichnet man als Auf- bzw. Abwertung. Sie können beispielsweise durch den An- oder Verkauf einer Währung seitens der Zentralbanken entstehen. Gründe für Wechselkursveränderungen finden sich vor allem in der Kaufkraftparitätentheorie und der Zinsparitätentheorie. Ihre Ursachen können auch in Wachstumsdifferenzen zwischen einzelnen Staaten, in deren politischer Stabilität und in Spekulationsgeschäften liegen. Die übergeordnete Gestaltung von Wechselkursen erfolgt im Rahmen der internationalen Währungsordnung (Wechselkurssysteme). Neben den Auswirkungen der Veränderung reiner Währungsrelationen (nominale Wechselkurse) wird bei realen Wechselkursen das Verhältnis der Preisniveaus der Staaten berücksichtigt (realer Wechselkurs = nominaler Wechselkurs x Verhältnis der Preisniveaus). Bei einem hohen bzw. niedrigen realen Wechselkurs sind ausländische Güter im Vergleich zu den inländischen Gütern relativ billig bzw. teuer. Damit beeinflusst auch das Verhältnis der Preisniveaus die Nachfrage nach diesen Gütern. Veränderungen des Wechselkurses haben erhebliche Auswirkungen für den internationalen Handel, für die Entscheidungen von Unternehmen, Direktinvestitionen in anderen Staaten vorzunehmen, und für die Finanzmärkte. In den letzten Jahren wurden häufig drastische Veränderungen der Währungsrelationen für Krisen mitverantwortlich gemacht (z. B. Krise des Europäischen Währungssystems (EWS) 1992/93, Asienkrise 1997/98, Argentinienkrise 1999).

www.wirtschaftslexikon24.com (27.1.2015)

Flexible und feste Wechselkurse

In einem System flexibler (freier) Wechselkurse führen Änderungen von Devisenangebot- und -nachfrage zu Wechselkursänderungen ohne staatliche Eingriffe. Im System fester Wechselkurse geben die Regierungen der beteiligten Länder einen bestimmten Wechselkurs vor und die Zentralbanken garantieren diesen durch Interventionen (Devisenan- oder -verkäufe).

Die ZEIT, Das Lexikon in 20 Bänden, Band 16, Hamburg 2005, S. 94 f.

Aufgaben

1. Einige Ökonomen sind überzeugt, dass die Schweiz mit einem starken Franken besser gestellt wäre, weil ein starker Franken „reich" macht. Was ist konkret damit gemeint, welche Vor- und Nachteile bringt ein starker Franken der Schweiz?
2. Bewerten Sie die ehemalige Kopplung des Schweizer Frankens an den Euro aus der Sicht eines Verfechters von flexiblen Wechselkursen.

ORIENTIERUNGSWISSEN

Aufgabe und Unabhängigkeit der EZB (M 1, M 2)

Mit der Einführung des Euros wurde die geld- und währungspolitische Kompetenz von den nationalen Notenbanken auf die Europäische Zentralbank übertragen. Die Hauptaufgabe der EZB besteht darin, im Euroraum für stabile Preise zu sorgen. Nach dem Vorbild der deutschen Bundesbank ist die EZB politisch unabhängig. Doch die europäische Staatsschuldenkrise hat die Rolle der EZB verändert: Sie ist verstärkt in die Politik involviert, und sieht sich dem Vorwurf ausgesetzt, auf Geheiß von hoch verschuldeten Eurostaaten zu handeln.

Geldpolitische Strategie der EZB (M 5, M 6)

Mit dem Kauf von Staatsanleihen – einer Maßnahme, die europarechtlich höchst umstritten ist – verlässt die EZB ihre bis dahin ausschließlich auf Preisstabilität ausgerichtete Geldpolitik. Sie greift direkt in die Rettung verschuldeter Eurostaaten ein.

Instrumentarium und Grenzen der Geldpolitik (M 3)

Ein Hauptinstrument der EZB ist die Festlegung des Leitzinses. Erhöht sie den Leitzins, trifft dies zuerst nur die Geschäftsbanken, welche die höheren Geldbeschaffungskosten an Haushalte und Unternehmen weitergeben. Senkt sie den Leitzins, soll die Nachfrage nach billigeren Krediten und damit die Investitions- und Konsumbereitschaft gefördert werden. Dies ist bei einer pessimistischen Grundhaltung aber nicht automatisch zu erwarten.

Bedeutung des Außenwertes (M 7, M 13)

Der Außenwert des Euros unterliegt seit seiner Einführung starken Schwankungen. Die Auswirkungen eines schwachen bzw. starken Euro nach außen sind ambivalent: So fördert ein schwacher Euro die Exporte aus der Eurozone, während sich die Importe verteuern. Bei einem starken Euro stellt sich die Situation genau umgekehrt dar. Problematisch wird es, wenn der Wechselkurs als Instrument der Außenwirtschaftspolitik benutzt wird, wie dies z. B. China durch eine künstliche Unterbewertung der eigenen Währung zur Förderung des Exports praktiziert.

Staatsschuldenkrise (M 8)

Gigantische Schuldenberge einzelner Eurostaaten haben den Euro in die Krise gestürzt. Die Ursachen werden darin gesehen, dass es in der Eurozone keine konvergente Wirtschafts- und Finanzpolitik gab und insbesondere viele Eurostaaten jahrelang über ihre Verhältnisse gelebt hatten. Dabei galt der Euro als Erfolgsmodell: Er hat die Stellung Europas im globalen Wettbewerb gefestigt und wurde zum Symbol des europäischen Einigungsprozesses. Der Erfolg milliardenschwerer Rettungsprogramme zur Stabilisierung des Euros ist infrage gestellt.

Soll die EZB in die Wirtschaftspolitik der Euroländer eingreifen?

Die Währungshüter haben bereits einiges versucht, um die Konjunktur der Eurozone zu beleben. Aber sie stottert immer noch. Muss die EZB noch mehr tun oder sollte sie sich aus der Wirtschaftspolitik besser heraushalten? Die wichtigsten Argumente dafür und dagegen:

Pro-Argumente

- → Die Maßnahmen der EZB waren erfolgreich. Trotzdem ist die Wirtschaft im Euroraum noch nicht stabil. Damit vor allem die Krisenstaaten endgültig wieder auf die Beine kommen, müssen Firmen in diesen Ländern mehr investieren – dafür brauchen sie aber mehr Geld von den Banken.
- → Die EZB hat die Möglichkeit, einer Deflation entgegenzusteuern. Niedrige Teuerungsraten sind zwar gut für den Verbraucher, aber schlecht für die Wirtschaft. Es besteht die Gefahr einer Spirale aus sinkenden Preisen und sinkender Nachfrage.
- → Es muss an mehreren Stellschrauben gedreht werden. Die Sparmaßnahmen der Staaten allein helfen nicht gegen eine Wirtschaftskrise.
- → Die Zentralbank ist die ganze Zeit aktiv. Bereits im Juni hat sie zwei zusammen 400 Milliarden Euro schwere Geldspritzen für Banken (TLTRO) angekündigt. [...] Die EZB sollte alles in Betracht ziehen, um die maue Kreditnachfrage und die für den Geschmack der EZB zu niedrige Inflation anzukurbeln. Die USA haben mit Anleihekäufen gute Erfahrungen gemacht. In Amerika wächst die Wirtschaft im kommenden Jahr voraussichtlich um 3,0 Prozent. Die Arbeitslosenquote ist auf rund sechs Prozent gefallen.

Kontra-Argumente

- → Die EZB betreibt Wirtschaftspolitik, was nicht zu ihren Kern-Aufgaben gehört. Ihr Hauptzweck ist für Preisstabilität zu sorgen, also die Inflation zu kontrollieren, sowie die Finanzmärkte und -institute zu beaufsichtigen.
- → Die Zentralbank kauft lediglich Zeit und bekämpft die Ursachen der Krise nicht. Gleichzeitig würde der Eingriff den Reformdruck von den Staaten nehmen.
- → Es gibt große Zweifel, dass das Geld der Banken in der Realwirtschaft ankommt. Dafür sprechen auch die niedrigen Inflationsraten in den Eurostaaten. Erfahrungsgemäß fördern die Interventionen der Notenbanken eher Blasenbildungen an den Finanzmärkten. Eine Blase könnte sich im Immobilienmarkt bilden. Hier sind die Preise bereits deutlich gestiegen.
- → Die europäischen Währungshüter und auch viele andere Ökonomen sehen bisher keine Deflationsgefahr. Für sie sind die Preise im Grunde stabil. IWF-Chefin Christine Lagarde spricht von „Lowflation" (niedrige Inflation), andere von „Disinflation" (Verringerung des Preisanstiegsniveaus).

Nach: Diana Dittmer, www.n-tv.de, 3.9.2014

Aufgabe

Beurteilen Sie mithilfe des Textes und weiteren eigenen begründeten Argumenten, ob sich die EZB aus der Wirtschaftspolitik der Euroländer heraus halten sollte oder ob sie sogar noch aktiver in diese eingreifen müsste.

Settings
Security
Blog
Search
Phone
Messages
Music
Home

7 Strukturwandel und Strukturpolitik

Wenn Menschen ihren Arbeitsplatz verlieren oder um diesen bangen, von Arbeitnehmern lebenslanges berufliches Lernen erwartet wird, zahlreiche Einzelhandelsgeschäfte in den Stadtzentren schließen und wir über Smartphones und das Internet einkaufen oder kommunizieren, hat dies alles mit tiefgreifenden Veränderungen in Wirtschaft und Gesellschaft zu tun, die wir im Begriff Strukturwandel zusammenfassen.

Strukturwandel ist nichts Neues. Umwälzende Veränderungen, wie der Übergang von der Agrar- zur Industriegesellschaft, haben mit der Industriellen Revolution im 19. Jahrhundert begonnen und setzen sich heute beschleunigt im Übergang von der Industrie- zur Dienstleistungs- bzw. zur Wissensgesellschaft fort.

Dieser Wandel wird von Seiten des Staates durch strukturpolitische Maßnahmen beeinflusst. Am Beispiel des Transformationsprozesses in den neuen Bundesländern lassen sich die positiven Auswirkungen und Probleme deutlich erkennen. Der Osten Deutschlands ist ein Beispiel für den Aufbau moderner Infrastruktur, gleichzeitig aber auch zwei Jahrzehnte nach der Wiedervereinigung von Transferleistungen des Westens abhängig. In diesem Zusammenhang stellt sich die Frage, wie staatliche Strukturpolitik sinnvoll gestaltet werden kann.

KOMPETENZEN

Am Ende dieses Kapitels sollten Sie Folgendes wissen und können:

- Sie können verschiedene Ausprägungen und Dimensionen des wirtschaftlichen Strukturwandels erläutern.
- Sie können Ursachen des ökonomischen Wandels beschreiben.
- Sie können die Auswirkungen des wirtschaftlichen Strukturwandels auf Wirtschaft und Gesellschaft beurteilen.
- Sie können die Wirksamkeit staatlicher Strukturpolitik am Beispiel des Aufbau Ost einschätzen.

Was wissen und können Sie schon?

Die Bilder illustrieren die Entwicklung der Kommunikationstechnik und Unterhaltungselektronik der letzten Jahrzehnte.

1. Informieren Sie sich über die Nutzung der Geräte früher (Befragung z. B. der Eltern, Großeltern).
2. Vergleichen Sie die Geräte anschließend hinsichtlich ihrer
   a) Nutzung,
   b) technischen Möglichkeiten und
   c) positiven sowie negativen Auswirkungen auf Wirtschaft und Gesellschaft früher und heute.

7.1 Die neue Industrielle Revolution – Industrie oder Dienstleistungen als Wachstumsmotoren?

M 1 Schaffen Dienstleistungen Wachstum?

Die entwickelte Welt nähert sich dem postindustriellen Zeitalter, der Dienstleistungs- und Wissensgesellschaft. Bis zur Krise hörte man aber oft, Deutschland hinke auf diesem Weg hinterher. Inzwischen beneiden viele die deutsche Wirtschaft um ihr starkes industrielles Rückgrat. [...] Wie tiefgreifend der Prozess der Deindustrialisierung der alten Industrieländer ist, zeigen die nackten Zahlen: Großbritannien, das Ursprungsland der Industriellen Revolution, hatte Mitte der 1990er Jahre noch einen Anteil des verarbeitenden Gewerbes von 21 Prozent am Bruttoinlandsprodukt (BIP), heute sind es weniger als 13 Prozent. In Frankreich fiel der Industrieanteil von 18 auf 12,5 Prozent. Einen frühen Wandel zur Dienstleistungsgesellschaft haben die Vereinigten Staaten vollzogen. Dort beträgt der Industrieanteil noch gut 11 Prozent. Hingegen hat die Industrie in Deutschland mehr Gewicht behalten: Ihr Anteil ist sogar wieder leicht gestiegen – auf 26 Prozent. Damit sticht die deutsche Volkswirtschaft unter den Industrieländern als Ausnahme hervor. Der Finanzsektor mit 5 Prozent vom BIP ist hierzulande im Vergleich mit Großbritannien und Amerika kleiner. An sich ist Strukturwandel nichts Schlechtes, sondern Zeichen fortschreitender Entwicklung. Bis ins späte achtzehnte Jahrhundert dominierten Agrargesellschaften. Dann kam der Durchbruch der Industrie. Die stark wachsende Bevölkerung, die in der Landwirtschaft keine Beschäftigung mehr fand, strömte in die Fabriken in den Städten. Dort wuchs auch die Bedeutung der Dienstleistungen. Zu den ersten Ökonomen, die solche Sektorenverschiebungen erforschten, gehörten der Brite Allan G. B. Fisher und der Franzose Jean Fourastié in den dreißiger und vierziger Jahren. Sie erkannten, dass Dienstleistungen eine immer größere Rolle in der Wirtschaft spielten.

Dieser Strukturwandel ist zum einen vom technischen Fortschritt getrieben: Die Industrie wird durch den Einsatz von Maschinen, durch Automatisierung und Computerisierung sehr kapitalintensiv. Statt Menschen stehen Roboter in den Fabrikhallen. Allerdings sind Industrie und Dienstleistungen wie Logistik, Montage, Wartung und Weiterentwicklung eng verzahnt. Zum anderen ist der Strukturwandel nachfragegetrieben. Mit steigendem Einkommen nimmt die Nachfrage nach Dienstleistungen zu – vor allem in den Bereichen Bildung, Gesundheit, Finanzberatung, Tourismus und Unterhaltung. Ihr Anteil an den Budgets steigt, je wohlhabender die Leute werden. Die einen betrachten den Strukturwandel hin zu Dienstleistungen als insgesamt günstig. Fourastié sprach von der „großen Hoffnung des 20. Jahrhunderts". Doch es gibt auch Kritiker, die den Strukturwandel zu weit getrieben finden, etwa der Harvard-Ökonom Dani Rodrik. Er bemängelt, dass unter den in Amerika neugeschaffenen Arbeitsplätzen zu viele Servicejobs mit geringerer Arbeitsproduktivität und geringem Verdienst sind, etwa im Einzelhandel. Der Wegfall hochproduktiver Industriearbeitsplätze und der Wandel hin zu Billig-Services bremse das Produktivitätswachstum, führe zu wachsender Einkommensungleichheit und „gefährlichen Ungleichgewichten" [...]. Während die Industrie, also die materielle Produktion, in der entwickelten Welt an Bedeutung verloren hat, bauen Schwellenländer – allen voran China - gewaltige verarbeitende Gewerbe auf. Der Industrieanteil in China liegt stabil um die 45 Prozent.

Deutschland hat sich in der Globalisierung bislang gut geschlagen. Der Hauptgrund dafür ist, dass es seine führende Stellung in forschungsintensiven Industriezweigen – mit Autos, Maschinen, Chemie und Elektronik – gefestigt hat. Eine international bewunderte Besonderheit sind die innovationsstarken Mittelständler, die sich in vielen Nischenbereichen als Marktführer hervortun. [...]

Die gezielte Bevorzugung von Industrien beruht auf einem Irrtum. Der Handelstheoretiker Jagdish Bhagwati kritisiert einen „Manufacturing-Fetisch", der bis auf Adam Smith zurückgehe. Dieser hielt Dienstleister, Juristen, Ärzte, Schriftsteller und Opernsänger für „unproduktiv", da nur materielle Produktion echte Werte schaffe.

Philip Plickert, Frankfurter Allgemeine Zeitung, 11.3.2013

M 2 ● Die Entwicklung der drei Wirtschaftssektoren nach Fourastié

Der französische Ökonom Jean Fourastié (1907 – 1990) ging der Frage nach, wie sich die Bedeutung der drei Wirtschaftssektoren im Verlaufe der wirtschaftlichen Entwicklung verändert. Dabei erkannte er, dass sich die wirtschaftliche Bedeutung der Sektoren verschiebt. Zunächst vom primären Sektor zum sekundären und schließlich zum tertiären Sektor. Diesen Strukturwandel nennt man sektoralen Strukturwandel.

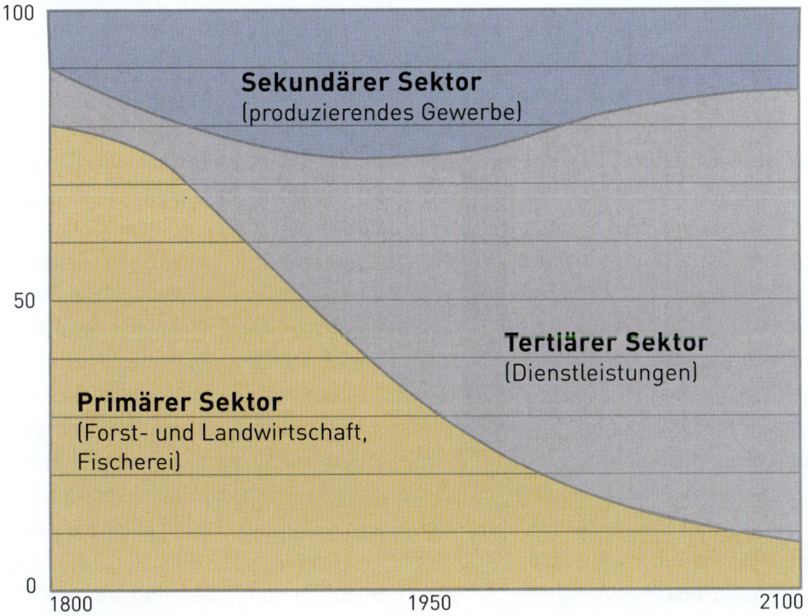

Magnus Manske, nach „Le grand espoir du XXe siècle" von Jean Fourastié, 9.10.2005

Aufgaben

1. Beschreiben Sie Faktoren, welche zur Deindustrialisierung führen (M 1).
2. Der sektorale Strukturwandel zeigt sich auch an der Bedeutung bestimmter Berufe früher und heute. Ordnen Sie aus Ihrem Erfahrungsbereich Berufe den Sektoren zu, und beschreiben Sie deren Entwicklungen (M 2).
3. Erläutern Sie die unterschiedlichen Einschätzungen des Dienstleistungssektors in M 1 ausgehend von Adam Smiths Zitat, dass „nur materielle Produktion echte Werte schaffen".

F Recherchieren Sie auf den Internetseiten des Statistischen Bundesamtes (www.destatis.de) die Zahl der Beschäftigten der drei Wirtschaftssektoren in Deutschland von 1950 bis heute und analysieren Sie diese.

7.2 Bringt der Strukturwandel jobless growth?

M 3 Computer – ist er besser als wir?

In einer Berliner Ausstellung schreibt ein Roboter an einer jüdischen Tora.

Die Ökonomen Erik Brynjolfsson und Andrew McAfee [haben] ein Buch herausgebracht, das ein umwälzendes Phänomen beschreibt. In ihrer Studie „Das zweite Maschinenzeitalter" analysieren die Professoren des Massachusetts Institute of Technology (MIT), wie die Kombination aus immer lernfähigeren Computern, wachsenden Datenmengen und intuitiver Bedienung die Welt besser machen, aber auch zu neuen Problemen führen wird: Nur wenige Menschen, vor allem die Programmierer und Besitzer dieser neuen Maschinen, werden dann von dem digital geschaffenen Wohlstand profitieren, die soziale Ungleichheit wird steigen, und auch bislang von Technik nicht bedrohte Arbeitnehmer werden unter der neuen Konkurrenz leiden. Sie werden ihre Arbeitsplätze verlieren – so die Prognose. Die Opfer dieser Entwicklung haben die Oxford-Ökonomen Carl Benedikt Frey und Michael A. Osborne in ihrer Studie „Die Zukunft der Beschäftigung" schon ausgemacht: Von 702 in den USA untersuchten Berufsgruppen sind 47 Prozent hochgradig durch Computer bedroht: Kreditanalysten, technische Geologen und Kranführer, Kartografen, Makler und Archivare, Chauffeure und ja – sogar Köche. Die Frage ist: Wird es wirklich so weit kommen? Und falls diese Propheten recht haben: Wer wird profitieren, wer verlieren? [...] Der Angriff der Supercomputer ist schon in vollem Gange, es merkt nur kaum einer, weil die Maschinen dieser neuen Industriellen Revolution sich – anders als ihre Vorgänger – geräuschlos in unsere Leben schleichen. Leise bereiten sie ihre Herrschaft vor, für die sie nur zwei Dinge benötigen: schnelle Prozessoren und Daten, Daten, Daten. Dann tun sie irgendetwas zwischen Genie und Wahnsinn [...]. Das Genie hat sein Zuhause im Norden von New York City [...]. Es trägt den Namen Watson [...]. Sicher ist: Watson ist der vorläufige Höhepunkt einer rasenden Evolution lernender Maschinen, die sich kaum anderswo eindrücklicher zeigen lässt als am IBM-Konzern. Als dessen Computer Deep Blue 1997 den damaligen Schachweltmeister Garri Kasparow besiegte, war das beachtlich, aber auch zu erwarten. Schach ist ein Spiel nach mathematischen Regeln. Computer mögen so was. Doch ein bedeutender Teil der Datenwelt blieb den Computern verschlossen wie einem Analphabeten die Bücher: die im Netz und auf Computern Tag für Tag anschwellende Masse an Texten und Bildern. Das neue Forschungsziel der IBM-Führung nach dem Sieg im Schach war deshalb: ein alphabetisierter Computer, der unstrukturierte Texte verstehen kann. Das Kalkül: Kein Arzt der Erde kann alle Studien zu seinem Fach lesen und bewerten, kein Jurist binnen Sekunden Tausende Seiten erfassen, kein Risikoanalyst einer Bank alle Nachrichten zu einem Thema in seine Entscheidungen einbeziehen – und kein Geheimagent das ganze Internet durchforsten. Ein Computer, der zu alldem in der Lage wäre und den Nutzern obendrein Antworten auf konkrete Fragen zu Medizin, Finanzen oder Terrorgefahren geben könnte, wäre ein Riesengeschäft. Hat ein Patient Krebs, entnehmen Ärzte oftmals befallenes Gewebe, analysieren die DNA und vergleichen sie mit dem gesunden Genom des Patienten. Dadurch versuchen sie herauszufinden, welche Therapie Erfolg verspricht. Doch weil es unfassbar viele Krebsarten gibt, kann kein Mediziner sämtliche einschlägigen Studien überblicken. Watson kann es. Er weiß sogar, was letzte Woche in irgendeinem Journal erschienen ist, das der Arzt noch nicht auf dem Tisch hat. Der Computer ist in der Lage, sekundenschnell die Mechanismen in der Zelle sichtbar zu machen. „Watson erkennt Mutationen im Genom des Tumors und entwickelt eine Hypothese dazu, wie sie den Krebs verursachen“, sagt Royyuru. Jede Linie, die einen solchen Zusammenhang zeigt, lässt sich anklicken und macht die Quelle der Hypothese sichtbar, sodass ein Arzt sie überprüfen kann. „Dann schlägt Watson binnen Sekunden eine Liste von Medikamenten vor, die den Krebs behandeln könnten“, sagt Royyuru. Beispiel Marketing: Das US-Unternehmen Rocket Fuel steuert mittels Big Data und maschinellem Lernen Werbung im Internet. In Millisekunden analysiert die Software anhand der virtuellen Datenspur eines Nutzers, ob er der richtige Adressat für eine bestimmte Anzeige ist und ersteigert – wieder binnen Millisekunden – den Anzeigenplatz auf einer Seite, die dieser Nutzer ansteuert. Zudem studiert sie permanent dessen Verhalten: Surft er am Mittwoch auf der Sixt-Seite, mietet aber kein Cabrio, bietet ihm die Maschine – die längst weiß, dass er sich für Sportwagen interessiert – das Auto am Freitag unter Berücksichtigung der Wettervorhersage nochmals an. In den USA geben Computer mancherorts Empfehlungen darüber ab, ob Straftäter ins Gefängnis oder auf Bewährung auf freien Fuß kommen sollen. Selbst wenn die Entscheidungsträger sie nur als Unterstützung nutzen, drängt sich die Frage auf, ob das nicht zu viel Macht ist für Algorithmen, Rechenprogramme, deren Logik aus der Welt der Programmierer stammt.

Roman Pletter, Die Zeit, 26.7.2014

M 4 ● Moderne Arbeitnehmer in der Karikatur

Karikatur: Thomas Plassmann

M 5 Zukunftsprojekt Industrie 4.0

Die Wirtschaft steht an der Schwelle zur vierten Industriellen Revolution. Durch das Internet getrieben, wachsen reale und virtuelle Welt immer weiter zu einem Internet der Dinge zusammen. Die Kennzeichen der zukünftigen Form der Industrieproduktion sind die starke Individualisierung der Produkte unter den Bedingungen einer hoch flexibilisierten (Großserien-)Produktion, die weitgehende Integration von Kunden und Geschäftspartnern in Geschäfts- und Wertschöpfungsprozesse und die Verkopplung von Produktion und hochwertigen Dienstleistungen, die in sogenannten hybriden Produkten mündet.

Nach: Bundesministerium für Bildung und Forschung, 18.8.2014

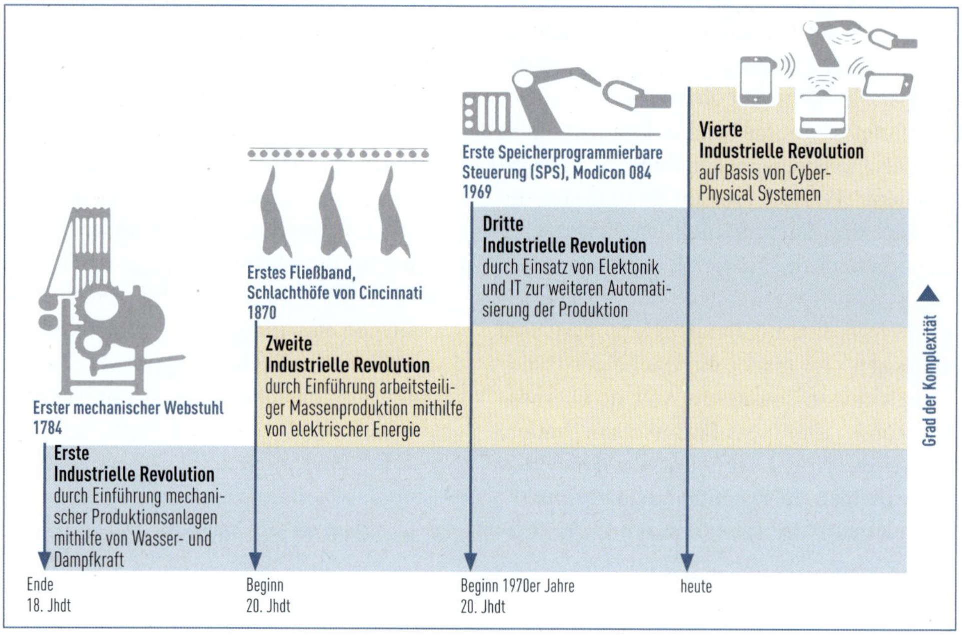

Quelle: DFKI (2011)

M 6 Merkmale der Wissensgesellschaft

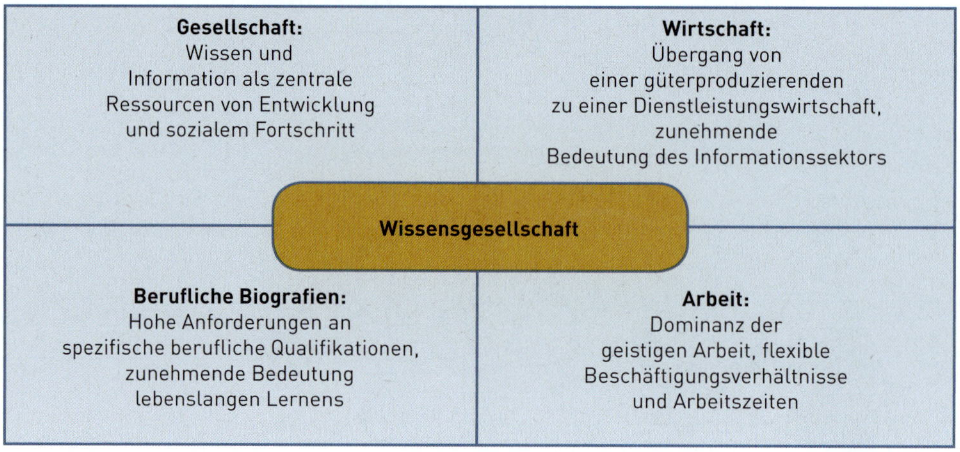

Autorengrafik

M 7 Dimensionen des Strukturwandels

Der marktwirtschaftliche Wettbewerb und die internationale Arbeitsteilung verursachen eine fortwährende Veränderung der wirtschaftlichen Strukturen. Strukturwandel ist – ob politisch gefördert oder gebremst – Kennzeichen einer Marktwirtschaft. Im Wesentlichen lassen sich drei Dimensionen des Strukturwandels unterscheiden:

- **Sektoraler Strukturwandel:** Damit ist der in allen entwickelten Volkswirtschaften seit dem 19. Jahrhundert zu beobachtende Übergang von einer Agrar- in eine Industriegesellschaft und seit Mitte dieses Jahrhunderts in eine Dienstleistungsgesellschaft gemeint. Mittlerweile beschäftigt die Dienstleistungsbranche in Deutschland mehr als 60 Prozent aller Erwerbstätigen, in den USA liegt der Anteil sogar bei über 70 Prozent. Besonders expansiv zeigen sich gesundheits- und unternehmensnahe Dienste wie Werbung, Finanzierung, Kundenservice. Letztere zeigen, dass Industrie und Dienstleistungen häufig eng miteinander verzahnt sind. Angesichts der wachsenden Bedeutung der Informations- und Kommunikationstechnologien spricht man immer häufiger von einem Übergang zur Informationsgesellschaft.
- **Intrasektoraler Strukturwandel:** Auch innerhalb der großen Wirtschaftssektoren Agrarwirtschaft, Industrie, Dienstleistungen finden strukturelle Veränderungen statt. Ein Beispiel: In der Industrieproduktion übernehmen Maschinen gefährliche, schwere oder belastende Arbeiten. Auch der Arbeitseinsatz verändert sich, indem vor allem in den Industrieländern gut qualifizierte Arbeitskräfte immer mehr Beschäftigungsanteile hinzugewinnen.
- **Regionaler Strukturwandel:** In einzelnen Regionen verändern sich die wirtschaftlichen Strukturen immer wieder, zum Teil mit einschneidenden Konsequenzen für den Arbeitsmarkt. Ein anschauliches Beispiel ist das Ruhrgebiet, das sich mit dem Niedergang des Bergbaus und der Montanindustrie von einer Schwerindustrieregion zunehmend in ein Zentrum für hochtechnologische Industrien (z. B. im Umweltschutzbereich) und moderne Dienstleistungen gewandelt hat.

Ein wesentlicher Trend im Strukturwandel heute ist die funktionale Konzentration. Gemeint ist die Ballung bestimmter Dienstleistungen in bestimmten Zentren: Banken in Frankfurt, Versicherungen in München, Medien in Hamburg, Berlin und Köln oder die Konzentration in Dienstleistungen der „Informations- und Kommunikationstechnik" in großen Verdichtungsräumen sind Beispiele für diese Entwicklung.

www.wirtschaftundschule.de, Wirtschaftslexikon – Strukturwandel (18.2.2015)

Aufgaben

1. Arbeiten Sie aus M 3 heraus, welche Chancen und Gefahren mit dem Einsatz von leistungsstarken Computern verbunden sein können.
2. a) Diskutieren Sie ausgehend von M 3, ob Computer z. B. in Zukunft Empfehlungen abgeben sollen, ob Schülerinnen und Schüler das Gymnasium besuchen und Abitur machen dürfen.

   b) Gestalten Sie einen Leitfaden, der die Grenzen des Computereinsatzes beschreibt.
3. In der Karikatur M 4 wird die Berufs- und Arbeitswelt kritisch dargestellt. Erläutern Sie die Sichtweise des Karikaturisten.
4. Der Wandel zur Wissensgesellschaft (M 6) bringt nachhaltige Veränderungen der Arbeitswelt mit sich. Analysieren Sie in Gruppenarbeit Vorteile und Nachteile für Arbeitnehmer und bewerten Sie anschließend diese Entwicklung.

F zu Aufgabe 3
Beurteilen Sie die kritische Darstellung der Arbeitswelt in der Karikatur (M 4).

H zu Aufgabe 4
Beschreiben Sie die Veränderungen der Arbeitswelt (M 6).

7.3 Wem nützt der Trend zur Sharing Economy?

M 8 Teilen macht seliger als Haben

Meine Wohnung ist deine Wohnung – das Prinzip von Airbnb: Das Bild zeigt die Website der Online-Wohnungsbörse.

Ein Gespenst geht um in der postindustriellen Gesellschaft der westlichen Welt, es ist das Gespenst des Co-Konsums. Gemeint ist der Tauschhandel, also das Leihen, Teilen und Mieten von Gegenständen, Räumen und Kenntnissen, was durch Internet und Smartphone-Apps zuletzt stark vereinfacht worden ist.

Die Propagandisten dieser Meins-ist-deins-Ökonomie sehen daraus eine neue Form des Wirtschaftens erwachsen, die altbekannte Probleme des Kapitalismus lösen soll: Ressourcenverschwendung, Überproduktion, Umweltbelastung. Ein postmaterielles Zeitalter soll angebrochen sein, in dem Teilen seliger macht als Haben, in dem der Zugang zu Dingen wichtiger sein soll als deren Besitz. Journalisten, Trendforscher und selbst ernannte Zukunftsvisionäre preisen die sogenannte Sharing-Economy als smarte und hippe Konsumideologie. Sie schwärmen von einer nachhaltigeren, partizipativeren Wirtschaft, in der der Gemeinschaftsgedanke auflebt und das Teilen von Dingen neue Beziehungen zu Fremden entstehen lässt.

Das klingt alles sehr romantisch. Sieht man sich jedoch die Geschäftsmodelle jener Unternehmen, die aus dem Teilen ein lukratives Geschäft machen wollen, genauer an, verfliegt der Eindruck, dass hier gerade der Kommunismus durch die Hintertür eingeführt wird. Die Geschäftsprinzipien der erfolgreichsten Firmen der Sharing-Economy passen vielmehr hervorragend in die Wertewelt eines unreglementierten Kapitalismus. [...]

Es ist an der Zeit, über diese dunkle Seite der sonst in flauschiger Rhetorik beschriebenen Sharing-Economy zu reden.

Unternehmen unterlaufen Arbeitsstandards und Rechtsvorschriften.

Spätestens seit jüngst Tausende von Taxifahrern in diversen europäischen Städten gegen die US-Firma Uber demonstriert haben, ist deutlich geworden, dass das Unternehmen die Taxibranche und ihre Standards für Beschäftigte wie Fahrgäste in ihrer Existenz bedroht. Uber-Kunden können per Smartphone-App einen Privatchauffeur bestellen, der das eigene Auto mit seinen Kunden „teilt". In Deutschland arbeitet zudem Wundercar mit einem ähnlichen Geschäftsmodell, zu dem die hamburgische Wirtschaftsbehörde in seiner bisherigen Form allerdings bereits Bedenken angemeldet hat.

Da bei derlei Anbietern viele Kosten entfallen, die etwa Taxifahrer üblicherweise zahlen müssen – Versicherungen für die Passagiere, Taxizentrale, Funk- und Sicherungsanlagen –, sind ihre Fahrten oft preiswerter als jene mit Taxiunternehmen. Wundercar stellt es gar ins Ermessen des Fahrgastes, was er für den Transport zahlen will. Die Fahrt an sich ist kostenlos, wer doch etwas geben will, kann per App ein „Trinkgeld" überweisen.

Anders als bei einer regulären Taxifahrt sind die Fahrgäste beim US-Konkurrenten Uber, dessen Dienste auch hierzulande abrufbar sind, nicht durch eine Haftpflichtversicherung vor Unfallfolgen geschützt. Die Fahrer müssen keine Personenbeförderungserlaubnis besitzen, in den USA wurden Fälle bekannt, in denen Uber-Fahrer nicht einmal einen Führerschein hatten.

Rechtliche Probleme existieren auch in anderen Bereichen der Sharing-Economy: Wer über das Internet zahlende Gäste zum Abendessen einlädt, umgeht Regelungen (von Hygienevorschriften bis zu Tariflöhnen), die für die traditionelle Gastronomie gelten. Auch bei geliehenen Schlagbohrern, Motorbooten oder beim Hundeausführen existieren zahlreiche Gesetzeslücken.

Firmen bereichern sich an dem, was andere anbieten.

Uber behauptet, dass sein Angebot billiger sei als das klassischer Anbieter, weil die Firma die „Mittelsmänner" ausschaltet – also die Taxizentralen, die durch die Vermittlung von Fahrten Geld verdienen. Dass die Firma selbst der neue Intermediär ist, der 20 Prozent Vermittlungsgebühr vom Fahrpreis behält, kommuniziert sie weniger offensiv [...].

Menschliche Beziehungen werden zur Ware.

Die Tauschwirtschaft ermutigt uns dazu, unser ganzes Leben als Kapital zu betrachten. Das Kinderzimmer steht leer? Lasst es uns an Touristen vermieten! Ich koche gerne? Warum nicht Abendessen-Events im Internet anbieten? Ich habe freie Zeit? Schnell per App als Handlanger verdingt! Aktivitäten, die auch einem guten Zweck dienen könnten – Handarbeiten für den Adventsbasar der Kirchengemeinde, Einkaufen für die gehbehinderte Nachbarin –, erscheinen in der Sharing-Economy auf einmal als unrentabler Zeitvertreib, aus dem sich kein Profit schlagen lässt. Was sich nicht ökonomisieren lässt, ist nutzlos. Stattdessen wird jeder zum Einzelunternehmer. Beziehungen zwischen Menschen werden zu wahrgenommenen oder verpassten Gelegenheiten, Geld zu verdienen. So verkehrt die Sharing-Economy die ursprünglich altruistischen Motive des Teilens und Tauschens in ihr schieres Gegenteil.

Tilman Baumgärtel, Die Zeit, 15.7.2014

Aufgaben

1. Definieren Sie den Begriff „Sharing Economy" (M 8).
2. Arbeiten Sie heraus, wie in M 8 der Trend zur „Sharing Economy" beurteilt wird.
3. Bewerten Sie ausgehend von M 8 den Trend zur „Sharing Economy" anhand der Kriterien Effizienz, Umweltverträglichkeit, Arbeitsmarkt, Lebensqualität.

7.4 Soll weiterhin in den Aufbau Ost investiert werden?

Nach der deutschen Wiedervereinigung 1990 stellte die Finanzierung der neuen Länder Bund, Länder und Gemeinden vor große Herausforderungen. Deshalb einigten sich Bundesregierung und Ministerpräsidenten im März 1993 auf einen Solidarpakt zur Unterstützung der neuen Länder ab 1995.

Eckpunkte des **Solidarpakts I:**

1. Sicherung der Finanzausstattung der neuen Länder und ihrer Gemeinden durch ein Transfervolumen von 55,8 Milliarden D-Mark (28,5 Milliarden Euro) in 1995.
2. Beseitigung der ökologischen Altlasten sowie Sicherung und Erneuerung industrieller Kerne. [...]
3. Absatzförderung für Produkte aus den neuen Bundesländern. [...]
4. Notwendigkeit einer Bahnreform.
5. Stärkung des Wohnungsbaus.
6. Verstetigung der aktiven Arbeitsmarktpolitik.
7. Keine Kürzung der sozialen Regelleistungen.
8. Ausgabenkürzungen und der Abbau von Steuersubventionen sollten einen Einsparungsbetrag von über 9 Milliarden D-Mark (4,6 Milliarden Euro) erzielen.

M 9 ● Der Aufbau Ost verläuft äußerst schleppend

Im Jahr 2019 läuft der Solidarpakt aus, der den neuen Bundesländern bis dahin noch viele Milliarden Euro Unterstützung garantiert. Die wirtschaftliche Angleichung zwischen Ost und West rückt allerdings in immer weitere Ferne. First Solar, Q-Cells, Conergy – so hießen die Hoffnungsträger beim Aufbau Ost. Die Solarindustrie schuf Tausende Arbeitsplätze zwischen Elbe und Oder. Doch mit dem Preisverfall bei Modulen und der Kürzung der staatlichen Förderung stürzte die Branche ab. Die Pleiten und Entlassungen treffen viele Regionen ins Mark. Denn ein selbsttragender Aufschwung im Osten Deutschlands ist damit weniger denn je in Sicht. [...] Deutschland ist seit mehr als zwanzig Jahren wiedervereint. Doch ökonomisch trennen West und Ost immer noch Welten. Die gigantische staatliche Aufbauhilfe von bisher mehr als 1,2 Billionen Euro schuf zwar mancherorts jene blühenden Landschaften, die Altkanzler Helmut Kohl einst versprochen hatte. Doch ohne die Milliardensummen aus dem Solidarpakt und dem Finanzausgleich könnte keines der fünf neuen Länder überleben. Denn Wirtschaftswachstum, Kaufkraft und Steueraufkommen sind jenseits der Elbe noch immer viel zu gering. Umso größer sind oft strukturelle und soziale Probleme, die Arbeitslosigkeit und die Verschuldung. [...] Politisch mag die deutsche Einheit ganz gut gelungen sein, ökonomisch dagegen nicht. Eine ehrliche Bilanz des Aufbaus Ost zeigt: Die wichtigsten Ziele sind trotz enorm hoher Ausgaben nicht erreicht worden, die Stimmung ist vielerorts schlecht – und die Perspektiven sind äußerst problematisch. Viele Experten erwarten eine Angleichung der Lebensverhältnisse inzwischen frühestens im Jahr 2040. Das zeigt eine Umfrage der Friedrich-Ebert-Stiftung unter 55 Fachleuten. Demnach braucht der Osten noch mehrere Jahrzehnte, um den ökonomischen Anschluss an den Westen zu schaffen und auf eigenen Beinen zu stehen – sofern das überhaupt gelingt. Denn schlüssige Konzepte fehlen, um zu verhindern, dass die neuen Bundesländer auf Dauer am Tropf des Westens hängen. Der tiefe Fall des Hoffnungsträgers Solarindustrie zeigt das geradezu exemplarisch.

Thomas Wüpper, Stuttgarter Zeitung, 8.8.2012

M 10 ● Kusch, Osten. Platz!

Soll der Osten doch bleiben, wo er ist – hinten. Sollen sich ganze Landstriche dort entvölkern, egal, dann weist man sie eben als Vogelschutzgebiete aus. Sollen die menschlichen Restbewohner dieser wunderlichen Zone doch schimpfen über fehlende Arbeit, sterbende Dörfer, das leere Versprechen gleicher Lebensverhältnisse in Ost und West. Na und? Wen kümmert das noch im Westen, wo die Bereitschaft schwindet, für die bucklige ostelbische Verwandtschaft zu zahlen. Die da drüben leben doch in Saus und Braus von unserem Geld, und an Rhein und Ruhr geht das Licht aus, klagen Bürgermeister aus dem Revier. Der Solidaritätspakt Ost soll weg. Die Reichen im Süden und Südwesten hören solche Töne nur zu gern, sie jammern sowieso immer lauter, über die ungebührlichen Lasten des Länderfinanzausgleichs. Auch Berlin, einst unter Tränen der Rührung zum Regierungssitz gekürt, soll den Rachen endlich schließen. Kusch, Osten. Platz! Herrchen muss jetzt mal an sich selbst denken. Wer die Innenstädte von Gelsenkirchen oder Oberhausen kennt und die Perspektivlosigkeit, die viele Menschen dort erfasst hat, der kann den Frust der Oberbürgermeister verstehen. Im Ruhrgebiet ist vieles vergammelt, nicht nur baulich, die Arbeitslosigkeit rund um stillgelegte Hochöfen ist bedrückend. Es macht auch keinen Sinn, dass hochverschuldete Kommunen des Reviers Kredite aufnehmen müssen, damit im Osten Straßen asphaltiert werden. Die Geldflüsse müssen in solchen Extremfällen – es sind nicht allzu viele – umgeleitet werden, aber eben innerhalb der jeweiligen Länder, die für derart unterfinanzierte Städte mehr Verantwortung übernehmen müssen. Manche Stadt muss auch besser wirtschaften, in Ost wie West. Den Neidreflex zu bedienen und zu behaupten, der Osten sei saturiert und müsse endlich für den Westen bluten, das freilich ist nichts als wohlfeiles Geschwätz.

Constanze von Bullion, Süddeutsche Zeitung, 22.3.2012

9. Einführung eines Solidaritätszuschlages ab dem 1. Januar 1995 von 7,5 Prozent, ab 1998 von 5,5 Prozent des Steuerbetrages aus Einkommen-, Kapitalertrag- und Körperschaftsteuer.

Im **Solidarpakt II**, der am 23. Juni 2001 geschlossen wurde und von 2005 bis 2019 gilt, verpflichtet sich der Bund, den neuen Ländern für den Aufbau Ost insgesamt 156,5 Milliarden Euro zur Verfügung zu stellen. Neu am Solidarpakt II ist u. a., dass die Länder einen Großteil der bislang nur für einen bestimmten Verwendungszweck gewährten Mittel nun gemäß ihren eigenen Vorstellungen einsetzen dürfen. Dadurch soll die Effizienz der Förderung steigen.

M 11 ● Wie geht's weiter mit dem Soli?

Karikatur: Burkhard Mohr

Aufgaben

1. Arbeiten Sie aus M 9 heraus, auf welchem Stand der Aufbau Ost ist.
2. Beschreiben Sie die Position der Verfasserin von M 10.
3. Erörtern Sie ausgehend von M 11, ob die Finanzhilfen für den Osten Deutschlands auch nach 2019 fortgesetzt werden sollen.

7.5 Subventionen auf dem Prüfstand – notwendige Hilfen oder süßes Gift?

M 12 ● „Sein oder Nichtsein“

Karikatur: Jan Tomaschoff

M 13 ● Subventionen – Pro und Kontra am Beispiel der ökologischen Landwirtschaft

Leo Meyer-Giesow, ÖDP: „Betriebe, die für die Eigenversorgung und regionale Märkte produzieren, die Kulturlandschaft pflegen und Bio-Produkte erzeugen, sollen die notwendigen Subventionen erhalten, um ein Ihrer Arbeit angemessenes Einkommen zu erzielen.“	**Mechthild Czapp, PIRATEN**: „Wenn ökologische Landwirtschaft gewollt wird, dann sollte eine solche Subventionierung nicht notwendig sein. Sollte sie nicht gewollt sein, so sind Subventionen nur eine Verschleuderung von Steuermitteln zur Interessenverfolgung einer Minderheit.“
Peter Sokolowski, GRÜNE: „Die ökologische Landwirtschaft, deren Leistungen beim Umwelt-, Natur- und Tierschutz längst anerkannt sind, beweist sich auch beim Klimaschutz als bessere Alternative. Dazu bietet sie gute Ansätze, um die Welternährung zu sichern. Zudem schafft sie krisenfeste Arbeitsplätze, 160.000 in der gesamten Biobranche. Es ist an der Zeit, den Öko-Landbau angemessen zu fördern.“	**Stephan Thomae, FDP**: „Es sollte nicht zwischen „guten“ Biobauern und „bösen“ konventionell wirtschaftenden Landwirten unterschieden werden. Jeder Landwirt muss selbst entscheiden, welcher Weg für seinen Betrieb der passende ist und wo er sich die besseren Marktchancen ausrechnet.“

Nach: Mechthild Czapp/Leo Meyer-Giewos/Peter Sokolowski/Stephan Thomae, WEN WÄHLEN?, Unabhängige Plattform zum Kandidatenvergleich bei der Bundestagswahl 2009 – Archiv 2009, www.wen-waehlen.de (7.3.2015)

Aufgabe

Diskutieren Sie ausgehend von den Aussagen in M 13, ob der Staat die ökologische Landwirtschaft subventionieren sollte oder nicht. Begründen Sie Ihre persönliche Meinung.

Methode: das wissenschaftliche Poster – Industriegeschichte visualisiert

Vergleich zweier Industriestädte – Wolfsburg und Eisenhüttenstadt

Die Industriestädte Wolfsburg und Eisenhüttenstadt sind wohl die bedeutendsten Stadtgründungen in Deutschland im 20. Jahrhundert. Beide waren zugleich als Modell- und Musterstädte wichtig. „Stadt des Morgen", „Symbol unseres Lebens", „Stadt ohne Beispiel" sollten sie sein – junge, moderne, vorwärtsstrebende Städte. Auf dem Reißbrett entstanden, verkörperten diese zwei Städte im geteilten Deutschland Zuversicht und Aufbau-Euphorie der Nachkriegszeit, das Vertrauen in Fortschritt und Modernität, vor allem aber die Überzeugung ihrer Planer, dass nur ihrem Staat die Zukunft gehöre.

Untersuchen und vergleichen Sie die Geschichte und wirtschaftliche Entwicklung dieser beiden Städte in einem fächerverbindenden Projekt zur Industriegeschichte (zusammen mit Geschichte, Geographie). Stellen Sie Ihre Ergebnisse in Form eines **wissenschaftlichen Posters** dar. Poster sind meistens DIN A0 große Präsentationen, die ein klar umrissenes Thema darstellen und ohne zusätzliche Erklärung für sich selbst sprechen sollen. Für die **Verständlichkeit** und **Originalität** eines Posters sind grundsätzlich vier Kriterien maßgebend:

- Inhalt, Aussage
- Gestaltung, Gliederung
- Technik, Ästhetik
- Verständlichkeit und Originalität.

Wenn es um ein wissenschaftliches Poster geht, werden insbesondere bei Inhalt und Aussage noch zusätzliche Anforderungen gestellt, die über das hinausgehen, was man ansonsten von Plakaten oder plakatähnlichen Darstellungen erwartet. Ein wissenschaftliches Poster kann nicht wie ein Werbe- oder Veranstaltungsplakat betrachtet werden. Die inhaltliche Qualität der Aussage ist wie bei jeder wissenschaftlichen Arbeit zu beurteilen. Die Kunst besteht im Kürzen, in der Beschränkung auf das Wesentliche und für die Aussage unbedingt Notwendige, ohne dabei zu sehr zu vergröbern oder unzulässig zu verallgemeinern. Auch ein Poster sollte die übliche Gedankenfolge einer wissenschaftlichen Arbeit anbieten:

- *Problemstellung* (Bedeutung, Abgrenzung des Problems),
- *Zielsetzung* (Welche Fragen sollen beantwortet werden? Welche Ziele verfolgt die Untersuchung, das Forschungsprojekt?),
- *Methodik* (Wie ist die Vorgehensweise zur Zielerreichung?),
- *Ergebnisse* (Was ist festgestellt worden und was heißt das für die Fragestellung/Zielsetzung?) und
- *Schlussfolgerungen* (Bedeutung der Ergebnisse für den Problemzusammenhang, mögliche Konsequenzen für die Praxis und für weitere Forschung?).

Der Betrachter eines Posters will möglichst viel sehen und so wenig wie möglich lesen. Visualisierung – die bildhafte Gestaltung von Aussagen – ist gefragt. Taucht z. B. eine Tabelle auf, so fragt man sich, ob sie nicht in ein Diagramm überführbar gewesen wäre. Bei aller Umsetzung ins Visuelle darf die wissenschaftliche Aussage nicht untergehen; gerade über die Visualisierung sollte sie möglichst verständlich und eindrucksvoll vermittelt werden. Der Text muss gut lesbar sein. Diagramme sollte man aus zwei Metern Entfernung noch mit bloßem Auge gut erkennen können. Das erleichtert eine klare Schrift. Typen ohne „Serifen", eventuell im Fettdruck (z. B. „Arial", „Letter Gothic" oder „Tahoma"), sind meist besser lesbar und daher in kleinerer Schriftgröße noch eher zu entziffern als Serifenschriften (z. B. „Times New Roman" oder „Courier"). Farbe ist ein unverzichtbares Gestaltungsmittel im Poster. Ein Poster bietet Fläche; dieser Raum ist aufzuteilen. Aufteilen heißt nicht Zupflastern. Freifläche ist eines der wichtigsten Güter, die es im Poster zu verteidigen gilt. Reihung, Rhythmus und Dynamik sind Elemente, die letztlich den ästhetischen Eindruck bestimmen. Dieser ästhetische Eindruck sollte sich in den Dienst der Aussage stellen und den Blick auf das Wesentliche lenken. Ein ansprechendes und schönes Poster lädt zum Verweilen ein, so kommt auch das weniger Zentrale zu seinem Recht. Ein verständlicher Text zeichnet sich durch Einfachheit, Kürze und Prägnanz, Gliederung und Ordnung aus. Dies gilt auch für das Poster.

7.6 Soll der Staat den Strukturwandel lenken?

Soziale Marktwirtschaft und Strukturpolitik

Grundlage für die staatliche Strukturpolitik sind die Art. 72, Abs. 2 und Art. 106, Abs. 3 Nr. 2 des Grundgesetzes. Diese verpflichten den Staat, für die Einheitlichkeit bzw. Gleichwertigkeit der Lebensverhältnisse zu sorgen. Die strukturpolitischen Maßnahmen des Staates sind vielfältig. Neben der Strukturpolitik des Bundes und der Länder wird die Strukturpolitik der EU immer wichtiger. Mit der Kohäsionspolitik der EU werden strukturschwache Regionen innerhalb der EU finanziell unterstützt.

M 14 ● Die große Versuchung

Politiker betreiben gerne Industriepolitik, mischen sich bei Unternehmen ein. Doch fast immer führt das ins Verhängnis. Vor mehr als 200 Jahren gründeten die beiden Brüder Jean-Frédéric und Jean-Pierre Peugeot eine Eisengießerei. Das Jahr 1810 gilt deshalb als Gründungsjahr von Peugeot, eine der ältesten Automarken und eigentlich noch immer der Stolz der französischen Industrie. Bis heute lenkt die Familie Peugeot maßgeblich die Geschicke des Unternehmens, Unabhängigkeit war stets das oberste Ziel. Doch jetzt spricht auf einmal der französische Staat mit. Künftig wird im Verwaltungsrat ein Vertreter der Regierung sitzen – im Gegenzug für eine Milliardenhilfe für die angeschlagene Autobank des Konzerns. Präsident François Hollande kann künftig noch direkter Einfluss nehmen. Sein Ziel: Möglichst viele Arbeitsplätze und Werke in Frankreich halten – ungeachtet aller betriebswirtschaftlichen Zwänge. Industriepolitik – das ist wieder kräftig in Mode, gerade in Zeiten der Finanzkrise und der sich weltweit verschlechternden Konjunktur. China macht mit seiner staatlich gelenkten Marktwirtschaft ohnehin vor, wie eine Wirtschaft am staatlichen Gängelband funktionieren soll. Aber auch viele westliche Länder greifen – mehr oder weniger direkt – in den Wettbewerb ein. US-Präsident Barack Obama beispielsweise rettete im Sommer 2009 den schwer angeschlagenen Autobauer General Motors (GM) aus der sicheren Insolvenz. Nicht nur hunderttausende Jobs in Detroit und anderswo in den USA hat er so gesichert. In den Augen vieler Amerikaner hat Obama auch die Blamage abgewendet, dass GM von der Bildfläche verschwindet und damit ein großer Teil der amerikanischen Autoindustrie verloren geht. Inzwischen ist der Konzern wieder genesen und macht wieder gute Gewinne. [...] Soll man taumelnden Unternehmen helfen oder die Kräfte der Marktwirtschaft walten lassen? Helfen, eingreifen, das Schlimmste verhindern – das ist derzeit das, woran sich verzweifelte Regierende orientieren. Denn es stehen Jobs, manchmal ganze Industriezweige, auf dem Spiel [...]. Sogar in Deutschland mischt sich der Staat wieder kräftig ein. Im Gegenzug für Überlebenshilfen in Milliardenhöhe ist der Bund Anfang 2009 mit 25 Prozent Großaktionär bei der Commerzbank, hinter der Deutschen Bank zweitgrößtes Geldinstitut. An den ehemaligen Bonner Monopolisten – Deutsche Telekom und Deutsche Post – hält Berlin immer noch Beteiligungen, wenn auch indirekt über die Staatsbank KfW. [...] Industriepolitik – so heißt es, wenn sich Politiker in die Belange der Wirtschaft einmischen. Der Staat beeinflusst mehr oder weniger direkt die Struktur oder die Rahmenbedingungen ganzer Industriezweige (oder beides) – wobei der Begriff Industrie nicht nur im engeren Sinne gemeint ist, also nicht nur das produzierende Gewerbe umfasst, sondern alle Wirtschaftszweige. Der Strukturwandel kann so bewusst behindert oder – allerdings in seltenen Fällen – sogar beschleunigt werden. Es können konservierende Subventionen verteilt werden oder Hilfen für eine schnelle Anpassungen an neue Strukturen. Den Flugzeugbauer Airbus, inzwischen zusammen mit dem US-Konzern Boeing Weltmarktführer, gäbe es ohne massive staatliche Unterstützung heute in dieser Form wohl ganz sicher nicht. Oft führt Industriepolitik aber auch ins Verderben – nicht nur Frankreich ist dafür ein Beispiel. Großbritannien beispielsweise setzte einst auf eine ganz besondere Industrie – die Finanzindustrie. London wollte zu einem der führenden Finanzplätze der Welt werden. Die klassische Industrie auf der Insel litt ohnehin an schleichender Sklerose, warum dann nicht gleich ganz zu Gunsten etwas Besseren und Einträglicheren aufgeben? Was ein schöner Plan sein sollte, erwies sich als verhängnisvoll. Die weltweite Finanzkrise trifft besonders London. [...] Industriepolitik ist eine große Versuchung für Politiker. Ein kurzfristiger Erfolg kann sich schnell einstellen – Jobs und Firma sind gerettet. Doch wenn mittelfristig ineffiziente Unternehmen am Leben gehalten werden, ist das für niemanden gut. Wichtig ist dagegen der Mut zu Reformen, zu durchgreifenden Veränderungen, um den Unternehmen auf die Beine zu helfen. Denn eigentlich gilt: Unternehmen sind trotz der Politik erfolgreich, nicht wegen der Politik.

Caspar Busse, Süddeutsche Zeitung, 8.11.2012

M 15 ● Instrumente staatlicher Strukturpolitik

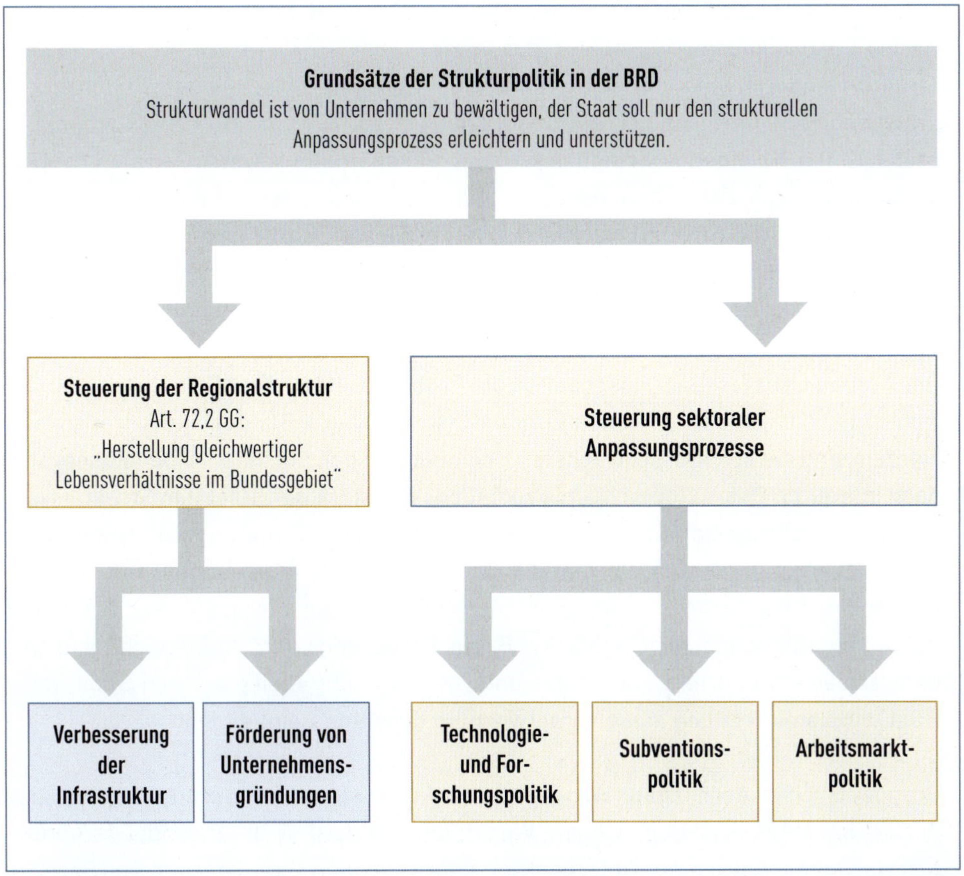

Autorengrafik

Aufgaben

1. Recherchieren Sie ausgehend von M 15 nach aktuellen Beispielen für die Anwendung verschiedener strukturpolitischer Instrumente. Tragen Sie diese anschließend in Ihrem Kurs vor.
2. Diskutieren Sie ausgehend von M 14 das Für und Wider staatlicher industriepolitischer Maßnahmen – z. B. am Beispiel der staatlichen Förderung von Elektroautos.

ORIENTIERUNGSWISSEN

Dimensionen des Strukturwandels (M 1, M 2, M 5 – M 7)

Die langfristigen und grundlegenden Veränderungen im Gefüge einer Volkswirtschaft werden als Strukturwandel bezeichnet. Die Entwicklung von Volkswirtschaften folgt einem typischen Muster: Im Wachstumsprozess verdrängt der sekundäre Sektor (produzierendes Gewerbe) zunächst den primären Sektor (Land- und Forstwirtschaft, Fischerei) und wird schließlich selbst vom tertiären Sektor (Dienstleistungen) verdrängt (Drei-Sektoren-Hypothese). Den größten Anteil am Sozialprodukt nimmt der Dienstleistungssektor ein, da sich in den hoch entwickelten Volkswirtschaften die Wertschöpfung immer mehr vom Materialverbrauch abgekoppelt hat und zunehmend das Ergebnis organisatorischer, kontrollierender, helfender, beratender, dienender und gestaltender Tätigkeiten geworden ist. Aufgrund der zunehmenden Bedeutung von Information und Kommunikation für unser Leben gliedert man diese Bereiche heute aus den drei Sektoren aus und fasst sie zu einem eigenen vierten Sektor (Informationssektor) zusammen.
Strukturwandel meint nicht nur, dass sich die Gewichte zwischen den Sektoren verschieben. Auch innerhalb der Sektoren können sich die Art der Güterproduktion, Betriebsgrößen, Fertigungsmethoden und das Beschäftigungssystem verändern. Dieser intrasektorale Strukturwandel hat z. B. in der Landwirtschaft dazu geführt, dass die harte Feldarbeit früherer Jahre durch den Einsatz von Maschinen im Zuge des mechanisch-technischen Fortschritts weitgehend ersetzt worden ist. Damit einher ging eine starke Zunahme der Produktivität.

Instrumente der Strukturpolitik (M 9, M 10)

Der Aufbau Ost zeigt sehr anschaulich die Probleme staatlicher Strukturpolitik. Obwohl seit 1990 etwa 1,4 Billionen Euro netto in die neuen Bundesländer transferiert wurden, sind die strukturschwächsten Regionen mit den höchsten Arbeitslosenraten noch immer im Osten Deutschlands zu finden. Wie stark der Staat den Strukturwandel steuern oder gestalten soll, ist umstritten. Vor allem Erhaltungssubventionen (z. B. Kohlebergbau) werden als marktwirtschaftlich bedenklich angesehen, weil sie notwendige Strukturanpassungsprozesse verzögern oder verhindern können. Ebenso wird staatliche Industriepolitik – z. B. zur Förderung von Zukunftstechnologien – unterschiedlich beurteilt, da sie das unternehmerische Risiko auf den Staat überträgt und damit letztlich in die Verantwortung der Allgemeinheit legt.

Die Rolle des Staates (M 13 – M 15)

Grundsätzlich ist der Strukturwandel in einer Marktwirtschaft in erster Linie von den Wirtschaftsakteuren zu bewältigen. Wegen der mit dem Strukturwandel verbundenen Härten für Individuen, Unternehmen oder Regionen übernimmt in der Sozialen Marktwirtschaft der Staat jedoch die Aufgabe, strukturelle Anpassungsprozesse zu erleichtern und zu unterstützen. Grundlage dafür sind Art. 72 Abs. 2 und Art. 106 Abs. 3 Nr. 2 des Grundgesetzes, welche die Gleichwertigkeit der Lebensverhältnisse in Deutschland fordern. Dem Staat stehen zahlreiche strukturpolitische Instrumente zur Verfügung: Zur Steuerung der Regionalstruktur dienen der Ausbau der Infrastruktur oder die Förderung von Unternehmensgründungen, zur Steuerung sektoraler Anpassungsprobleme betreibt der Staat Arbeitsmarktpolitik, Subventions-, Technologie- und Forschungspolitik.

Indikatorenset des Zukunftsatlas 2013

	Stärke im Status-quo	Dynamik
Demografie	• Fertilitätsrate • Anteil Junge Erwachsene	• Bevölkerungsentwicklung • Wanderungssaldo Junge Erwachsene
Wohlstand & Soziale Lage	• Kaufkraft • Kriminalitätsrate • Kommunale Schuldenlast • Anteil der in Bedarfsgemeinschaften lebenden Personen	• Veränderung des Anteils der in Bedarfsgemeinschaften lebenden Personen
Arbeitsmarkt	• Arbeitsplatzdichte • Arbeitslosenquote • Anteil Tertiärbeschäftigung • Anteil Hochqualifizierte • Schulabbrecherquote • Unbesetzte Ausbildungsstellen	• Veränderung Arbeitslosenquote • Veränderung Anteil Hochqualifizierter
Wettbewerb & Innovation	• BIP je Beschäftigten • Gründungsintensität • FuE-Personal in der Wirtschaft • Investitionsquote der Industrie • Patentintensität • Beschäftigte in dt. Zukunftsfeldern • Anzahl der Top 500 Unternehmen	• Veränderung BIP • Veränderung Gründungsintensität • Veränderung FuE-Personal • Veränderung Gesamtbeschäftigung
	• Erreichbarkeit BAB	

Zukunftsatlas 2013 – Dynamik-Karte

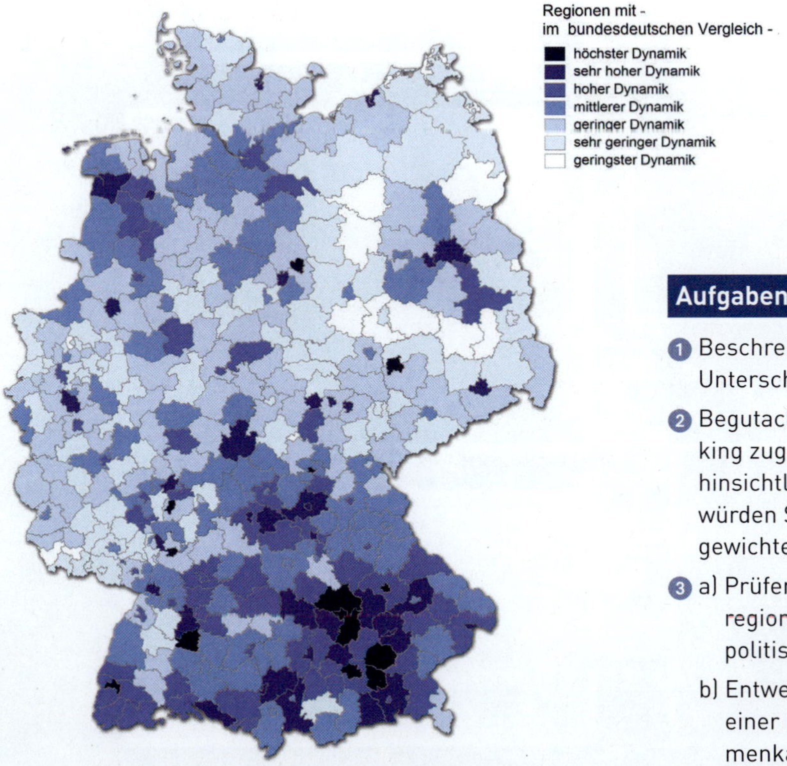

© Prognos AG 2013, Prognos Zukunftsatlas 2013 – Deutschlands Regionen im Zukunftswettbewerb, www.prognos.com, Berlin/Bremen/Düsseldorf November 2013, S. 9, 14

Aufgaben

1. Beschreiben Sie die regionalen Unterschiede in Deutschland.
2. Begutachten Sie die dem Regionalranking zugrunde gelegten Indikatoren hinsichtlich ihrer Aussagekraft. Wie würden Sie einzelne Indikatoren gewichten?
3. a) Prüfen Sie, inwieweit angesichts der regionalen Unterschiede strukturpolitische Maßnahmen nötig sind.
   b) Entwerfen Sie anschließend in Form einer Prioritätenliste einen Maßnahmenkatalog.

PROUDLY
MANUFACTURED &
ASSEMBLED IN THE
U.S.A
Google
weltwärts
Der Freiwilligendienst des Bundesministeriums für
wirtschaftliche Zusammenarbeit und Entwicklung
facebook
HOTEL MA
McDonald's
WHO WANTS TO BE A
MILLIONAIRE
WHO WANTS TO BE A

Globalisierung

8

Wir kaufen Waren, deren Einzelteile in vielen verschiedenen Ländern gefertigt wurden. Wir bestellen Waren im Internet, die aus allen möglichen Ländern geliefert werden und in kürzester Zeit bei uns sind – oft wissen wir nicht, wo und wie die Produkte hergestellt wurden. Wir sind abhängig von globalen Warenströmen, heizen mit Gas aus Russland oder Öl aus dem Nahen Osten. Internationale Konzerne erwirtschaften gewaltige Umsätze. Wir sind regelmäßig online und empfangen Nachrichten über Ereignisse aus allen Erdregionen – fast in Echtzeit. Wir sind mobil und reisen in andere Länder. Das alles hat mit Globalisierung zu tun. Doch was ist genau gemeint, wenn wir von Globalisierung sprechen, welche Ursachen und Auswirkungen hat die Globalisierung?

Der wirtschaftliche Strukturwandel und der Prozess der Globalisierung sind eng miteinander verknüpft und beschreiben zum Teil die gleiche Entwicklung. Der Prozess der Globalisierung erfasst nahezu alle Lebensbereiche und entfaltet eine zuvor ungekannte Dynamik. Technischer Fortschritt, Information, Kommunikation und Mobilität treiben den Globalisierungsprozess voran.

Die vielfältigen Ausgestaltungen und Folgen des Prozesses der Globalisierung machen sich auch in den Nationalstaaten und den einzelnen Volkswirtschaften bemerkbar. Gibt es hier Verlierer und Gewinner? Wie steht es um den Standort Deutschland im internationalen Standortwettbewerb? Welche Staaten und Gesellschaften profitieren eher vom Prozess der Globalisierung, welche eher nicht?

Was wissen und können Sie schon?

Erstellen Sie eine Liste mit ihren Assoziationen zum Begriff Globalisierung und ordnen Sie diese nach eher positiven und eher negativen Assoziationen – die Bilder geben Anstöße. Bewahren Sie Ihre Aufschriebe auf (siehe S. 147 „Kompetenzen anwenden“).

KOMPETENZEN

Am Ende dieses Kapitels sollten Sie Folgendes wissen und können:

- Sie können in einem Überblick Dimensionen und Erscheinungsformen des Globalisierungsprozesses erläutern.
- Sie können Erklärungsansätze für Globalisierung vergleichen und beurteilen.
- Sie können, auch anhand von Grafiken und Tabellen, Entwicklungen der Weltwirtschaft darstellen.
- Sie kennen Kriterien für die Qualität eines Standorts und können damit die Qualität des Industriestandorts Deutschland beurteilen.
- Sie können bezogen auf die Frage nach Globalisierungsgewinnern und -verlierern die Chancen und Risiken einer zunehmenden Verflechtung und Interdependenz der Weltwirtschaft darstellen und erörtern.

8.1 Globalisierung – welche Bereiche sind betroffen?

Globalisierung

Globalisierung ist eine politisch-ökonomische Bezeichnung für den fortschreitenden Prozess weltweiter Arbeitsteilung. Weltweit vollzieht sich eine zunehmende Vernetzung der Volkswirtschaften, Märkte und Gesellschaften.

Nach: Klaus Schubert/Martina Klein: Das Politiklexikon, 5. aktual. Aufl., Bonn 2011

Erklärfilm „Globalisierung“

Mediencode: 73006-13

M 1 ● „Globalisierung“ zu Zeiten Marco Polos im 13. Jahrhundert

Marco Polo in China (Abbildung in dem Buch Il milione, 1298 – 1299)

M 2 ● Dimensionen der Globalisierung

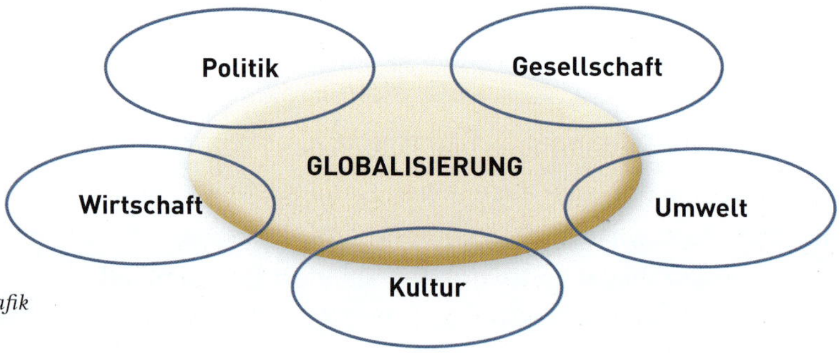

Autorengrafik

Der Prozess der Globalisierung erschöpft sich nicht in ökonomischen Prozessen. Die unterschiedlichen Dimensionen, auf die sich der Prozess der Globalisierung auswirkt und die den Prozess bestimmen, lassen sich nicht klar voneinander trennen. Die Vernetzung von Themen, z. B. von Umwelt und Wirtschaft, Wirtschaft und Politik, Politik und Kultur, ist ebenso ein Kennzeichen der Globalisierung wie die Vernetzung von Akteuren. Auch wenn sich der Prozess der Globalisierung auf Bereiche der hier dargestellten fünf Dimensionen auswirkt, gibt es doch immer auch Entwicklungen, die unabhängig von der Globalisierung sind. Nicht alle Veränderungen sind auf die Globalisierung zurückzuführen.

Nach: Ragnar Müller, www.dadalos-d.org, 5.8.2014

M 3 Die politische Dimension

Auf die zunehmende Verflechtung und Entgrenzung von Problemstellungen, mit denen politische Institutionen und Entscheidungsträger konfrontiert werden, kann grundsätzlich verschieden reagiert werden:

- Abschottung und Zurückdrehen der Globalisierung, um den Problemstellungen zu entgehen;
- Kooperation, um die Problemstellungen zu bearbeiten; Strukturen und Regelwerke sollen eine zukünftige Problemlösung erleichtern.

Der Prozess der politischen Globalisierung wird z. B. durch folgende Entwicklungen deutlich:

- Zunahme von internationalen Vereinbarungen und Verträgen;
- Veränderung der Adressaten der internationalen Vereinbarungen und Verträge: Immer mehr werden gesellschaftliche Akteure die Adressaten und nicht die Staaten (z. B. Reduktion CO_2-Ausstoß, Sozial- und Umweltstandards bei der Produktion von Kleidung);
- Zunahme von staatlichen und nichtstaatlichen internationalen Organisationen;
- Entstehung von transnationalen Organisationen und Institutionen (z. B. „International Chamber of Commerce“, „Forest Stewardship Council“, „ICANN“ – Organisation zur Vergabe von Internetadressen);
- Entwicklung einer internationalen Öffentlichkeit und einer auf globale Ereignisse gerichteten Berichterstattung durch die Medien.

Bearbeiter

M 4 Die ökonomische Dimension

Wenn von Globalisierung die Rede ist, wird damit oft vor allem die ökonomische Globalisierung gemeint, also die zunehmende Intensität und Reichweite grenzüberschreitender wirtschaftlicher Austauschbeziehungen, die Schaffung globaler oder kontinentaler Märkte und eine Intensivierung des internationalen Wettbewerbs. Vor allem die rasanten Fortschritte in den Informations- und Kommunikationstechnologien sowie die schrittweise Liberalisierung des Welthandels haben die umfassende Globalisierung der Wirtschaft erst ermöglicht.

Grenzüberschreitender Handel von Waren und Dienstleistungen

Der grenzüberschreitende Handel mit Waren und Dienstleistungen ist in den letzten Jahrzehnten deutlich gestiegen und zwar erheblich stärker als das weltweite Bruttoinlandsprodukt (BIP).

Grenzüberschreitender Handel von Devisen, Wertpapieren, Krediten und Portfolioinvestitionen

Die Liberalisierung der Kapitalmärkte wurde später eingeleitet als der grenzüberschreitende Handel mit Gütern und Dienstleistungen. Erst die technischen Revolutionen der 1980er und 1990er Jahre (Computer, Internet, E-Mail) ermöglichten das Entstehen eines globalen Kapitalmarkts. Gleichzeitig stiegen die Risiken für weltweite Finanzkrisen.

Grenzüberschreitende Direktinvestitionen

Investitionen von Unternehmen in anderen Ländern haben in den vergangenen Jahrzehnten erheblich zugenommen. Angetrieben wird diese Dynamik vor allem von multinationalen Unternehmen. Obwohl fast alle Länder ihre Märkte für Investitionen aus dem Ausland öffneten, beschränken sich diese bisher weitgehend auf die Industrieländer und einige Schwellenländer.

Modulare Produktionsprozesse

Die Revolution der Kommunikationstechnologie machte in Verbindung mit drastisch gesunkenen Transportkosten breit

Brain drain
Emigration von Arbeitskräften, die dem Abwanderungsland Kenntnisse und Fertigkeiten, d. h. in den Menschen inkorporiertes Humankapital, entzieht. Besonders in Ländern der Dritten Welt wird der Brain drain als entwicklungsbeeinträchtigender Faktor angesehen.

Nach: Martin Klein, http://wirtschaftslexikon.gabler.de (26.1.2015)

gestreute, auf viele Länder verteilte Produktions- und Dienstleistungsunternehmen technisch und wirtschaftlich möglich. Rund 80.000 multinationale Unternehmen bestimmen heute den internationalen Güterhandel.

Wanderung von Arbeitskräften
Nicht nur Güter und Finanzströme können sich heute global bewegen, auch die Mobilität von Menschen ist in den vergangenen Jahrzehnten – wenngleich sehr viel langsamer – gestiegen. Die Integration der Migranten/innen in die Gesellschaft bzw. die Gefahr eines „Brain drains“ stellen sowohl Entsende- als auch Aufnahmeländer vor große Herausforderungen

Sascha Meinert/Michael Stollt, Ökonomie der Globalisierung, Bundeszentrale für politische Bildung, 21.6.2010

M 5 ● Die ökologische Dimension

Verschmutzung der Ozeane – gefährliches Plastikmeer

[Plastiktüten] stellen [...] eine riesige Gefahr für die Tierwelt dar. „Viele Meeresschildkröten, wie etwa die Lederschildkröte, ernähren sich gezielt von Quallen. Wenn sie kleine Plastiktüten treiben sehen, wie diejenigen, die wir beim Obstkauf verwenden, dann verschlucken sie das vermeintliche Futter. Daran gehen sie zugrunde“, sagt Stephan Lutter, Meeresschutzexperte beim World Wide Fund For Nature (WWF). [...] Die großen Strömungen sorgten dafür, dass eine Plastikflasche, die vielleicht an der Ostküste Afrikas ins Meer geschmissen wurde, in Indonesien an den Strand gespült werde. Das Schwemmgut bildet in allen Weltmeeren auch gigantische Müllstrudel. Der bekannteste ist der „Great Pacific Garbage Patch“ im Nordpazifik, der die Größe von Zentraleuropa hat.

dpa/Doreen Fiedler/Johannes Schmitt-Tegge/Georg-Stefan Russew, Süddeutsche Zeitung, 2.4.2014

Reiserecht –
Kreuzfahrt-Storno nach Katastrophe in Fukushima

Zehn Tage nach dem Atomreaktorunfall in Fukushima stornierten Urlauber eine Südostasien-Kreuzfahrt aus Angst vor radioaktiver Strahlung. Vom Veranstalter forderten sie den bezahlten Reisepreis zurück.

dpa, www.welt.de, 19.4.2014

Klimawandel –
Neuseeland gewährt erstmals Klima-Asyl

Sigeo Alesana und seine Familie sind die ersten Klimaflüchtlinge der Welt. Die Bewohner des Inselstaates Tuvalu im Pazifik dürfen in Neuseeland bleiben.

dpa/Stefanie Dodt, Zeit online, 4.8.2014

Radioaktivität – Wie gefährlich ist die „Fukushima-Welle“ wirklich?
Die Radionuklide aus dem havarierten Atomkraftwerk Fukushima erreichen in den kommenden Monaten Nordamerikas Küsten. Erste Vorboten haben Forscher vor der Küste von British Columbia gemessen.

Dagmar Röhrlich, www.welt.de, 19.3.2014

M 6 ● Die kulturelle und gesellschaftliche Dimension

Autorengrafik

Die ökonomischen, gesellschaftlichen und medientechnischen bzw. medienwirtschaftlichen Entwicklungen der vergangenen drei Jahrzehnte haben die heutigen Formen kultureller Globalisierung hervorgebracht bzw. ermöglicht. Dabei umfassen sie im Unterschied zu früheren kulturellen Austauschprozessen heute vor allem mit den Konsumgütern große Bereiche der Alltagskulturen und die verschiedenen Popularkulturen. Für die Menschen in den entwickelten und in den ökonomisch weniger entwickelten Ländern ist dadurch der Umfang kultureller und allgemeiner Konsumangebote, über die sie verfügen können, enorm gewachsen, auch wenn einige einheimische Produkte unter dem Druck der globalen Konkurrenz verschwunden sind.

Bernd Wagner, Kulturelle Globalisierung, Aus Politik und Zeitgeschichte 12/2002, S. 15

Real Madrid verzichtet im arabischen Raum in seinem Wappen künftig auf das christliche Kreuz über der Krone. Aus Rücksicht auf die vielen andersgläubigen Fans und aufgrund eines zahlungsstarken Geldgebers aus Abu Dhabi – der National Bank of Abu Dhabi.

Nach: thi, www.focus.de, 27.11.2014

Aufgaben

1. Formulieren Sie zu jeder der Dimensionen der Globalisierung eine für Sie wichtige Frage (M 2 – M 6). Erklären Sie, warum Sie diese Frage ausgewählt haben und stellen Sie Ihre Antwort dar.
2. Erstellen Sie eine Concept-Map in der Sie die Dimensionen der Globalisierung und ihre Zusammenhänge darstellen (M 2 – M 6).
3. Bereiten Sie eine Podiumsdiskussion zu der Frage: „Führt Globalisierung zu kultureller Einheit oder kultureller Vielfalt?" vor. Mögliche Positionen könnten z. B. sein:
   - Dominanz der amerikanischen Konsum- und Kulturmuster.
   - Die Ausbreitung westlicher Konsumgüter und Kulturmuster führt zur Stärkung lokaler kultureller Traditionen.
   - Kulturen sind immer im Austausch miteinander und somit immer vermischt mit anderen Kulturen.

H zu Aufgabe 3
Sie können von Ihren eigenen (Konsum-)Gewohnheiten ausgehen (z. B. Kino, Musik, Essen/Trinken, TV, ...), die Sprache und ihre Reise- oder Austauscherfahrungen mit einbeziehen.

8.2 Internationale Arbeitsteilung – „Made in USA“ oder „Assembled in USA“?

M 7 iPhone 5: Wo kommt was her?

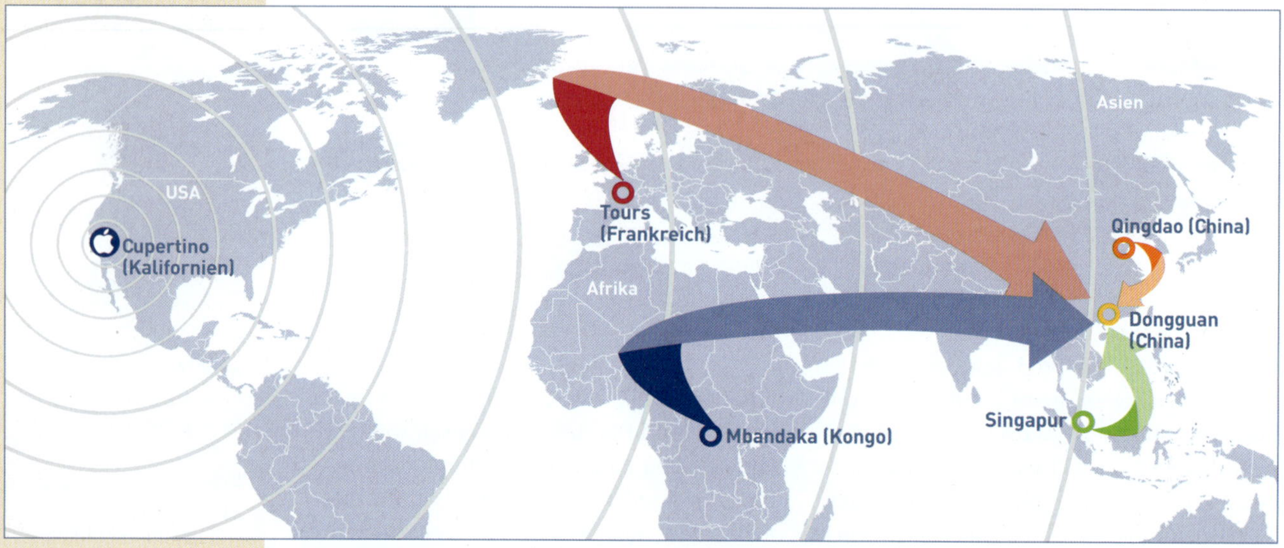

Beim iPhone und vielen anderen technischen Produkten ist die Arbeitsteilung zwischen Nord und Süd wie folgt gekennzeichnet: Die Massenproduktion findet überwiegend in Entwicklungs- und Schwellenländern statt. Forschung und Entwicklung verbleiben dagegen in den Industrieländern.

Mit dem iPhone hat Apple von Kalifornien aus die Smartphone-Welt erobert. Vom Konzern selbst stammen nur das Design und ein paar Bauteile.

Design: Auch wenn das iPhone natürlich ein Produkt von Apple ist, wirklich produziert wird es in der Firmenzentrale im kalifornischen Ort Cupertino bei San Francisco nicht. Dort sitzen immerhin die Designer, die entwerfen und entscheiden, wie das neue Super-Handy aussehen soll und was es einmal können wird. „Made in USA“ steht deshalb nicht mehr auf dem Handy, dafür aber wenigstens „Designed by Apple in California“.

Rohstoffe: Im Grunde besteht auch ein iPhone nur aus einem Haufen unterschiedlichster Rohstoffe. Einer der besonders wichtigen Rohstoffe ist Tantal. Dieses chemische Element wird beispielsweise in Erzminen in Mbandaka, Demokratische Republik Kongo, gewonnen. Von dort wird es zur Weiterverarbeitung unter anderem in die Elektronikfabriken nach Asien transportiert.

Prozessor: Der A6-Chip, der das iPhone antreibt, ist von den Apple-Entwicklern entworfen worden. Produziert wird er im Falle des iPhone 5 zum Beispiel in Singapur.

Sensoren: Wo Norden und Süden ist und ob der Besitzer sein iPhone z. B. beim Spielen nach rechts, oder hinten neigt, das verraten dem Telefon seine Bewegungssensoren, die in Tours (Frankreich) produziert werden. Von dort geht es per Flugzeug zur Montage in die Fabriken nach Asien.

Kamera: Die Linse und die Elektronik des Kameramoduls liefert das Unternehmen Largan Precision aus der ostchinesischen Stadt Qingdao.

Montage: Aus allen Bauteilen viele Millionen iPhones zu produzieren, das ist der Job von zigtausend Beschäftigten der chinesischen Unternehmen Foxconn und Pegatron. Die stecken, kleben und schrauben in den Werken bei der Stadt Dongguan zusammen, was die Zulieferer aus aller Welt vormontiert haben.

Nach: WirtschaftsSchule, Wirtschaftswoche 19.11.2012, S. 12 f.

M 8 Wie arbeitsteilig darf's denn sein?

Ohne einen gewissen Grad an internationaler Arbeitsteilung kommen global aufgestellte Unternehmen nicht mehr aus. [W]ann macht eine erhöhte Komplexität Vorteile wieder wett?

Die internationale Arbeitsteilung wird im Wesentlichen von drei Faktoren beflügelt: Kundennähe, Kostenstrukturen und Verfügbarkeit von Talent. Lokale Vertriebsgesellschaften sind wichtig, um neben den vor Ort ansässigen Wettbewerbern Zugang zum Kunden zu erhalten. Je arbeitsintensiver die Wertschöpfung ist, desto eher wird sie zugunsten niedrigerer Lohnkosten verlagert, solange die Produktivität stimmt. Gleiches gilt für die Energie: Energieintensive Produktion wird dorthin verlagert, wo Energie günstig verfügbar ist. Ein Beispiel dafür ist der Aufbau von Schmelzanlagen zur Aluminiumherstellung in Arabien. Auch der Kampf um Talent ist standortabhängig. Die besten Talente in der Halbleiterforschung findet man nun mal vor allem im Silicon Valley.

Aus Ihrer Erfahrung heraus: Macht es Sinn gleichermaßen Produktion und F&E über mehrere Länder zu verteilen?

[ ] Die Produktion wandert langfristig immer an den Ort der niedrigsten Lohnstückkosten. Forschung ist hingegen Know-how- und talentabhängig, weshalb technologische Konzeption und Entwicklung häufig weiterhin in Deutschland erfolgt. In einigen Bereichen sind dabei regulatorische Rahmenbedingungen ausschlaggebend: Biotechnologie etwa unterliegt in Deutschland starken gesetzlichen Reglementierungen – ein Grund, F&E ins Ausland zu verlagern. Wichtig für eine erfolgreiche Verlagerung von Forschung ins Ausland ist der Know-how-Schutz. [...]

Lässt sich ein globales Geschäft überhaupt noch von einem Standort aus realisieren?

Kaum. Im Vertrieb und im Service ist das überhaupt nicht denkbar. Zwar gibt es im deutschen Mittelstand häufig nur eine weltweite Fertigung in Deutschland, da für mehrere Standorte die Stückzahlen fehlen. Aber selbst dann arbeitet der Einkauf mit globalem Radius und Montagen, Inbetriebnahmen etc. erfolgen häufig vor Ort.

© 2014 verlag moderne industrie GmbH, Aus einem Interview von Claus Wilk mit Dr. Armin Schmiedeberg, Partner bei Bain & Company und Leiter der europäischen Praxisgruppe Industrial Goods & Services, 17.8.2011

M 9 Anpassung an die Realität „Made in USA" vs. „Assembled in USA"

„MADE IN USA" – „A product advertised as Made in USA be must be 'all or virtually all' made in the U.S." – this means that all significant parts and processing that go into the product must be of U.S. origin. That is, the product should contain no – or negligible – foreign content.

„ASSEMBLED IN USA" – „A product that includes foreign components may be called 'Assembled in USA' without qualification when its principal assembly takes place in the U.S. and the assembly is substantial. For the 'assembly' claim to be valid, the product's last 'substantial transformation' also should have occurred in the U.S."

Nach: National Standard Parts Associates (NSPA), http://nationalstandardparts.com (5.1.2015)

Example: A lawn mower, composed of all domestic parts except for the cable sheathing, flywheel, wheel rims and air filter (15 to 20 percent foreign content) is assembled in the U.S. an „Assembled in USA" claim is appropriate.

Example: All the major components of a computer, including the motherboard and hard drive, are imported. The computer's components then are put together in a simple „screwdriver" operation in the U.S., are not substantially transformed under the Customs Standard, and must be marked with a foreign country of origin. An „Assembled in U.S." claim without further qualification is deceptive.

Aufgabe

Erläutern Sie, warum global agierende Unternehmen internationale Arbeitsteilung praktizieren (M 7, M 8).

8.3 Wie entwickelt sich der Welthandel?

M 10 ● Handel in der globalisierten Welt

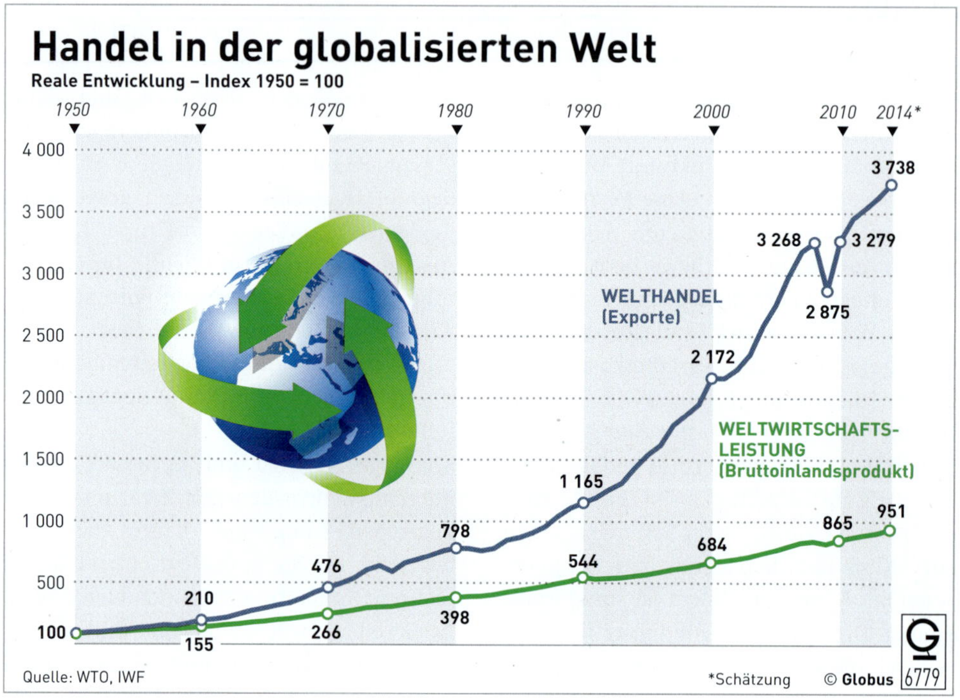

M 11 ● Entwicklungen im Welthandel

Die Globalisierung der Wirtschafts- und Handelsbeziehungen hat in den vergangenen Jahrzehnten stark zugenommen und zur Vertiefung der globalen Arbeitsteilung beigetragen. Daran sind vor allem auch neue Akteure im asiatischen und lateinamerikanischen Raum beteiligt. Aufgrund der mit dem Welthandel wachsenden Produktivitätsgewinne konnten Millionen Menschen etwa in China, Indien, Vietnam und Bangladesch der absoluten und relativen Armut entrinnen.

Auch die Anzahl grenzüberschreitender privatwirtschaftlicher Transaktionen hat deutlich zugenommen. Die transnationalen Bewegungen von Kapital und Produktion konzentrieren sich auf Nordamerika, Westeuropa und Südostasien, die auch als „Triade des Welthandels“ bezeichnet werden.

Die Globalisierung ermöglicht durch die vermehrte Ausnutzung von Kostenvorteilen allgemeine Produktivitätssteigerungen. Grenzüberschreitender Handel, das heißt die Verfügbarkeit und Konkurrenz derselben Güter und Dienstleistungen in weiten Teilen der Welt, ist zwar kein neues Phänomen, allerdings hat er vor allem in den vergangenen drei Jahrzehnten drastisch zugenommen. Ein wesentlicher Indikator zur Erklärung der internationalen Wirtschaftsentwicklungen ist der Vergleich zwischen Welthandel und Weltsozialprodukt. Bis zur Finanz- und Weltwirtschaftskrise seit 2008 wuchs der Welthandel im Durchschnitt doppelt so schnell wie die Weltproduktion, nicht zuletzt aufgrund einer ständig steigenden Anzahl neuer Akteure. Zwischen 1990 und 2000 beispielsweise lag der jährliche Wertzuwachs bei den weltweiten Exporten bei durchschnittlich sechs Prozent.

Die Sektorstruktur des Welthandels hat sich in den vergangenen Jahrzehnten drastisch verändert: Der Industriegüter- wie auch der Dienstleistungshandel haben dem Handel mit Agrarprodukten einen erheblichen Bedeutungsverlust beschert. Auch in Entwicklungsländern zeigt sich, dass der prozentuale Anteil von Industrieprodukten gegenüber Agrarprodukten im Export mittlerweile überwiegt.

Besonders wertschöpfungs- und technologieintensive Produkte gelten als dynamische Elemente des Industriegüterhandels. Mittlerweile besteht der Großteil des Welthandelsvolumens aus dem Handel mit Transportmitteln (Flugzeuge, Schiffe) und weniger aus dem Handel mit Konsumgütern.

Nach: André Habisch/Pia Popal, Ethik und globaler Handel, Aus Politik und Zeitgeschichte, 30.12.2013

M 12 ● Die Triade bestimmt den Welthandel

Aufgaben

1. Beschreiben Sie die Entwicklung des Welthandels der letzten 40 Jahre (M 10, M 11).
2. Gestalten Sie einen Kurzvortrag in dem Sie mithilfe der Grafik M 12 die globalen Handelsströme charakterisieren.

8.4 Wie erklärt die ökonomische Theorie internationale Arbeitsteilung?

Adam Smith (1723 – 1790)

Smith formulierte den Kerngedanken der klassischen Außenhandelstheorie, den Erklärungsansatz des internationalen Handels durch absolute Kostenvorteile.

David Ricardo (1772 – 1823)

Die Theorie des komparativen Vorteils, die den Ansatz Adam Smiths zur internationalen Arbeitsteilung erweitert, geht zurück auf David Ricardo.

Eli Heckscher (1879 – 1952) und Bertil Ohlin (1899 – 1979)

Das sog. Heckscher-Ohlin-Theorem erklärt internationalen Handel nicht durch Produktivitätsunterschiede, sondern durch unterschiedliche Faktorpreisrelationen (Faktorproportionentheorie).

M 13 ● Auf die relativen Kosten kommt es an!

Der Vorteil des internationalen Austauschs liegt auf der Hand, wenn es sich um Güter handelt, die jeweils nur in einem Land vorkommen. Aber auch wenn zwei Länder die gleichen Güter produzieren können, liegen oft erhebliche **absolute Kostenunterschiede** bei der Herstellung vor. Dann ist es für jedes der Länder von Vorteil, sich auf das Gut zu spezialisieren, bei dem es absolute Kostenvorteile aufweist, und einen Teil seiner Produktion zu exportieren sowie das andere Gut zu importieren.

Aber auch wenn ein Land alle Güter kostengünstiger herstellen kann als ein anderes, findet intensiver Handel statt. Angenommen, Polen kann sowohl Stahl als auch Kraftfahrzeuge günstiger herstellen als Deutschland. Polens Kostenvorteil bei der Stahlproduktion ist allerdings deutlich größer als im Falle von Autos. Dann lohnt es sich aufgrund der unterschiedlichen Produktivitätsrelationen **(komparativen Kostenvorteile)** für beide Länder, wenn sich Polen auf Stahl und Deutschland auf Autos spezialisiert und beide Staaten das jeweils andere Gut im Nachbarland einkaufen.

Die klassischen Modelle sind sehr vereinfacht. Eine erste Erweiterung des Ricardo-Modells bildet die **Faktorproportionentheorie.** Diese erklärt internationalen Handel durch unterschiedliche Faktorpreisrelationen. Die Produktionskosten eines Landes werden bestimmt durch die Preise der Produktionsfaktoren Arbeit, Boden und Kapital. Der Preis eines Produktionsfaktors hängt von seiner Knappheit ab. Ist in einem Land Arbeit im Verhältnis zum Kapital reichlich vorhanden, werden die Kapitalkosten (Zinsen) im Vergleich zu den Löhnen hoch sein, es wird sich auf arbeitsintensive Produkte spezialisieren. Ein Land, in dem Arbeit im Vergleich zum Kapitalbestand relativ knapp ist, wird sich auf kapitalintensive Produkte spezialisieren. Beide nutzen dann jeweils die komparativen Kostenvorteile im internationalen Handel.

Nach: Klaus-Peter Kruber/Anna Lena Mees/Christian Meyer, Theoretische Grundlagen des internationalen Handels, www.bpb.de, 27.8.2008

M 14 ● Internationale Arbeitsteilung entsprechend des Produktlebenszyklus – der Erklärungsansatz von Raymond Vernon (1913 – 1999)

Die Produktlebenszyklustheorie betont die Veränderung komparativer Vorteile für einzelne Güter im Zeitverlauf. In der Einführungsphase ist das technische Know-how für den komparativen Vorteil entscheidend. Die Produkteinführung solcher Güter erfordert gute Kommunikationsmöglichkeiten zwischen Produzenten und Nachfragern, und diese sind oft im Inland eher gegeben als international.

Nach der erfolgreichen Einführung solcher Produkte entsteht in der Reifephase die Möglichkeit des Exports in Länder mit ähnlicher Nachfragestruktur. Elemente der Produktdifferenzierung und Größenvorteile (Massenproduktion) können diesen Effekt noch verstärken. Nach einer gewissen Zeit wird das Produkt standardisiert, und die erwähnten Kommunikationserfordernisse verlieren ihre Bedeutung. An deren Stelle bestimmen Kostenüberlegungen die komparativen Vorteile. Je nach Faktorausstattung der einzelnen Länder kann dann die Produktion solcher Güter in der Stagnationsphase in das Ausland wandern, und das Gut wird in weiterer Folge zu einem Importgut. Schließlich kann das Gut durch die Einführung neuer Güter im Inland vollständig ersetzt werden.

Produktzyklus-Theorie, www.economia48.com (5.1.2015)

Beispiel: Deutsche Werften stellen nur noch Spezialschiffe her, chinesische und koreanische Werften bauen Tanker und Containerschiffe.

M 15 ● Darstellung der Umsatz- und Gewinnkurve im zeitlichen Verlauf des Produktlebenszyklus

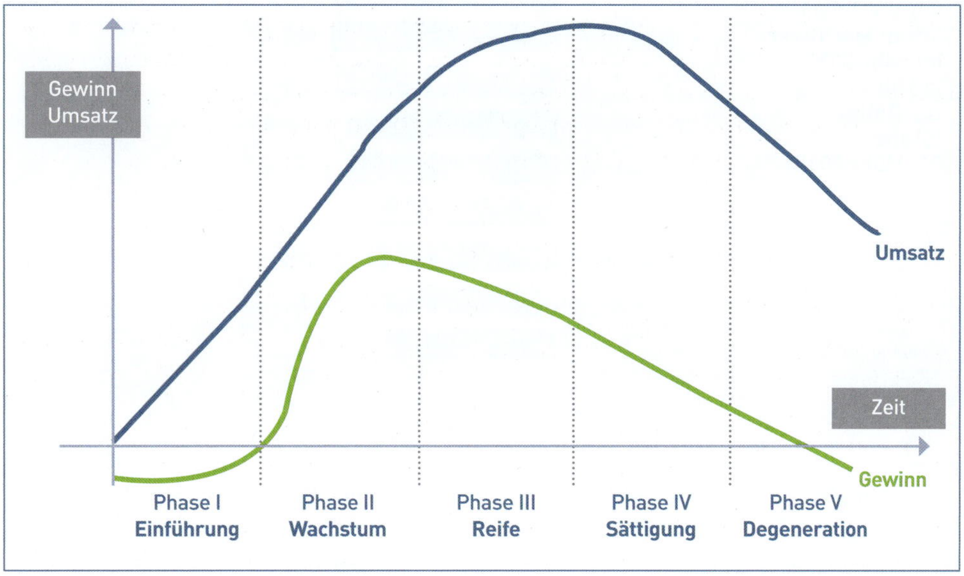

Autorengrafik

M 16 ● Warum gibt es intraindustriellen Handel?

Immer bedeutender wird der Handel mit vergleichbaren Gütern derselben Art, die sowohl im- als auch exportiert werden. Dieser Handel konzentriert sich vor allem auf entwickelte Länder mit ähnlicher Wirtschaftsstruktur. Wesentliche Ursachen sind subjektive Präferenzen der Nachfrager und Produktdifferenzierung seitens der Anbieter. Durch technische oder ästhetische Modifikationen begleitet von Werbung und anderen Marketingmaßnahmen, versuchen Anbieter ihr Produkt von anderen abzuheben und das Interesse der Nachfrager auf sich zu ziehen. Kaufkräftige und anspruchsvolle Konsumenten schätzen ein differenziertes Angebot, das ihnen vielfältige Auswahlmöglichkeiten bietet. Deutsche Kunden kaufen Käse und Autos aus Frankreich, französische Kunden kaufen Käse und Autos aus Deutschland.

Klaus-Peter Kruber/Anna Lena Mees/Christian Meyer, Internationale Wirtschaftsbeziehungen, Informationen zur politischen Bildung Nr. 299, 2/2008, S. 26

Empirisch wurde das Phänomen des intraindustriellen Handels intensiv von Herbert Grubel und Peter Lloyd untersucht, als eine Gruppe von europäischen Ländern 1992 den Europäischen Binnenmarkt formte.

F Erklären Sie mithilfe passender theoretischer Ansätze die auf S. 129 in M 12 dargestellten unterschiedlich großen Handelsströme.

Aufgabe

Vergleichen Sie die unterschiedlichen Erklärungsansätze für den internationalen Handel (M 13 – M 16).

8.5 Welche Rolle spielen die Global Player für die Globalisierung?

M 17 ● Internationale Konzerne

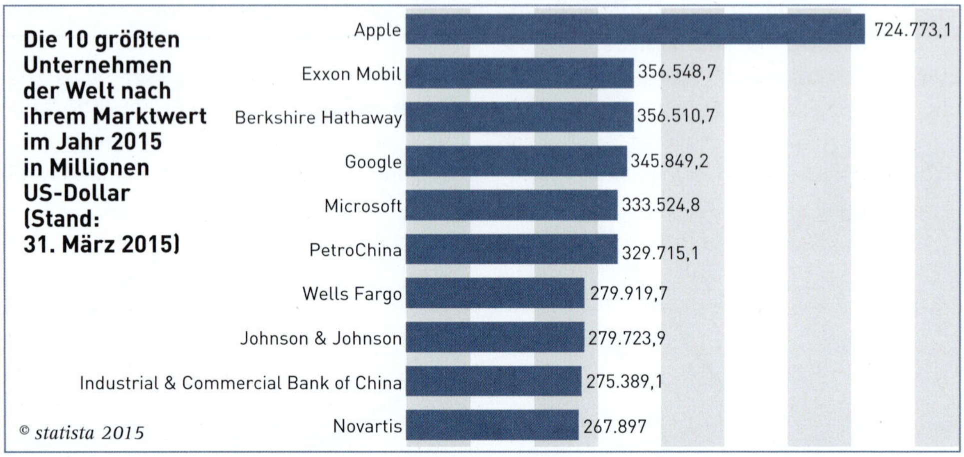

M 18 ● Global Player – Schrittmacher der Globalisierung?

Auch wenn Nationalstaaten und ihre Regulierungsmaßnahmen den internationalen Welthandel ordnungspolitisch maßgeblich strukturieren, sind transnationale Unternehmen (TNU) in den vergangenen Jahrzehnten zu den zentralen Akteuren des Welthandels avanciert. Durch den Abbau von Mobilitätsschranken zwischen Nationalstaaten und den Aufbau neuer und effektiverer Kommunikations- und Transportmöglichkeiten kontrollieren TNU mittlerweile etwa 70 Prozent des Welthandels. So obliegt ihnen auch die Kompetenz, parallele Autoritätsstrukturen über den Einsatz erheblicher wirtschaftlicher Ressourcen etablieren zu können. Die Rechenschaftspflicht dieser sogenannten Global Player gegenüber ihren Heimatregierungen hat dabei durch die immer komplexer werdenden internationalen Handelsstrukturen sukzessive abgenommen.

André Habisch/Pia Popal, Ethik und globaler Handel, Aus Politik und Zeitgeschichte, 30.12.2013

M 19 ● Welche Ziele verfolgen Global Player?

Transnationale Konzerne treten sowohl als Unternehmen mit Aktienstreubesitz als auch als eher privat organisierte Konzerne mit einem hohen Anteil von Familienbesitz in Erscheinung; etwa bei Bertelsmann oder Cargill. Zum typischen Erscheinungsbild gehört, dass TNKs in der Regel die gesamte Spannweite der Geschäftstätigkeit umfassen: Finanzierung, Forschung, Entwicklung, Herstellung, Handel und Vertrieb, verteilt auf den Hauptsitz und Tochterunternehmen in mehreren Ländern. Im Unterschied zu vormals multinationalen Konzernen haben sich TNKs geradezu par excellence an die Bedingungen der Globalisierung angepasst: Sie gliedern die Wertschöpfungskette ihrer Produktion nach rein wirtschaftlichen Kriterien räumlich neu auf […]. Ihre Produktionsstätten in mehreren Staaten nutzen unterschiedliche Preise für Roh- und Betriebsstoffe, Transportkosten sowie Arbeitskräfte. Die Kon-

Zum Vergleich – Rangliste BIP (2013)

Rang	Land	BIP (Mio US $)
	EU	17.371.618
1	USA	16.799.700
2	China	9.181.377
3	Japan	4.901.532
4	Deutschland	3.635.959
	…	
26	Argentinien	484.596
27	Österreich	417.900
28	Thailand	400.916
29	VAE	389.994
	…	
43	Finnland	259.627
44	Griechenland	243.330

Quelle: IWF, April 2014

Transnationale Unternehmen vernetzen Volkswirtschaften

Die gemeinsame Strategie, die gemeinsamen Normen, der intensive Austausch von Informationen, Erfahrungen und Ressourcen macht transnationale Unternehmen zu einem Herzstück der globalen Weltwirtschaft. Mit ihren Direktinvestitionen vernetzen transnationale Unternehmen nationale Volkswirtschaften.
Nach: Wilhelm Bürklin, www.bpb.de, 26.5.2002

zerntöchter mit ihren Beschäftigten stehen in einem weltweiten und unmittelbaren Konkurrenzverhältnis. [...] Ebenso werden Investitionsprogramme und Steuervorteile der Staaten kurzfristig abgeschöpft, Handelsbeschränkungen durch die Verlagerung der Produktion in die Abnehmerländer umgangen und solche Staaten bevorzugt, die größtmögliche Zugeständnisse und geringste gesetzliche Hemmnisse einräumen. TNKs sind auf Expansion angelegt [...]. Dabei werden zum einen Marktnähe und Marktkontrolle auf nationalen Märkten angestrebt und dazu nationale Unternehmen kooptiert oder übernommen. Auf globalen Märkten steuern im Wesentlichen die Zentralen die internationale Vermarktung. In ausgewählten Branchen (Fast-Food- und Hotel-Ketten, Mietwagenfirmen) sind sogenannte Franchising-Modelle entwickelt worden, um bei geringstmöglichem Risiko Gewinne zu erzielen. In einigen Bereichen und Branchen kooperieren TNKs miteinander. Das Bemühen um Marktkontrolle schließt die Anstrengungen um internationale Investitionsschutzabkommen mit ein.

Theodor Rathgeber, Globalisierung und Transnationale Konzerne, www.fes-online-akademie.de (15.7.2015)

M 20 ● Neue Macht über die Konzerne?

Zweifellos haben Unternehmen mehr Macht als jemals zuvor in ihren Händen. Menschen, die nicht öffentlich gewählt wurden, kontrollieren mehr und mehr unser tägliches Leben – von der Unterhaltungsindustrie über die Energieversorgung bis hin zu Schulen, Eisenbahnen und Postdiensten. Gleichzeitig wird die Gesetzgebung mit hoher Geschwindigkeit vom technologischen Fortschritt überholt, das heißt Konzerne agieren immer stärker in einer nicht-regulierten Grauzone. Trotzdem aber verfügen die Menschen über Mittel und Wege, um das Verhalten der Unternehmen nicht außer Kontrolle geraten zu lassen. Sie sind immer besser ausgebildet, kennen die Arbeitsweise von Konzernen, und wenn sie der Meinung sind, eine Firma habe eine Grenze überschritten, sind immer mehr Menschen zu Protesten und Aktionen bereit. Die Öffentlichkeit wird zunehmend zum Gewissen von Unternehmen und Industrie, in dem sie harte Fragen stellt und Rechenschaft einfordert. In den letzten Jahren haben die Menschen durch effizientere Mittel gemeinsamen Handelns – wie soziale Medien, offene Publikationsplattformen und Online-Videoverbreitung – größere Aktionsmöglichkeiten gewonnen. Mit Boykotten und dem Abzug von Geld, dem Lobbying für Gesetze und Social-Media-Kampagnen sind die Menschen mit wachsendem Selbstbewusstsein in der Lage, operative und strategische Unternehmensentscheidungen zu beeinflussen, und damit den heutigen enormen Ansammlungen privater Macht ein gewisses Maß an Kontrolle entgegenzusetzen.

Lucy P. Marcus, übersetzt von Harald Eckhoff, www.capital.de, 24.9.2014

Apple baut neue Solaranlage für seine Cloud

Nach dem Greenpeace-Protest im Frühjahr 2012 legt Apple einen detaillierten Plan zur Versorgung seiner Cloud mit erneuerbaren Energien vor. „Der detaillierte Plan, den Apple vorgelegt hat, gibt Millionen von Apple-Nutzern das Vertrauen, dass das Unternehmen seinen Bereich des Internets mit sauberer Energie betreibt.“, sagte David Pomerantz von Greenpeace USA.

Beate Steffens, www.greenpeace.de, 5.7.2013

Aufgaben

1. Erklären Sie, inwiefern transnationale Unternehmen als Schrittmacher der Globalisierung bezeichnet werden können (M 17, M 18).
2. Stellen Sie ausgehend von M 18 und M 19 positive und negative Aspekte der Aktivitäten globaler Unternehmen dar.
3. Recherchieren Sie öffentliche Kampagnen, die Unternehmensentscheidungen beeinflusst haben (M 20, Randspalte).

H zu Aufgabe 2
Aspekte könnten z. B. sein: Umwelt, Umgang mit natürlichen Ressourcen, Arbeitsplätze, Arbeitsschutz, Steuereinnahmen, Angebotsvielfalt, Verbraucherschutz, (staatliche) Kontrollmöglichkeiten.

F Beurteilen Sie, inwiefern Konzerne durch die Öffentlichkeit kontrolliert werden können (M 20, Randspalte).

8.6 Was beschleunigt/bremst den Prozess der Globalisierung?

M 21 Bedeutung der Container

Die ersten Container gingen am 26. April 1956 auf Reisen. „Ideal X" hieß der umgebaute Tanker, den der amerikanische Transportunternehmer Malcom McLean bei der US-Marine günstig erworben hatte. An Bord befanden sich 56 Blechkisten, die von Port Newark im Bundesstaat Pennsylvania nach Houston in Texas transportiert werden sollten. „Ich habe keine Schiffe, ich habe seegängige Lkw", erklärte Malcom McLean damals. Bis heute haben die Stahlkisten ihre festen Maße von 6,06 Metern Länge, 2,44 Metern Breite und 2,59 Metern Höhe behalten. Inzwischen gibt es sie auch in doppelter Länge, als 40-Fuß-Container. Der Siegeszug der Containerschifffahrt stürzte den Hamburger Hafenbetrieb zunächst in eine gewaltige Strukturkrise. Mit der Einführung der Container gingen Tausende von Arbeitsplätzen im Hamburger Hafen verloren. Für Schauerleute und Stauer, für Tallymänner und Schutenkapitäne gab es immer weniger zu tun. [...] Etwa drei Minuten braucht ein Kranbrückenfahrer, um einen Container mit dem sogenannten „Spreader" zu greifen, ihn anzuheben und an Land wieder abzusetzen. [So] können selbst die größten Containerschiffe den Hafen in der Regel bereits nach 24 Stunden wieder verlassen. Um den wachsenden Bedarf decken zu können, wurde 2002 der hochmoderne Containerterminal Altenwerder in Betrieb genommen. Fahrerlose Transportfahrzeuge bewegen hier die Container zu den vorgesehenen Stellplätzen, wo sie dann von computergesteuerten Portalkränen in das Blocklager einsortiert werden. Beim Weitertransport per Lkw passiert der Container ein sogenanntes „Automatic Gate", wo die Container anhand ihrer Transportziffern per Kamera erfasst und mit den vorher angemeldeten Transportdaten verglichen werden. Durch diesen automatischen Datenabgleich entfallen die sonst üblichen administrativen Überprüfungen. [...] Weltweit sind die Entladestationen an den Kaianlagen darauf vorbereitet, die 20-Fuß-Standardcontainer oder auch die doppelte Größe zu bewegen. Sind die Container erst einmal an Land, werden sie per Lkw oder Bahn zum Kunden transportiert. Die Ware muss nicht mehr im Hafen ausgepackt und dort abgeholt werden, sondern wird bis zum Kunden gebracht und dort entladen.

Ulrich Neumann, Containerschifffahrt, www.planet-wissen.de, 5.9.2012

M 22 Die Logistik ist die DNA einer globalisierten Welt

just in time
die richtige Menge, zum richtigen Zeitpunkt, am richtigen Ort = verringerte Lagerhaltung

Die Logistik ist die Zwillingsschwester der Globalisierung. [...] Wenn sich von heute auf morgen die Rechner der Steuerungssysteme ausschalten würden auf unserem Planeten, herrschte eine seltsame Stille. Die Umkehrung von „just in time" wäre ein gigantischer Stau aller Versorgungsströme, eine erzwungene Bewegungslosigkeit. Krankenhäuser hätten keine Medikamente mehr, Supermärkte keine Milch, Fabriken keine Schrauben, und ohne Treibstoffe wären alle „Mobilien" auf dieser Welt auf einen Schlag immobil. Systeme der Kommunikation und der Abstimmung gibt es seit Menschengedenken. Erst waren es die Rauchzeichen der Lagerfeuer, später kamen Poststationen und Karawansereien, Flaggen- und Leuchttürme, Morsezeichen und Funksignale hinzu. Die heutigen Rauchzeichen sind GPS und RFID, ein weltumspannender Code, [...] der 24 Stunden jeden Tag in einem Global Flow um die Welt jagt.

Lutz Engelke/Anja Osswald, www.welt.de, 11.11.2011

M 23 Das Internet der Dinge wird die Welt verändern

Jeder Behälter, jede Palette und jedes Paket wird mit einem digitalen Speicher ausgestattet. Über diesen erhalten die Objekte Zielinformationen und Prioritäten – und schon können sie einfache Entscheidungen vor Ort selbstständig treffen und die Dinge finden ihren Weg zum Ziel. Diese Form des Internet der Dinge ist eine Antwort auf die steigende Komplexität und die Forderung nach mehr Flexibilität. Die Anforderungen der Kunden haben sich durch das Internet drastisch geändert. Per Mausklick ordern sie individuelle Sendungen. Und die wollen sie sofort – oder zumindest innerhalb der nächsten 24 Stunden. Um das zu bewältigen, nutzen wir momentan eine Infrastruktur wie vor 20 Jahren. Es besteht also dringender Handlungsbedarf. In der intelligenten Selbststeuerung von Dingen liegt die Lösung. Und die Intelligenz geht dabei weit über die schlichte Navigation hinaus. Mittels RFID-Tags sammeln Pakete Umweltinformationen wie Temperatur, Luftfeuchtigkeit oder Erschütterungen. Sie lösen selbstständig Alarm aus, bilden lokale Netzwerke mit anderen Paketen oder Boten und können Transporte zu einem bestimmten Ziel vollautonom bestellen. Am Ende werden alle Geräte, Pakete und Waren automatisch von der Bestellung bis zur Lieferung wie Zahnräder ineinandergreifen – und die Vision vom Internet der Dinge in der Logistik Wirklichkeit.

Bettina von Janczewski, Fraunhofer-Institut für Materialfluss und Logistik, Internet der Dinge (5.1.2015)

„Die Globalisierung ist umkehrbar“,

schreiben die beiden Ökonomen Tal und Rubin in einer Untersuchung. Ein Ölpreis von 150 Dollar pro Barrel hebe alle Vorteile weggefallener Zölle seit Beginn der Marktliberalisierung auf.

Philipp Krohn, Frankfurter Allgemeine Zeitung, 28.6.2008

M 24 Faktoren für Globalisierungsprozesse

Politische Faktoren
- Durchsetzung des marktwirtschaftlichen Ordnungsmodells
- Abbau von Handelshemmnissen im Waren- und Dienstleistungsverkehr
- Liberalisierung der Finanz- und Kapitalmärkte
- Integration größerer Wirtschaftsräume zu Wirtschaftsbündnissen (EU, NAFTA, ...)

Technologische Faktoren
- Mikroelektronik und digitale Datenverarbeitung als Basistechnologie
- Fortschreitende Vernetzung und Beschleunigung digitaler Informations-und Kommunikationsstrukturen
- Sinkende Kommunikationskosten
- Sinkende Transportkosten

Gesellschaftliche Faktoren
- Weltweiter Wissenstransfer durch länderübergreifenden Erfahrungsaustausch (Reisetätigkeit)
- Nivellierung des Wissenstandes in der Forschung
- Homogenisierung der Konsumgewohnheiten und Überwindung kultureller Distanzen (Akkulturationsprozesse)

Wirtschaftliche Faktoren
- Radikale Senkung der Transaktionskosten ermöglicht globale Aufspaltung von Produktionsprozessen und Dienstleistungsfunktionen (Outsourcing)
- Erschließung neuer Marktpotentiale
- Verkürzung der Produktzyklen durch technische Innovationen erhöht den Anteil der F&E-Kosten und zwingt zur weltweiten Vermarktung
- Globaler Wettbewerb

Autorengrafik

Aufgaben

1. Stellen Sie die Bedeutung der Logistik und des Internets der Dinge für den Prozess der Globalisierung dar (M 21 – M 23).
2. Begründen Sie, welche der Faktoren für den Globalisierungsprozess in Zukunft bestimmend sein werden (M 24).

General Motors (GM) erwägte im März 2012 die Schließung des Bochumer Opel-Werks. Am 17. April 2013 wurde diese auf Vorschlag des Vorstands durch den Aufsichtsrat der General-Motors-Tochter beschlossen. Am 4. Dezember 2014 lief schließlich der letzte Wagen vom Band.

8.7 Kann der Standort Deutschland im Prozess der Globalisierung bestehen?

M 25 ● Schließung des Bochumer Opel-Werks

Karikatur: Kostas Koufogiorgos

M 26 ● Was sind Standortfaktoren?

Ein Wirtschaftsstandort ist ursprünglich der geografische Ort, an dem Unternehmen ihre Güter herstellen oder verkaufen. Heute bezeichnet man mit dem Begriff allerdings häufig ganze Regionen, Länder oder sogar Blöcke wie die Europäische Union. Die unternehmerische Standortwahl ist für die Wirtschaftspolitik bedeutsam, da sich die Entscheidung von Unternehmen für einen bestimmten Standort positiv auf die regionale Beschäftigung und das Steueraufkommen auswirkt. Die Ansiedlung bestimmter Industrien kann aber auch negative Folgen haben, etwa dann, wenn deren Produktion die natürliche Umwelt belastet. Die für die Standortwahl maßgeblichen Merkmale werden als Standortfaktoren bezeichnet. [...] In die Entscheidung für einen bestimmten Unternehmensstandort fließen sehr viele Faktoren ein, die sich letztlich alle zwei Effekten zuordnen lassen: Minimierung der Kosten und Maximierung der Erträge. Die volks- und betriebswirtschaftlichen Modelle fallen entsprechend komplex aus. Je mehr Inputfaktoren – wie Arbeit oder Energie – berücksichtigt werden, desto schwieriger wird es, Vorhersagen für den optimalen Standort zu entwickeln. Bei der Standortwahl muss entschieden werden, ob ein Unternehmen im Inland oder im Ausland gegründet wird (internationale Standortwahl), in welcher Region einer Volkswirtschaft (regionale Standortwahl) und in welcher Stadt oder Gemeinde die

Produktionsstätte errichtet wird (lokale Standortwahl). Kleine und mittlere Unternehmen sind eher (z.B. mangels Erfahrung) lokal bis national tätig. Falls die eigenen Produkte auch im Ausland verkauft werden sollen, lässt sich dies zunächst mittels Außenhandel, dann aber auch über die Vergabe von Lizenzen verwirklichen. Für größere Unternehmen bieten sich dagegen Standorte im Ausland ohne weiteres an. Wichtig für einen Standort ist unter anderem, wie schnell der Absatzmarkt wächst oder wie stark die Konkurrenz ist. Auch kann eine direkte Präsenz im Absatzmarkt wünschenswert sein. Zudem ist der Gewinn eines Unternehmens stark von den örtlichen Steuersätzen abhängig. Auf der Kostenseite sind es Arbeitskosten (Entgelt für geleistete Arbeit und die Personalzusatzkosten), Kapitalkosten (Kreditkosten, Abschreibungssätze und andere Vorschriften der Steuerbilanzierung), aber auch Kosten für Energie, Entsorgung und die Qualität der Infrastruktur (Verkehrswege, Kommunikationsmöglichkeiten). Weitere Faktoren, die ein Unternehmen vor einem Gang ins Ausland zu prüfen hat, sind die politische Stabilität, das Rechtssystem und die Zusammenarbeit mit lokalen Behörden.

Michael Bauer u. a., Wirtschaft heute, Bonn 2009, S. 36

M 27 ● Welche Standortfaktoren sind wichtig?

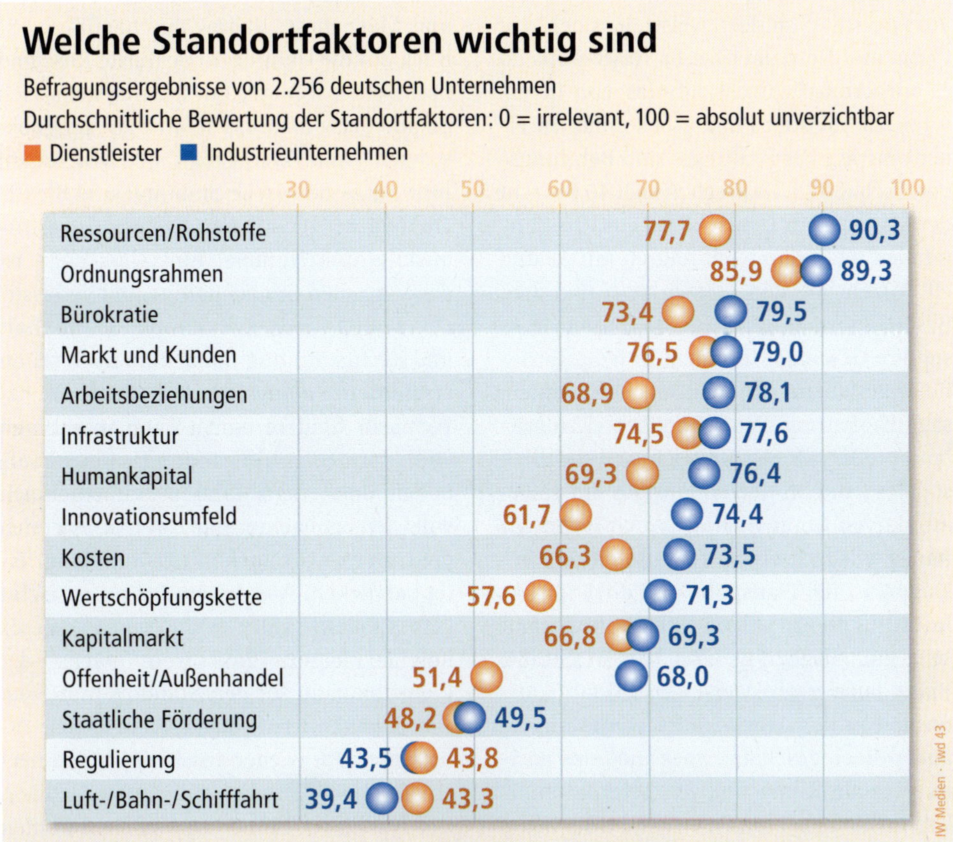

M 28 ● Was spricht für den Standort Deutschland?

Exzellente Ausbildung und hohe Qualifikation der Facharbeiter.	Die Lohnstückkosten sind in den letzten zehn Jahren enorm wettbewerbsfähig geworden.
Starke lokale Netzwerke und Know-how-Cluster, z. B. in der Automobil- und Zuliefererindustrie, dem Maschinen- und Anlagenbau, der Material- und Umwelttechnik.	
Die geografische Lage und damit die gute Erreichbarkeit innerhalb Europas.	Der regulative Rahmen mit einer hohen Rechtssicherheit ist sehr stabil.

Nach: ©2014 verlag moderne industrie GmbH, Aus einem Interview mit Dr. Armin Schmiedeberg, Partner bei Bain & Company und Leiter der europäischen Praxisgruppe Industrial Goods & Services, 17.8.2011

M 29 ● Standort Deutschland im Aufwind

„Made in Germany" steht weltweit hoch im Kurs: Im Ranking der attraktivsten Standorte rückt es weiter vor, in Europa ist die Bundesrepublik sogar die Nummer Eins. Doch am Horizont ziehen Wolken auf. Aktuell gilt Westeuropa unter Investoren als attraktivster Standort weltweit, noch vor China und Nordamerika. In Westeuropa ist es wiederum Deutschland, das von Investoren die meisten Punkte bekommt. In einer Umfrage der Prüfungs- und Beratungsgesellschaf EY [...] sprachen sich 40 Prozent der Manager für Deutschland aus, Großbritannien und Frankreich folgten mit 22 und elf Prozent auf den Plätzen zwei und drei. Besonders wichtig sei für Investoren, dass sie ihre Geschäfte in einem in jeder Beziehung gesicherten Umfeld machen können, sagt EY-Partner Peter Englisch. Deutschland punkte als ein politisch und rechtlich stabiles Land im Herzen Europas mit einem attraktiven Binnenmarkt. „Auch wenn wir immer wieder verstopfte Autobahnen beklagen, ist die Transport- und die Logistik-Infrastruktur in Deutschland insgesamt sehr gut ausgeprägt. Das betrifft Straße, Bahn, Luftverkehrswege." Das Qualifikationsniveau der Arbeitskräfte werde unverändert hoch geschätzt, aber auch das positive soziale Klima und die Telekommunikationsinfrastruktur. Deutschland sei heute eindeutig die robusteste und wettbewerbsfähigste unter den großen Volkswirtschaften Europas, urteilt Englisch. Auch im weltweiten Vergleich konnte sich Deutschland in der Gunst der Investoren weiter hocharbeiten. Auf den Plätzen eins bis drei rangieren China, die USA und Russland, gefolgt von Deutschland. Allerdings hat EY die Befragung von rund 1.000 international tätigen Unternehmen im Februar und März dieses Jahres durchgeführt. Mit Blick auf die Ukraine-Krise dürfte Russland inzwischen weniger gut abschneiden. „Ich glaube, dass man das relativ gut prognostizieren kann. Wenn man sich vor Augen führt, dass politische Stabilität und die Sicherheit der rechtlichen Systeme Investitionskriterium Nummer Eins sind, dann ist das Vertrauen in nachhaltige und verlässliche Politik und eine stabile Gesellschaft und Rechtsordnung momentan doch schon erschüttert", analysiert Peter Englisch. [...] Wer sein Geld in einem Land investieren will, dort ein eigenes Unternehmen aufbauen, oder eins kaufen, also übernehmen will, der beobachtet ganz genau, wie sich die Lage vor Ort auch mittel- und langfristig entwickelt. Aus diesem Grund, so meint Peter Englisch, sollte es die Deutschen aufhorchen lassen, dass trotz wachsender Wertschätzung für den Standort in diesem Jahr mehr Unternehmen angeben, Teile ihrer Geschäfte wieder aus Deutschland heraus in andere Länder verlagern zu wollen. Der Anteil der Firmen mit solchen Plänen erhöhte sich im Vergleich zu 2013 von elf auf 20 Prozent. Gleichzeitig planen weniger ausländische Unternehmen, sich in Deutschland neu anzusiedeln oder zusätzliche Geschäftsbereiche hierher zu verlagern: Ihr Anteil sinkt von 36 auf 27 Prozent. [...] Deutschland müsse ein insgesamt positiveres und innovationsfreundlicheres Gesamtumfeld schaffen. „Es ist doch eigentlich ein Unding, dass die neuen Weltkonzerne überall anders entstehen. Ob das Google ist oder Facebook, jetzt Alibaba in China. Wo sind da die Deutschen? Wo sind die neuen deutschen Technologien? Es reicht nicht aus, den Dieselmotor noch sparsamer zu machen." Deutsche Ingenieurskunst sei zwar nach wie vor in der Welt gefragt, aus dem Ausland werde aber durchaus auch verfolgt, wie viele große Projekte in Deutschland inzwischen scheitern würden. „Der Rest der Welt hat die Katastrophen rund um den Berliner Flughafen, die Hamburger Elbphilharmonie und andere Fehlleistungen deutlich mitbekommen. Sie werden in China heute darauf angesprochen, was denn da passiere und wo die deutsche Ingenieurkunst geblieben sei."

Sabine Kinkartz, www.dw.de, 27.5.2014

M 30 ● An der Spitze ist die Luft dünn

Auf der Liste des renommierten Weltwirtschaftsforums (WEF) ist Deutschland auf den fünften Platz zurückgefallen. Die Herunterstufung Deutschlands ist bemerkenswert. Erst im vergangenen Jahr hatte sich die Bundesrepublik um zwei Ränge nach vorn gekämpft. Doch mit dieser Herrlichkeit ist es nun wieder vorbei. Das Barometer für die Wettbewerbsfähigkeit von Volkswirtschaften gehört zu den wichtigsten Veröffentlichungen des Weltwirtschaftsforums. Es kartografiert die Wettbewerbsfähigkeit von 144 Ländern.

Dabei erheben die Experten über 100 Kriterien, die sie in zwölf große Komplexe einteilen: Neben der institutionellen und ökonomischen Verfassung sind dies unter anderem die Effizienz des Arbeitsmarktes, die Innovationsfreude einer Gesellschaft, der Zustand der Infrastruktur, die Leistungsfähigkeit des Bildungs- und Gesundheitswesens, die Größe des Finanzmarktes und der generelle Entwicklungsstand einer Volkswirtschaft. Außerdem wurden für die Erhebung Wirtschaftslenker nach Effizienz und Transparenz der Regierungen befragt. Die Abstufung Deutschlands hängt dem WEF zufolge mit institutionellen Rahmenbedingungen und einem Verfall der Infrastruktur zusammen. Schlechte Noten gab es aber insbesondere für das Bildungssystem. Die Zahl der Studierenden sei im internationalen Vergleich zu niedrig. Auch die demografischen Probleme des Landes führten zu Abzügen. Deutschland müsse sich mehr bemühen, Ausländer und Frauen dauerhaft auf den Arbeitsmarkt zu integrieren, um der Alterung der Gesellschaft zu begegnen. „Deutschlands Wettbewerbsfähigkeit führt über Reformen am Arbeitsmarkt", heißt es in der Studie. Auch die derzeit diskutierten Investitionen in die Infrastruktur tuen Not. Bei der Komponente Infrastruktur landet Deutschland im globalen Wettbewerb nur noch auf dem siebten Platz. Punkten kann Deutschland hingegen bei der Innovationsfähigkeit und dem generellen Entwicklungsstand der Volkswirtschaft. Hier macht sich die hoch entwickelte Exportindustrie des Landes bezahlt. Doch auch das scheint keine Gewähr für andauernden Wohlstand.

Holger Zschäpitz, www.welt.de, 4.9.2014

Wettbewerbsranking 2014/15

Rang*	Land	Punktzahl
1 (1)	Schweiz	5,70
2 (2)	Singapur	5,65
3 (5)	USA	5,54
4 (3)	Finnland	5,50
5 (4)	**Deutschland**	**5,49**
6 (9)	Japan	5,47
7 (7)	Hongkong	5,46
8 (8)	Niederlande	5,45
9 (10)	Großbritannien	5,41
10 (6)	Schweden	5,35

* In Klammer die Platzierung des Vorjahres

Nach: Infografik Die Welt, Quelle: Weltwirtschaftsforum (WEF), 4.9.2014

Aufgaben

1. Recherchieren Sie im Internet eine aktuelle Standortentscheidung eines (großen) Industrieunternehmens und stellen Sie diese vor.
2. Erstellen Sie ein Standortprofil für den Industriestandort Deutschland (M 26 – M 30).

H zu Aufgabe 2
Gestalten Sie zuerst ein Mind-Map zu den Standortfaktoren des Industriestandorts Deutschland.

F zu Aufgabe 2
Vergleichen Sie die Qualität des Industriestandorts Deutschland mit der eines anderen europäischen Staates ihrer Wahl.

8.8 Gibt es Gewinner und Verlierer der Globalisierung?

M 31 Gefährdet die Globalisierung den Sozialstaat?

Die Globalisierung ist weder Naturereignis noch allein Folge des technischen Fortschritts. Sie wird seit Jahrhunderten angetrieben vom friedlichen Handel und Wandel. Sie ist politisch gewollt und bewusst beschleunigt worden durch die Öffnung der Märkte und die Schaffung internationaler Institutionen. Sie hat dann einen zusätzlichen Schub erhalten durch den Fall des Eisernen Vorhangs und den Eintritt Chinas und Indiens in die Weltwirtschaft. Milliarden Menschen tragen mit ihrer Arbeit und ihren Wünschen dazu bei. Ihr Streben nach Glück durchdringt und verändert die Welt. Diese Veränderungen machen in den westlichen Industrienationen vielen Menschen Sorgen. Sie fragen: Können unsere Staaten auch weiterhin die Voraussetzungen für Freiheit, Arbeit, Wohlstand und sozialen Ausgleich bieten? Haben sie die Kraft, der Entwicklung der Weltwirtschaft Regeln zu setzen und Probleme wie die grenzüberschreitende Umweltverschmutzung und das organisierte Verbrechen wirksam zu bekämpfen? Gefährdet die Globalisierung am Ende unser ganzes Sozialmodell?

Solche Fragen sind berechtigt, denn in der Tat: Der weltweite Wettbewerbsdruck stellt vieles auf die Probe, die Wirtschaftsunternehmen genauso wie die Umsicht und Wirksamkeit allen staatlichen Handelns. Kein Zweifel: Es gibt soziale Härten. Doch der Sozialstaat hat Bestand. [...]

Wahr ist allerdings auch: Die Ungleichheit der Einkommensverteilung in Deutschland hat zugenommen – nicht zuletzt, weil die Einkünfte aus Kapitalerträgen viel stärker gestiegen sind als die Arbeitslöhne. Die Erwerbsbiographien sind unsicherer geworden und verlaufen weniger stetig. Viele westliche Industrienationen erleben eine ähnliche Entwicklung. Die Arbeitslöhne sind unter Druck geraten, weil der weltweite Wettbewerb schärfer geworden ist und weil der technische Fortschritt immer mehr einfache Arbeiten ersetzt. Es geht der breiten Mittelschicht in Deutschland zwar unverändert recht gut, aber es greifen Abstiegsängste um sich, und viele Menschen aus einkommensschwachen und bildungsferneren Schichten kommen aus eigener Kraft nicht voran. [...]

Wir haben in der Vergangenheit eine wachsende Ungleichheit der Einkommen nur hingenommen, weil die Kurve für alle nach oben wies. Das muss so bleiben. Der Aufstieg der einen darf nicht der Abstieg der anderen sein! [...]

Wahr ist ferner: Der weltweite Wettbewerb beschleunigt den wirtschaftlichen Strukturwandel und trägt dazu bei, dass vor allem Menschen arbeitslos werden, die keine gute Ausbildung haben.

Zugleich beobachten wir, dass Branchen wie der Maschinenbau oder die Medizintechnik von der Nachfrage in den aufstrebenden Ländern profitieren und deshalb wachsende Schwierigkeiten haben, ihren Bedarf an qualifizierten Arbeitskräften zu decken.

Kluge Beobachter sagen deshalb: Der wirkliche Konflikt über die Globalisierung spielt sich nicht zwischen den ärmeren und den reicheren Ländern ab, denn alle Länder können von fairem Handel und internationaler Arbeitsteilung profitieren. Der eigentliche Konflikt entsteht innerhalb der Länder, zwischen den Gewinnern und den Verlierern des Strukturwandels.

Auszug aus der zweiten Berliner Rede des damaligen Bundespräsidenten Horst Köhler vom 1.10.2007, www.welt.de, 2.10.2007

M 32 Warum Deutschland der Globalisierungsgewinner ist

Nach Finnland, Dänemark und Japan hat die Bundesrepublik in den vergangenen drei Jahrzehnten am stärksten von der enger werdenden weltweiten Verflechtung profitiert. Das ist eines der Ergebnisse einer Studie der Bertelsmann-Stiftung [...]. Zwischen 1990 und 2011 trug die Globalisierung hierzulande demnach im Schnitt jedes Jahr 100 Milliarden Euro zur Wirtschaftsleistung bei. Die Globalisierung sei außerdem für etwa ein Fünftel des gesamten Wachstums der deutschen Volkswirtschaft in dem betrachteten Zeitraum verantwortlich.

[Es] zeigt sich, dass Deutschland noch nicht einmal zu den am stärksten vernetzten Ländern der Welt gehört. An der Spitze des Globalisierungsindex landen vielmehr tendenziell kleinere hoch entwickelte und wohlhabende Volkswirtschaften. Den ersten Platz belegt Irland, gefolgt von den Niederlanden, Belgien, Großbritannien, Dänemark und Schweden. Größere hoch entwickelte Nationen wie beispielsweise Deutschland, Frankreich oder Spanien rangieren dagegen im Mittelfeld. Die USA landen bei der Berechnung des Globalisierungsgrades, der die wirtschaftlichen Aspekte der weltweiten Vernetzung betont, erstaunlicherweise relativ weit abgeschlagen. Die Schlusslichter beim Vergleich der Globalisierungsgrade sind verblüffenderweise hauptsächlich die großen Schwellenländer [...] China, Brasilien und Indien. Ganz gleich jedoch, wie hoch der Globalisierungsgrad auch ausfällt: Die Forscher kommen zu dem Ergebnis, dass grundsätzlich alle untersuchten Länder von der internationalen Vernetzung einen Nutzen haben.

Aus Sicht der Bertelsmann-Stiftung ist allerdings bemerkenswert, dass die Industrieländer absolut viel stärker als die großen Schwellenländer von der Globalisierung profitieren. [...]

„Wir müssen erkennen, dass die Globalisierung die Schere zwischen Arm und Reich eher noch weiter öffnet“, erklärte denn der Vorstandsvorsitzende der Bertelsmann-Stiftung, Aart de Geus. Erst über einen längeren Zeitraum werde sie dazu beitragen, dass Schwellen- und Entwicklungsländer die Wohlstandslücken zu den Industrienationen verkleinern könnten.

Der Grund für diese divergente Entwicklung sind die erheblichen Wohlstandsunterschiede zu Beginn der 1990er-Jahre. Die hoch entwickelten Industrieländer verfügten bereits damals über ein sehr hohes Pro-Kopf-Einkommen und profitierten zudem bereits in den 1990er-Jahren sehr kräftig von der Globalisierung.

Tatsächlich jedoch haben relativ betrachtet die Schwellenländer in den vergangenen Jahren die größten Globalisierungsgewinne eingefahren. Gemessen an der Wirtschaftsleistung im Jahr 1990 ist China der größte Globalisierungsgewinner, gefolgt von Estland, Südkorea, Slowenien und Griechenland.

Tobias Kaiser, www.welt.de, 24.3.2014

M 33 Kontrovers diskutiert: Nützt die Globalisierung den Entwicklungsländern?

a) Viele Länderbeispiele zeigen wie es geht

Globalisierung kann für Entwicklungsländer ein wichtiger Wachstumsmotor sein. [...] Sicherlich haben eine ganze Reihe von Staaten – gerade in Afrika – seit den 1980er Jahren im Wohlstandsrennen nicht mit den Industrieländern mithalten können oder mussten teils sogar Wohlstandseinbußen und einen Anstieg der Armut hinnehmen. Doch wäre es voreilig, der Globalisierung daran die Schuld zu geben. Zwar haben die

Industrieländer ihre Märkte für Agrar- und Textilgüter lange abgeschottet. In den vergangenen 15 Jahren gab es hier jedoch durchaus Fortschritte, gerade für die ärmsten Länder der Welt, die inzwischen einen weitgehend freien Marktzugang in die EU haben.

Die Verliererthese lässt sich auch durch konkrete Gegenbeispiele widerlegen. Sie zeigen, dass die Globalisierung eindrucksvolle Erfolgsstorys schafft. Hongkong, Südkorea, Taiwan, Chile etwa sind Staaten, die sich schon in den 1960er Jahren von der damaligen Strategie der Abschottung lösten und mehr und mehr Produkte im eigenen Land herstellten, statt sie zu importieren. Sie setzten aktiv auf die Integration in den Weltmarkt, den Aufbau einer wettbewerbsfähigen Exportindustrie und auf ein ausfuhrgetriebenes Wachstum. Einzelbeispiele sind freilich noch kein ausreichender Beleg dafür, dass die Globalisierung für Entwicklungsländer vorteilhaft ist. Aber auch eine systematische Untersuchung ergibt für viele Staaten das gleiche Bild.

© 2010, IW Medien • iw-Dossier, Institut der deutschen Wirtschaft Köln Medien GmbH, 10.8.2010

Entwicklung der Wirtschaftskraft nach Regionen

Wirtschaftskraft	Entwicklung des realen Bruttoinlandsprodukts pro Kopf in ausgewählten Regionen, Angaben in US-Dollar Kaufkraftparität							
	1980	1985	1990	1995	2000	2005	2010	Veränderung 1980 bis 2010
Euro-Zone	k. A.	k. A.	k. A.	21.200	25.472	30.050	32.388	–
Schwellen- und Entwicklungsökonomien	1.278	1.721	2.156	2.488	3.092	4.302	5.772	+ 352 %
Afrika	963	1.210	1.377	1.427	1.627	2.124	2.589	+ 169 %
Zentral- und Osteuropa	3.747	4.973	6.167	6.715	8.530	11.781	14.292	+ 281 %
asiatische Entwicklungsländer	398	641	948	1.468	2.002	3.053	4.591	+ 1.053 %
Mittlerer Osten	4.066	4.767	5.070	5.881	7.103	9.163	11.318	+ 178 %
Westliche Hemisphäre	3.713	4.460	5.208	6.349	7.404	8.873	10.577	+ 185 %

IWF, zitiert nach: Thieß Petersen, Ökonomische Globalisierung und Neuverteilung des globalen Wohlstands, in: GWP 59 (2010), Heft 1, S. 80

b) Sind die Entwicklungsländer die Verlierer der Globalisierung?

Es wurde auch vorhergesagt, die Globalisierung würde die Entwicklungsländer immer mehr verarmen lassen. Die Not dort würde immer größer werden, die Arbeitsbedingungen immer schlechter, die Ausbeutung immer brutaler. Aber die Bilanz sieht anders aus: Die Kindersterblichkeit ist in den meisten Entwicklungsländern deutlich zurückgegangen, und die Lebenserwartung dort hat sich um Jahre erhöht. Niemals zuvor hat ein so großer Teil der Weltbevölkerung so große Zuwächse an Lebensstandard genossen wie in den vergangenen zwanzig, dreißig Jahren. Allein in China haben sich seit 1980 fast eine halbe Milliarde Menschen aus krasser Armut herausgearbeitet. Die Kinderarbeit geht zurück. Der Anteil der Menschen an der Weltbevölkerung, die nicht lesen und schreiben können, ist deutlich gesunken, und Frauen haben einen spürbar besseren Zugang zu Bildung. Kein Staat kann mehr die Menschenrechte ignorieren, auch wenn sie leider längst nicht überall verwirklicht sind. Schwerste Menschenrechtsverletzungen werden zunehmend von internationalen Gerichten geahndet. Auch wenn noch unendlich viel zu tun bleibt – unter dem Strich hat die Globalisierung in den ärmeren Ländern große Fortschritte bewirkt.

Das ist für unvorstellbar viele Menschen ein Segen.

Noch immer lebt ein großer Teil der Menschheit in tiefster Armut. Ganz Afrika mit seinen rund eine Milliarde Menschen zum Beispiel steht nicht mehr Einkommen zur Verfügung als den etwa 20 Millionen Einwohnern von Bayern und Niedersachsen. [...] Das ist die hässliche Seite der Globalisierung, die Rücksichtslosigkeit des Stärkeren, und leider ist daran auch Europa beteiligt. Auch Europa hat jahrzehntelang Entwicklungshilfe vor allem als Instrument des Kalten Krieges und der Exportförderung betrieben, ohne groß zu fragen, was den Menschen in den Empfängerländern wirklich nutzte. Auch Europa errichtet Handelsbarrieren gegen die Entwicklungsländer, überschwemmt sie – auf Kosten der hiesigen Steuerzahler – mit Lebensmitteln zu Dumpingpreisen und zerstört damit dort die Erwerbs- und Lebensgrundlagen der bäuerlichen Gesellschaften. Auch Europa fischt Afrikas Küsten leer und verweist Kritiker kalt lächelnd auf geschlossene Verträge. Und dann reagiert Europa mit Erstaunen, Mitleid und einem Gefühl der Belästigung, wenn immer mehr Afrikaner sich in ihren Nussschalen auf den Weg übers Meer machen, um etwas Besseres zu finden als Armut und Elend.

Auszug aus der zweiten Berliner Rede des damaligen Bundespräsidenten Horst Köhler vom 1.10.2007, www.welt.de, 2.10.2007

M 34 ● Ungleiche Lebensbedingungen

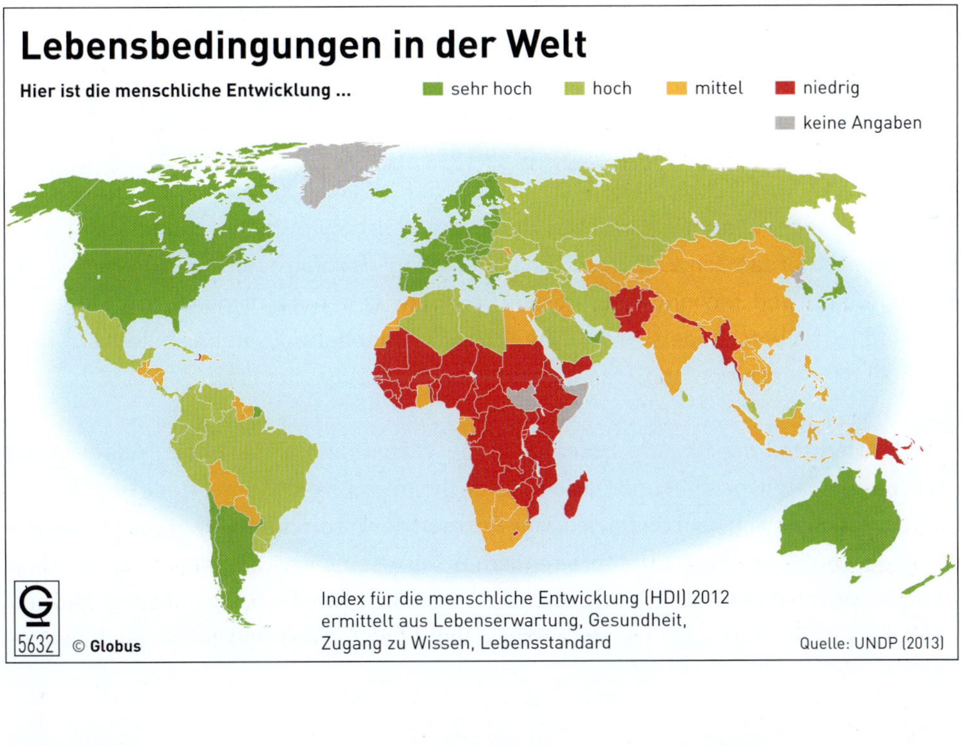

Aufgaben

1. Beurteilen Sie, inwiefern hochentwickelte Industrieländer wie Deutschland zu den Globalisierungsgewinnern gezählt werden können (M 31, M 32).
2. Erörtern Sie, ob Entwicklungsländer die Verlierer der Globalisierung sind (M 33, M 34).

F Recherchieren Sie in Gruppen nach den Millenniumszielen der Vereinten Nationen. Ziehen Sie anschließend eine Bilanz zu den Millenniumszielen der UN und gestalten Sie eine Plakatausstellung dazu.

Globalisierung – Definition und Bereiche (M 2 – M 6)

Die langfristigen und grundsätzlichen Veränderungen der Weltwirtschaft beschleunigen sich immer mehr. Dieser weltweite Strukturwandel wird auch als Globalisierung bezeichnet. Dabei hat der Begriff der Globalisierung zahlreiche Facetten – wirtschaftliche, politische, gesellschaftlich-soziale, kulturelle, ökologische und rechtliche. In fast allen Bereichen, aber vor allem im wirtschaftlichen Bereich, kommt es zu einer immer engeren Verflechtung. Nationale Volkswirtschaften sind eingebunden in einen weltweiten Markt für Waren, Kapital und Dienstleistungen. Die Zahl der internationalen Abkommen und Verträge steigt ebenso wie die Zahl der staatlichen und nichtstaatlichen, internationalen sowie der transnationalen Organisationen. Die Popularkulturen und die Konsumgewohnheiten gleichen sich immer mehr an. Ökologische Probleme sind häufig nicht auf einzelne Länder beschränkt und haben internationale, globale Auswirkungen.

Internationale Arbeitsteilung (M 7, M 8)

Globalisierung hat zahlreiche Ursachen, die in einer engen Wechselbeziehung zueinander stehen. Eine wichtige Triebkraft der Globalisierung ist der internationale Handel und die internationale Arbeitsteilung. Die meisten Unternehmen in westlichen Industriestaaten sind stark von der internationalen Arbeitsteilung betroffen, sei es bei der Beschaffung, bei der Produktion oder beim Absatz. Der Abbau von Handelsbeschränkungen ermöglicht eine weitere Intensivierung.

Internationaler Handel (M 10 – M 13)

Der Grad der Globalisierung wird deutlich im Vergleich des Volumens des Welthandels mit dem Weltsozialprodukt. Während der Welthandel im Vergleich zu 1950 auf etwa das 30-Fache angestiegen ist, ist das Weltsozialprodukt „nur" in etwa auf das 8-Fache angestiegen. Den größten Anteil am Welthandel haben heute die Triade-Regionen: Nordamerika, Europa und die Asien-/Pazifikregion. Besonders wertschöpfungs- und technologieintensive Produkte gelten als dynamische Elemente des Industriegüterhandels – ein Großteil des Welthandelsvolumens besteht aus dem Handel mit Maschinen und Transportmitteln (Flugzeuge, Schiffe).

Theoretische Begründungen für internationale Arbeitsteilung (M 14 – M 16)

Dass Arbeitsteilung für alle Beteiligten von Vorteil sein kann, haben Adam Smith (absolute Kostenvorteile) und David Ricardo (komparative Kostenvorteile) im 18. bzw. 19. Jhd. theoretisch begründet. Heutige Formen des internationalen Handels werden z. B. durch Vernon – mit fortschreitendem Produktlebenszyklus wird die Produktion immer weiter vom Erfinderland in Entwicklungsländer verlagert – und durch Grubel/Lloyd – intraindustrieller Handel mit gleichartigen Gütern und Dienstleistungen – erklärt.

Global Players (M 18 – M 19)

Die Entstehung multinationaler und transnationaler Unternehmen, sog. Global Players, hat den Prozess der Globalisierung beschleunigt. Ziele der Internationalisierung sind u. a.: Marktzugang und -nähe, Zugang zu Ressourcen, Reduzierung der Kosten. Global Player gelten auch als Schrittmacher der Globalisierung. Ihre Organisationsform ist ein Netzwerk mit einer Reihe wechselseitig abhängiger und geografisch verteilter Zentren, die von gemeinsamen Strategien, Normen und einem intensiven

Austausch von Informationen, Erfahrungen und Ressourcen zusammengehalten werden. Dadurch entstehen globale Wertschöpfungsketten innerhalb eines Unternehmens.

Macht und Kontrolle der Global Players (M 20)

Die Rolle der Global Player wird oft kritisch gesehen, da sie in der Lage sind, Wertschöpfung zu verlagern. Der ökonomische und politische Einfluss der Global Player ist erheblich, ihre Kontrolle durch staatliche Institutionen nur bedingt möglich. Über die sozialen Medien und offene Publikationsplattformen sind für die Öffentlichkeit Möglichkeiten entstanden, Einfluss auf Global Player zu nehmen.

Technischer Fortschritt: Kommunikation und Transport (M 21 – M 23)

Der beschleunigte Prozess der Globalisierung ist erst möglich geworden durch technischen Fortschritt im Bereich der Kommunikation und des Transports. Containerschifffahrt, Mikroelektronik und das Internet haben den Handel und die Logistik revolutioniert. Sie ermöglichen es, Produktionsprozesse global zu organisieren. Produktionsstandorte treten damit weltweit in Konkurrenz zueinander.

Standort Deutschland (M 28, M 29)

Die Vorteile des (Industrie-)Standorts Deutschland werden vor allem in dem Qualifikationsniveau, der Innovationskraft, der Vernetzung und dem Know-how, der Infrastruktur und der zentralen Lage in Europa sowie in der Rechtssicherheit, dem sozialen Frieden und der politischen Stabilität gesehen. Risiken für die Zukunft zeichnen sich bei der Erhaltung und dem Ausbau der Infrastruktur, dem zukünftigen Bildungsniveau und der zukünftigen Innovationskraft ab.

Industrieländer mit hohem Globalisierungsgrad profitieren (M 32)

Deutschland gehört wie die meisten Industrieländer zu den Staaten, die vom Prozess der Globalisierung profitieren, wenn man als Maßstab das Wachstum anlegt. In absoluten Zahlen haben die Industrieländer die größten Wachstumszuwächse seit 1990 erfahren. Relativ betrachtet haben allerdings die Schwellenländer gemessen an der Wirtschaftsleistung aus dem Jahr 1990 die größten Globalisierungsgewinne verzeichnet, allen voran China.

Globalisierung und Ungleichheit (M 31)

Innerhalb der Staaten verursacht der globale Strukturwandel gesellschaftliche Veränderungen z. B. auf dem Arbeitsmarkt und bezüglich der Einkommensverteilung. Der globale Strukturwandel führt auch in den Industriestaaten tendenziell zu mehr Ungleichheit.

Entwicklungsländer profitieren nur zum Teil (M 33, M 34)

In den Entwicklungsländern, vor allem in Afrika, ist der Human Development Index (HDI) weiterhin sehr niedrig. Der HDI misst Lebenserwartung, Bildung und Lebensstandard. Die teilweise Abkopplung der Länder in Afrika von der Weltwirtschaft wird auch in dem Volumen der Welthandelsströme deutlich. Die Abschottung und nur schrittweise Öffnung der Märkte der entwickelten Staaten gegenüber den Waren der Entwicklungsländer behindert deren Entwicklung. Studien zeigen, dass die Integration in den Weltmarkt, der Aufbau einer wettbewerbsfähigen Exportindustrie und ein ausfuhrgetriebenes Wachstum auch in Entwicklungsländern vorteilhaft sein können.

Entwicklung des Weltexports 1995 – 2012 nach dem Grad der Entwicklung

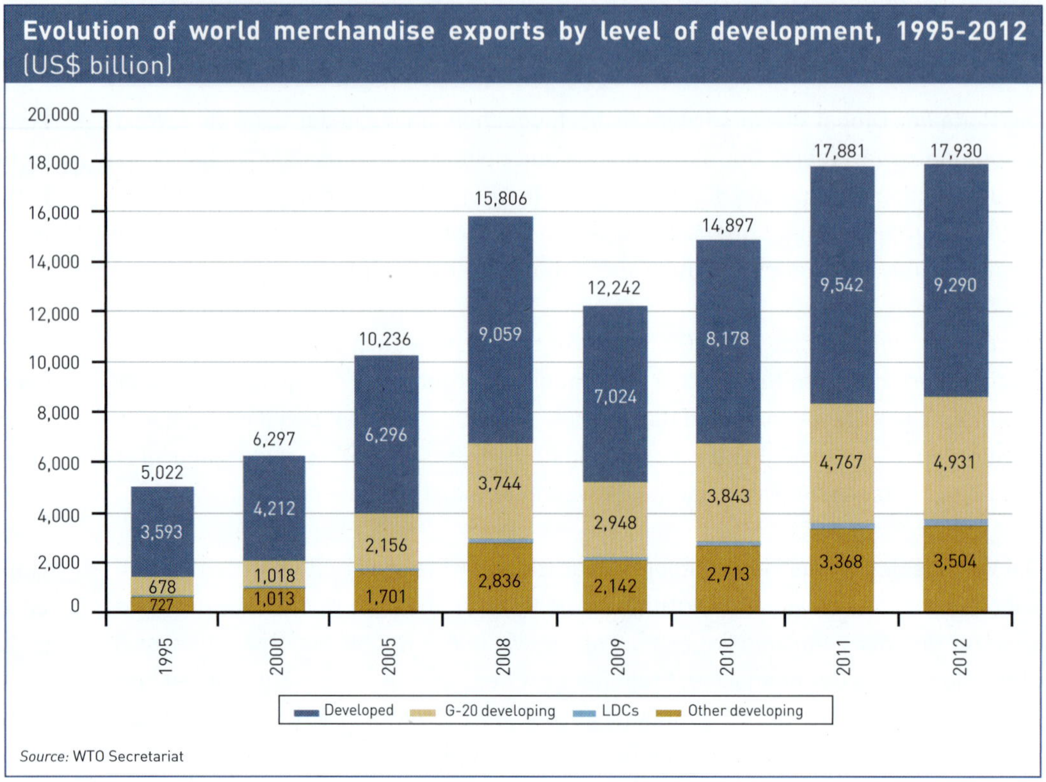

© World Trade Organization 2014, World Trade Report 2014, S. 64

Anteile am Weltsozialprodukt 2000 und 2012

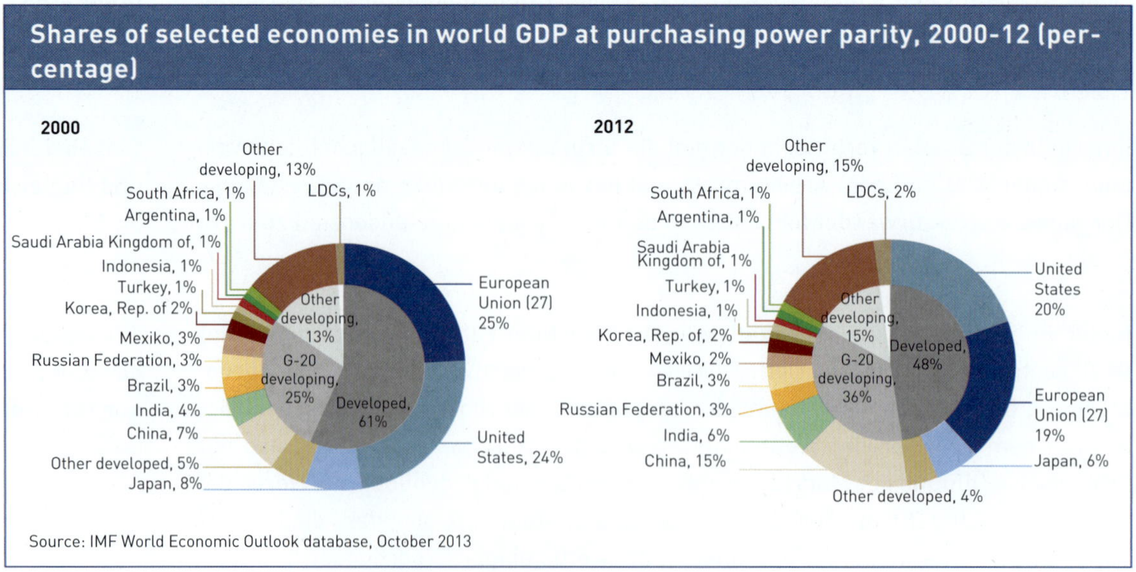

© World Trade Organization 2014, World Trade Report 2014, S. 63

Handelsliberalisierung: Weiterbildung hilft Globalisierungsverlierern

Eigentlich sind die langfristigen Wohlfahrtsgewinne einer Handelsliberalisierung unstrittig: Die Handelspartner konzentrieren sich auf ihre komparativen Vorteile, die Produktion wird effizienter und mehr Konsum wird möglich. Aber nach einem Abbau von Handelsschranken werden in einer Übergangsphase von Arbeitnehmern und Unternehmen, die nun mit ausländischer Konkurrenz konfrontiert sind, eine hohe Flexibilität und die Inkaufnahme von Anpassungskosten verlangt. Die Kieler Forscher berücksichtigen in ihrem dynamischen Modell im Gegensatz zur traditionellen Handelsliteratur auch diese Anpassungsphase. Danach steigen mit der Liberalisierung des Welthandels die Lohnungleichheiten tatsächlich. Und: rund ein Drittel der empirisch beobachtbaren Verstärkung der Lohnungleichheit in wichtigen Industriestaaten ist vermutlich auf den Abbau von Handelsschranken zurückzuführen. Kurzfristig erhöht die Liberalisierung die Lohnunterschiede zwischen den Sektoren. Das gilt vor allem für gut ausgebildete Arbeitnehmer, die aufgrund ihrer spezifischen Ausbildung bei einem Wechsel des Industriesektors mehr zu verlieren haben. Sie passen sich daher langsamer an als mobilere geringer qualifizierte Kräfte. Langfristig steigt der Lohnaufschlag für Hochqualifizierte, weil die Liberalisierung zu einer höheren Nachfrage nach gut ausgebildeten Kräften führt. Folge: die Lohnungleichheit nimmt zu.

Unter diesen Umständen, [dass weniger qualifizierte Kräfte Anreize haben sich weiterzubilden] stellen sich gänzlich andere Ergebnisse ein. Anfänglich nimmt die Lohnungleichheit hier zwar auch zu, baut sich aber durch den Wechsel von nun besser ausgebildeten Arbeitnehmern in den Exportsektor bald wieder ab. „Wirtschaftspolitische Maßnahmen, die Aus- und Weiterbildung unterstützen, erhöhen daher nicht nur das Humankapital einer Volkswirtschaft, sondern helfen auch mit, die Lohnungleichheit zu mildern", so IfW-Forscher Wolfgang Lechthaler.

Die Autoren der Studie räumen in ihrer Analyse zugleich mit der These auf, dass eine lediglich partielle Liberalisierung mögliche Globalisierungsverlierer schützen würde. Eine nur teilweise Liberalisierung – etwa nur für den eigenen Exportsektor, nicht aber für den Importsektor – bringt weniger Effizienzgewinne in der globalen Produktion mit sich. Der positive Einkommenseffekt der Liberalisierung, der allen Arbeitnehmern zugute kommt, fällt dann geringer aus. Lohnsenkungen sind höher und Lohnzuwächse geringer als bei vollständiger Liberalisierung. Ohne Weiterbildungsoption sind weniger qualifizierte Arbeitnehmer die Leidtragenden, mit Weiterbildungsmöglichkeiten trifft es vorwiegend höher qualifizierte Kräfte im Importsektor. Der Verzicht auf Liberalisierung hilft Globalisierungsverlierern also nicht.

Sebastian Braun/Wolfgang Lechthaler/Mariya Mileva, Institut für Weltwirtschaft an der Universität Kiel (IfW), www.pressrelations.de, 25.3.2014

Aufgaben

1. Charakterisieren Sie anhand der Grafiken die Entwicklung des Welthandels sowie der Anteile ausgewählter Staaten(gruppen) am Weltsozialprodukt.
2. Erörtern Sie, ausgehend vom Text, Chancen und Risiken des Prozesses der zunehmenden Globalisierung für die Akteursgruppen Haushalte und Unternehmen in Deutschland.
3. Ordnen Sie Ihre Listen in Gruppen mit Assoziationen zum Begriff Globalisierung vom Beginn des Kapitels (siehe S. 121) neu nach geeigneten Kriterien und stellen Sie diese übersichtlich dar. Wählen Sie vier zentrale Aspekte begründet aus, und diskutieren Sie in Ihrer Gruppe Ihre ursprünglichen Einschätzungen. Stellen Sie Ihre Ergebnisse im Kurs vor.

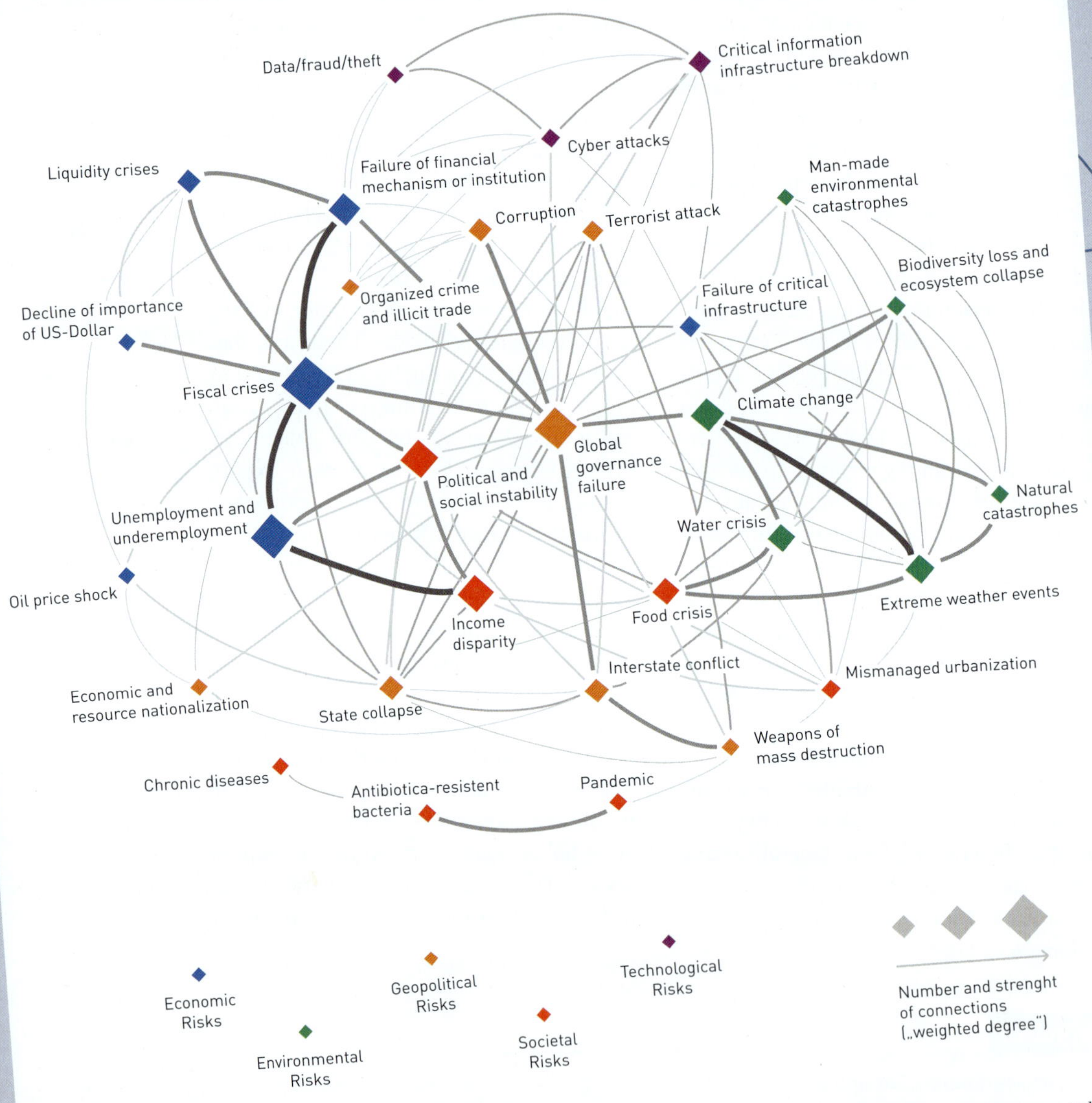

Source: Global Risks Perception Survey 2013-2014
Note: Survey respondents were asked to identify between three and six pairs of global risks they believe to be most interconnected. See Appendix B for more details. To ensure legibility, the names of the gloal risks are abbreviated. Please see Appendix A for the full name and description.

Weltwirtschaftsordnung – Global Economic Governance

9

Mit der zunehmenden wirtschaftlichen Verflechtung von Ländern und Kontinenten im Prozess der Globalisierung treten globale Risiken immer stärker in den Vordergrund. Innerhalb weniger Jahre stürzte die Pleite der US-Investmentbank Lehman Brothers 2008 die globalen Finanzmärkte in die schwerste Krise seit der Großen Depression im Jahr 1929, die Überschuldung des kleinen Eurolandes Griechenland löste eine die Existenz der Europäischen Währungsunion bedrohende Staatsschuldenkrise aus und die Nuklearkatastrophe im japanischen Fukushima führte aller Welt die Risiken des weltweiten Energiehungers vor Augen. Die Ebola-Pandemie kann, ausgehend von Guinea, Sierra Leone, Liberia und Nigeria, eine Bedrohung für die Weltwirtschaft werden. – Wie können sich Menschen gegen die globalen Risiken schützen? Lassen sich die weltweit vernetzten Systeme überhaupt politisch steuern und wenn ja, auf welche Weise?

KOMPETENZEN

Am Ende dieses Kapitels sollten Sie Folgendes wissen und können:

Sie können den institutionellen Rahmen der Welthandelsordnung erläutern.

Sie können Möglichkeiten der politischen Gestaltung des Globalisierungsprozesses beurteilen.

Sie können verschiedene Weltordnungsmodelle voneinander unterscheiden.

Sie können die Chancen und Grenzen des Freihandels beurteilen.

Was wissen und können Sie schon?

1. Fassen Sie die globalen Risiken in den Kategorien
   - Economic Risks,
   - Environmental Risks,
   - Geopolitical Risks,
   - Societal Risks und
   - Technological Risks

   zusammen.
2. Erstellen Sie eine Prioritätenliste der größten Risiken.
3. Entwickeln Sie eigene Vorschläge, wie man gegen die Risiken konkret vorgehen könnte.

9.1 Wodurch ist die Weltwirtschaft gefährdet und wer kümmert sich darum?

M 1 Schadenspotenzial der Risikofelder für die Weltwirtschaft – Ergebnisse einer weltweiten Expertenumfrage

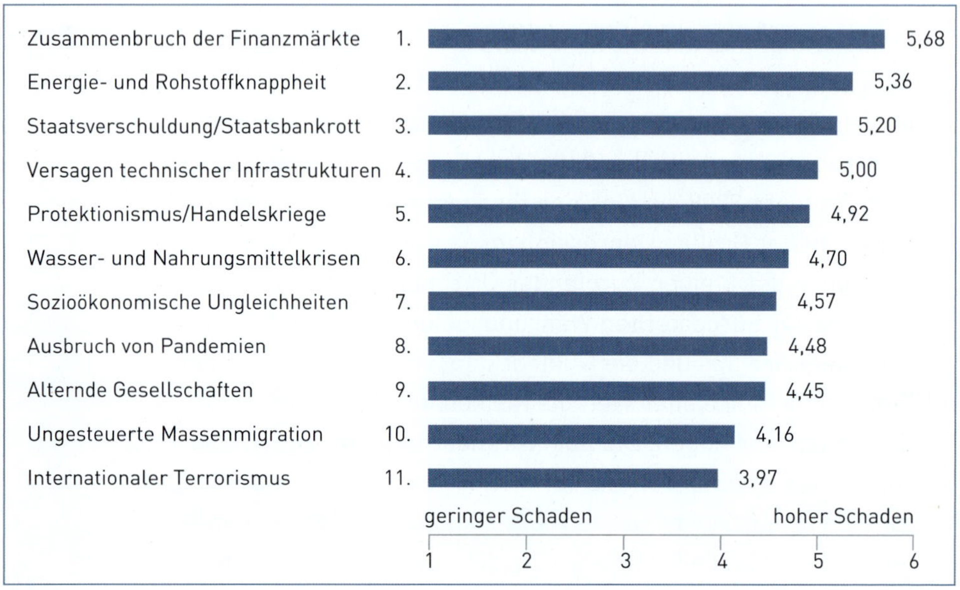

Jan Arpe u. a., Bertelsmann Stiftung (Hrsg.), Die ökonomischen Risiken der Globalisierung, Global Choices 1/2012, S. 12

M 2 Wie alles miteinander zusammenhängt

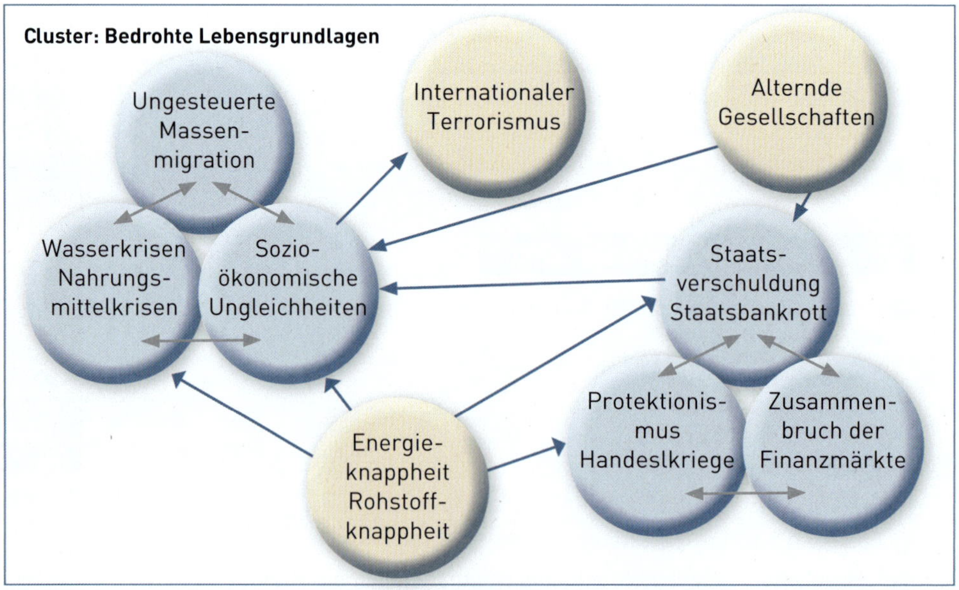

Jan Arpe u. a., Bertelsmann Stiftung (Hrsg.), Die ökonomischen Risiken der Globalisierung, Global Choices 1/2012, S. 24

Ökonomische Risiken

Lassen sich als Risiken definieren, deren Ursachen in gesellschaftlichen, technologischen, ökonomischen, ökologischen und/oder politischen Entwicklungen begründet liegen und deren Wirkungen sich in der globalen Ökonomie entfalten.

Jan Arpe u. a., Die ökonomischen Risiken der Globalisierung, Hrsg. Bertelsmann Stiftung, Global Choices 1/2012, S. 129

M 3 Ist der traditionelle Nationalstaat in der Lage, die neuen Risiken zu beherrschen?

Der moderne Nationalstaat bildet sich im Laufe des 16. Jahrhunderts heraus und wird mit dem Westfälischen Frieden von 1648 zum dominanten Akteur internationaler Beziehungen. Er ist definiert durch ein eindeutig umrissenes Territorium, einem Staatsvolk sowie einer souveränen Ausübung von Staatsgewalt. Er war auch der wichtigste Akteur in der bipolaren Welt bis 1990. In dieser Welt war die Ordnung durch das übersichtliche und festgefügte Zwei-Parteien-Nullsummenspiel geprägt. Das staatenzentrische Weltbild war durch überschaubare Freund-Feind-Schemata gekennzeichnet. Die Krise des Nationalstaats formulierte der amerikanische Soziologe Daniel Bell so: „Der Nationalstaat ist für die kleinen Probleme zu groß und für die großen Probleme zu klein geworden". Der Nationalstaat wird von zwei Seiten in die Zange genommen: durch die zunehmend transnationalisierenden und globalisierenden gesellschaftlichen Handlungszusammenhänge einerseits, durch die Kräfte der Abgrenzung und Fragmentierung andererseits. Der zunehmende Machtverlust der Nationalstaaten angesichts dieser globalen Probleme wird mit den Schlagworten „Denationalisierung" und „Entgrenzung" bezeichnet.

Welche weiteren Antworten werden auf das fragile interpendente Weltsystem gegeben?

Eine erste Antwort ist der Versuch der Wiederherstellung der nationalstaatlichen Souveränität durch Abschottung vom globalen Strukturwandel. Diese äußert sich z.B. im wirtschaftlichen Protektionismus oder in Maßnahmen zur Einschränkung der globalen Migration. Staaten versuchen den Verlust an Macht und Steuerungskapazität durch intensive Verregelungs- und Institutionenbildungsprozesse zu kompensieren oder durch Abschottungen zu verlangsamen. Abschottungen fördern aber die Fragmentierung. Das Gegenteil dazu ist die marktwirtschaftliche Vorgehensweise: Der Nationalstaat stellt sich dem marktwirtschaftlichen Wettbewerb durch aktive Strategien der Standortverbesserung, treibt damit den nationalstaatlichen Wettbewerb voran. Eine weitere Lösungsmöglichkeit wird in der Etablierung internationaler Organisationen gesehen: Die Weltgesellschaft wird als vergrößerter Nationalstaat betrachtet, diese ist durch eine Weltregierung, Weltparlament und Weltjudikative geordnet. Dabei wird häufig der UN eine solche zukünftige Aufgabe zugedacht – der Sicherheitsrat als Weltregierung, die Generalversammlung als Weltparlament, ein Weltstrafgerichtshof als Judikative, der IWF als Weltzentralbank, die WTO u. a. als Weltkartellamt. Da dabei das Problem der Verbindlichkeit und Durchsetzbarkeit von Entscheidungen entsteht, sehen manche realistisch nur ein Weltordnungssystem, welches durch eine Hegemonialmacht, z. B. den Vereinigten Staaten, hergestellt und gesichert wird. Schließlich spielt das Konzept des Global Governance („Regieren ohne Regierung") eine wichtige Rolle für die zukünftige Bewältigung globaler Herausforderungen.

Das Global Governance-Konzept beruht auf einer schlichten Erkenntnis: Wenn sich die Probleme globalisieren, muss sich auch die Politik globalisieren. Das Konzept meint nicht die Idee einer zentralen Weltregierung und auch nicht das Ende des Nationalstaats. Vielmehr will Global Governance eine multilaterale Kooperationskultur schaffen. Damit sollen den Nationalstaaten in einer Mehr-Ebenen-Architektur dort Handlungskompetenzen zurückgegeben werden, wo sie diese durch die Globalisierungstendenzen zu verlieren drohen. Allerdings müssen sich die Nationalstaaten zunehmend mit geteilten Souveränitäten und weltweiten Kooperations- und Integrationsräumen abfinden. Global Governance geht über das Mehr an staatlich or-

Was bedeutet Global Governance?

Global Governance – ein unscharfer Begriff, der im Deutschen meist als „weltweites Regieren" oder „globale Struktur- und Ordnungspolitik" bezeichnet wird – stellt den Versuch dar, globale Probleme mit einem neuen politischen Ordnungsmodell zu bewältigen. Dabei sollen weltweit operierende Netzwerke verschiedener staatlicher und nichtstaatlicher Akteure zusammenwirken.

ganisiertem Multilateralismus noch hinaus. Das Konzept bedeutet ein Zusammenwirken von staatlichen und nichtstaatlichen Akteuren von der globalen bis zur lokalen Ebene, das in einer „public-private partnership" die Wirtschaft und die Zivilgesellschaft in vernetzten Strukturen und Dialogforen einbezieht. Global Governance bezeichnet also mehr als die internationalen Organisationen. Das Konzept umfasst auch Vertragswerke und Konsenspapiere etwa der großen Weltkonferenzen der 1990er Jahre (z. B. Umweltgipfel 1992 in Rio de Janeiro, Sozialgipfel 1995 in Kopenhagen oder Weltfrauenkonferenz 1996 in Peking).

Bearbeiter

M 4 ● Die Global Governance-Architektur

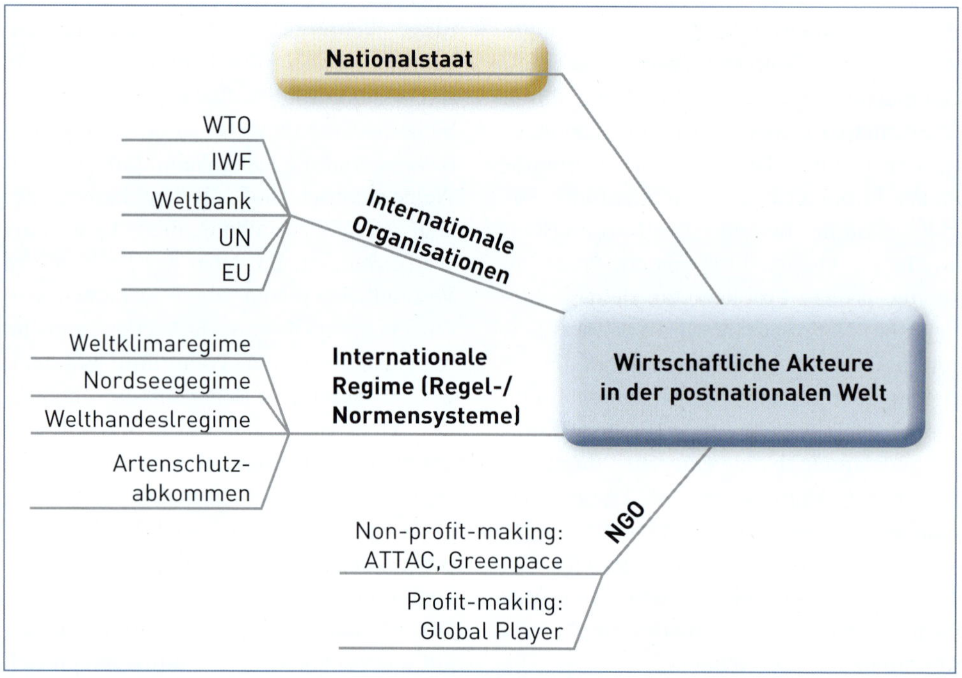

Autorengrafik

Internationale Regime

Bezeichnen in der internationalen Politik ein von internationalen Akteuren (z. B. Staaten) akzeptiertes Regel- und Normensystem (einschließlich notwendiger Entscheidungsverfahren), um bestimmte Problemfelder und Spannungssituationen dauerhaft zu steuern.

Klaus Schubert/Martina Klein, Das Politiklexikon, 5. aktual. Aufl., Bonn/Dietz 2011

M 5 ● Global Health Governance – Pandemien als Bedrohung für die Weltwirtschaft

Mehr als 4.000 Menschen sind bislang an dem tödlichen Ebola-Virus gestorben. Nun warnen IWF und Weltbank vor Schäden für die Wirtschaft. Ihre Erkenntnis: Die Weltgesundheitsorganisation WHO hat weder die Finanzmittel noch die Fähigkeit, konkret gegen Pandemien vorzugehen. Nach Einschätzung des Internationalen Währungsfonds (IWF) und der Weltbank ist die Ebola-Epidemie in Afrika ein Risikofaktor für die weitere wirtschaftliche Entwicklung. Wie Weltbank-Präsident Jim Yong Kim bei der Jahrestagung beider Organisationen in Washington sagte, sieht er die Weltgemeinschaft im Kampf gegen Ebola ins Hintertreffen geraten. Kim forderte schnelle Gegenmaßnahmen und eine neue internationale Einrichtung, um gegen Epidemien wie Ebola frühzeitig auch finanziell vorgehen zu können. Hinter Kims

Erklärfilm „Ebola"

Mediencode: 73006-14

Forderung steht die Erkenntnis, dass die Weltgesundheitsorganisation WHO weder die Finanzmittel noch die Fähigkeit hat, konkret gegen Pandemien vorzugehen. [...] In einem für den IWF außergewöhnlichen Schritt hieß die geschäftsführende Direktorin Christine Lagarde es gut, wenn die am stärksten von Ebola betroffenen Länder Sierra Leone, Guinea und Liberia ihre Neuverschuldung erhöhten, um die Krise zu bekämpfen. Afrika gehört seit Jahren zu den am kräftigsten wachsenden Regionen der Welt. Der IWF prognostiziert den Ländern südlich der Sahara für das kommende Jahr ein Wachstum von 5,8 Prozent, nach 5,1 Prozent in diesem Jahr. Sollte die Krise sich ausweiten, könnte es aber dramatische Folgen für die Wirtschaft in Westafrika haben.

Patrick Welter/Sven Wiebeck/dpa, Frankfurter Allgemeine Zeitung, 10.10.2014

M 6 ● Die Weltgesundheitsorganisation (WHO) im System der Vereinten Nationen

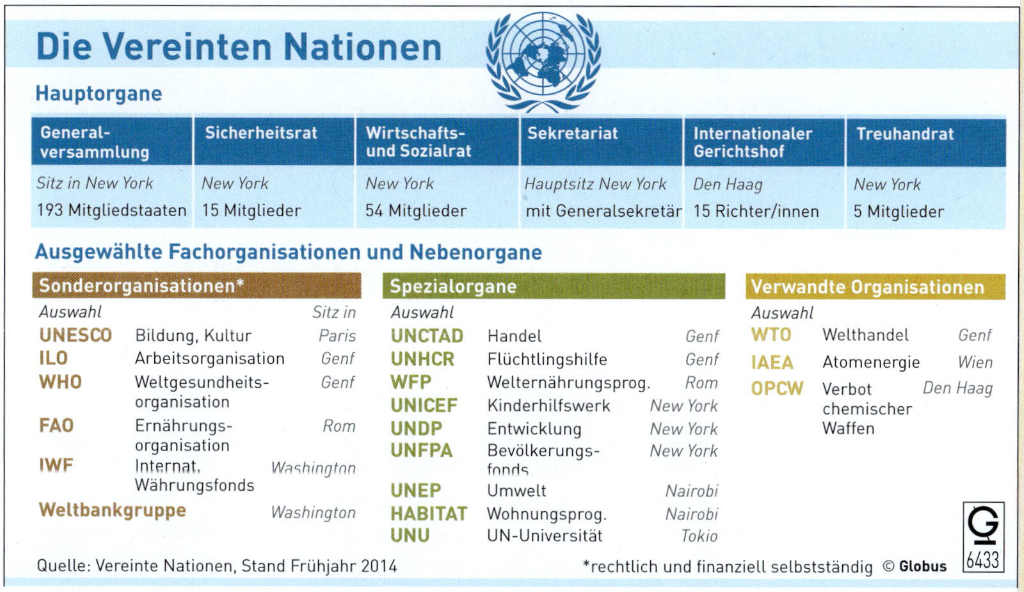

Erklärfilm „Vereinte Nationen"

Mediencode: 73006-15

Aufgaben

1. Werten Sie die Expertenumfragen aus, und vergleichen Sie die Ergebnisse mit Ihren eigenen Einschätzungen zu den Risikofeldern der Kapitelauftaktseite (M 1, M 2).
2. Arbeiten Sie aus M 3 die Strategien, globalen Bedrohungen zu begegnen, heraus.
3. Beurteilen Sie die Strategien aus M 3 am Beispiel der Bedrohungen für die Weltwirtschaft durch Pandemien (M 5, M 6).
4. Erläutern Sie die Global Governance-Architektur (M 3, M 4).

H zu Aufgabe 3
Kriterienorientierte Beurteilung: Überlegen Sie, welche Strategien wirksam sein können (Effizienz) und wie diese politisch durchsetzbar sind.

F Recherchieren Sie nach internationalen Regimen. Erläutern Sie im Anschluss daran für ein internationales Regime Ihrer Wahl, dessen Ziele, Chancen und Grenzen.

9.2 Welthandelspolitik – Freihandel oder Protektionismus?

M 7 Freihandelszonen bestimmen den Welthandel

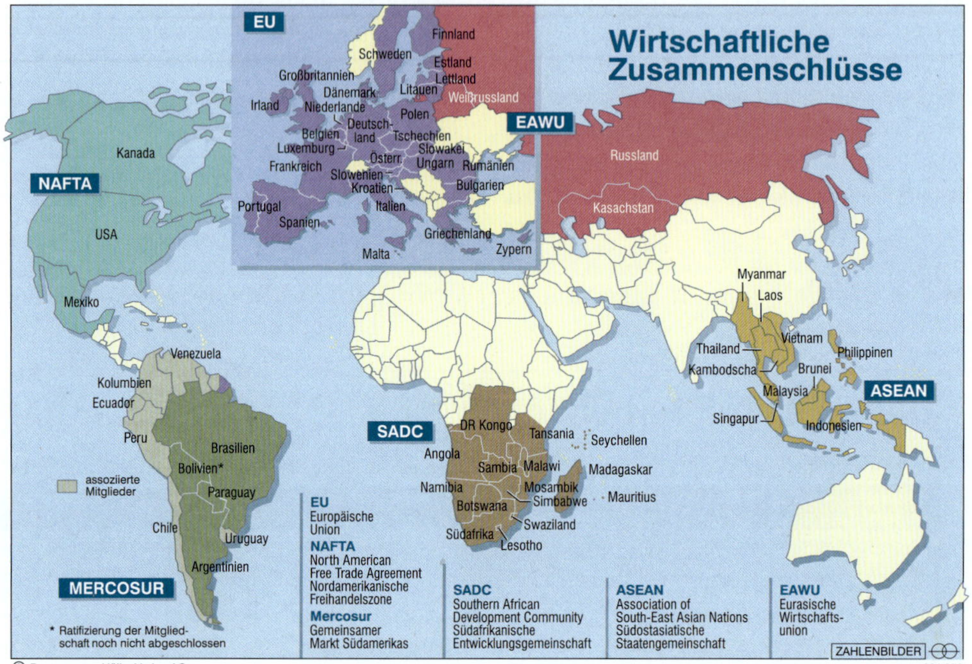

© Bergmoser + Höller Verlag AG 621 956

M 8 TTIP – das Freihandelsabkommen schnell und einfach erklärt

800 Millionen Bürger wären betroffen, wenn die größte Freihandelszone, zwischen Europa und den USA, der Welt beschlossen wird. Befürworter sehen große Chancen für die beide Wirtschaftsräume, da das Abkommen Wirtschaftswachstum und höhere Löhne verspricht. Gegner des Transatlantic Trade and Investment Partnership, kurz TTIP, bemängeln fehlende Transparenz während der nicht öffentlichen Verhandlungen, Gefahren für mittelständische Unternehmen, die Umwelt und Verbraucher.

Seit 2013 wird rund um das TTIP verhandelt. Der Plan ist den Handel zwischen den USA und Europa zu erleichtern. Die EU-Kommission, angeführt von Chefverhandler Ignacio Garcia Bercero, diskutiert in verschiedenen Fach- und Themengruppen wie Handelshemmnisse abgebaut werden können. Die Experten aus den USA, angeführt von Dan Mullaney, seines Zeichens Mitglied der US-Behörde für Europa und den Mittleren Osten wollen ebenfalls Hürden abbauen, aber oft kommen sich die Seiten thematisch in die Quere. Heikle Punkte beim Angleichen sind Dinge wie Lebensmittelbestimmungen und Umweltzertifikate, da sie auf einen gemeinsamen Standard gebracht werden müssen.

Was versprechen sich die Politiker vom TTIP? Viele Waren können aktuell nicht wirtschaftlich gehandelt werden, da Zölle, Bürokratie und unterschiedliche technische Standards den Warenaustausch zwischen den Kontinenten erschweren. Beispiele sind Blinker am Auto oder Verpackungen von Lebensmitteln. Beide sind in Europa und den USA nachgefragt. Da die Waren aber verschieden reguliert und genormt sind, ist es für Unternehmen nicht rentabel ihre Waren anzupassen. Solche Verschiedenheiten erschweren Unternehmen, sich auf bestimmte Produktionsschritte zu spezialisieren. Die dadurch mögliche Kosteneinsparung bleibt aus. Das TTIP soll diese Problematik durch Angleichung der Märkte aus der Welt schaffen.

Die Verhandlungen zum TTIP [...] gestalten sich [aktuell] aber zäher denn je. [...] Wirtschafts-Experten schließen ein Scheitern aus, aber ein Abschluss, wie geplant Mitte des Jahres 2015, wird ebenfalls angezweifelt.

Johannes Sill, Südwest Presse, 11.8.2014

M 9 ● TTIP – die Meinungen der Bürger

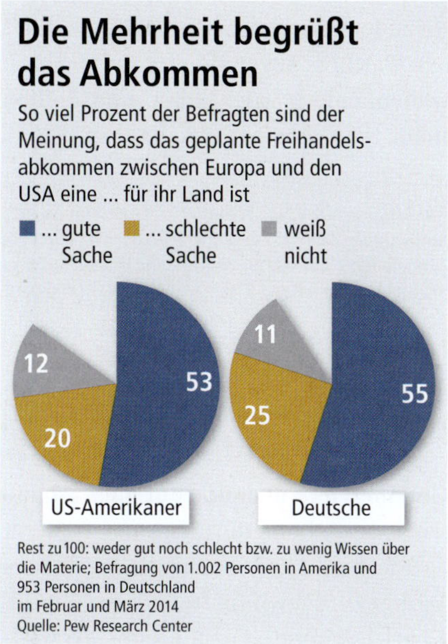

© 2014, IW Medien • iwd 24, Institut der deutschen Wirtschaft Köln Medien GmbH, 12.6.2014, S. 5

M 10 ● Warum TTIP wünschenswert ist

Eine TTIP ist aus vielerlei Gründen wünschenswert. Zwar ist der transatlantische Handel bereits stark liberalisiert – laut WTO mit durchschnittlichen angewandten Zollsätzen für Industriegüter von 4 Prozent in der EU bzw. 3,3 Prozent in den USA sowie für Agrargüter von 13,9 Prozent (EU) bzw. 5 Prozent (USA). Doch auch der Abbau der verbleibenden Zölle verspricht angesichts des hohen bilateralen Handelsvolumens nicht zu unterschätzende Wachstumseffekte. Zudem sollten die niedrigen Durchschnittszölle nicht darüber hinwegtäuschen, dass es noch eine Vielzahl an Spitzenzöllen gibt. In der EU finden sich diese vor allem im Agrarhandel (bis zu 205 Prozent), in den USA bei vereinzelten Industriegütern, insbesondere Textilien (42 Prozent), Bekleidung (32 Prozent) sowie Leder und Schuhwerk (56 Prozent). Hohe Zölle gibt es zudem auf beiden Seiten des Atlantiks im Handel mit Chemikalien, Transportausrüstung und medizinischen Gütern.

Neben Zöllen stellen jedoch insbesondere NTBs gravierende Handels- und Investitionshemmnisse dar. Technische (regulative) Handelsbarrieren existieren vor allem in

NTB
Nontariff Barriers (nichttarifäre Handelshemmnisse)

der Pharma- und Kosmetikindustrie, der Kraftfahrzeugbranche sowie der Textil- und Bekleidungsindustrie. Die EU und die USA würden erheblich profitieren, sollte es gelingen, im bilateralen Handel Zölle abzuschaffen und NTBs zu reduzieren.

Am Londoner Centre for Economic Policy Research (CEPR) erschien im März 2013 die Studie »Reducing Transatlantic Barriers to Trade and Investment«. Sie prognostiziert die Wohlfahrtseffekte einer TTIP für verschiedene Liberalisierungsszenarien, ausgedrückt als Veränderung des Bruttoinlandsproduktes (BIP).

Werden nur die Zölle abgebaut (Szenario »Begrenztes Abkommen«: Abschaffung von 98 Prozent aller Zölle), erwarten die Autoren einen jährlichen Wachstumsimpuls von 0,1 Prozent (23,8 Milliarden Euro) für die EU und 0,04 Prozent (9,4 Milliarden Euro) für die USA.

Anders sieht es aus unter dem »umfassenden Szenario/ambitioniert«, bei dem die Autoren den Abbau von 98 Prozent aller Zölle, 25 Prozent aller NTBs im Güter- und Dienstleistungshandel und 50 Prozent aller NTBs im öffentlichen Beschaffungswesen annehmen. Als Folge würde das BIP der EU um 119,2 Milliarden Euro und das der USA um 94,9 Milliarden Euro steigen – ein willkommener Schub für Europas und Amerikas Wirtschaft [...].

Eine stärkere transatlantische Integration würde zudem die Wettbewerbsfähigkeit der beiden Partner gegenüber aufstrebenden Schwellenländern wie China und Indien erhöhen.

Annika Mildner/Claudia Schmucker, Abkommen mit Nebenwirkungen? Die EU und die USA stehen vor Verhandlungen über eine Transatlantische Handels- und Investitionspartnerschaft, SWP-Aktuell 26, Mai 2013, S. 2

M 11 ● TTIP – auf dem Altar des Freihandels

Die Europäische Union ist eine Kapitalismusmaschine und bietet zugleich den besten Schutz vor ihr. Wer über Jahre einen grenzenlosen Markt mit 500 Millionen Konsumenten geschaffen hat, dringt auch im Umgang mit anderen auf den Abbau unternehmerischer Hürden. In weiterer Globalisierung steckt neben der Chance auf Wohlstandsgewinne freilich das Risiko, dass hart erkämpfte soziale oder ökologische Errungenschaften unter die Räder kommen. Die EU als noch immer weltgrößter Handelsblock und Antreiber neuer Liberalisierungsrunden hat dabei auch die Möglichkeit, globale Standards zu setzen. Man muss sie nur nutzen. Idealerweise würden solche Normen in den Weltorganisationen gesichert. Doch liegen fortschrittlichere Abkommen dort auf Eis oder werden in der Praxis ignoriert. Daher kommt der Fülle bilateraler Verträge, die derzeit ausgehandelt werden, so große Bedeutung zu. Je größer die beteiligten Volkswirtschaften, desto größer die Chance, dass das Vereinbarte zum Weltmaßstab wird. Darin liegen auch Chance und Gefahr der transatlantischen Freihandelszone TTIP, über die EU und USA verhandeln. Und das macht auch das Abkommen, das als Test-

Karikatur: marka

lauf gilt und am Freitag beim EU-Kanada-Gipfel vorgestellt worden ist, so bedeutsam. Es geht um das Gesicht der künftigen Weltwirtschaft. Neben all den Kriegen findet derzeit auch ein globaler Verteilungskampf statt. Und es ist kein Geheimnis, dass Europa langfristig von Asiens aufstrebenden Volkswirtschaften ins Abseits gestellt zu werden droht. Europas Sozialmodell oder zumindest das, was davon übrig ist, geriete in Gefahr. So muss es in den anstehenden Handelsverträgen auch um eine bessere Balance gehen. Der Warenaustausch sichert in einer Exportnation wie Deutschland Arbeitsplätze. Wie aber Unternehmen darauf hoffen dürfen, Zölle und bürokratischen Aufwand zu sparen, da ihre technischen Standards weltweit Verbreitung finden, müssen auch die Menschen darauf vertrauen können, dass ihre Anliegen als Arbeitnehmer, Bürger und Verbraucher nicht auf dem Altar des Freihandels geopfert werden. Das ist nach allem, was man weiß, bis jetzt nur bedingt der Fall. Es muss nachgebessert werden. So enthält der Ceta-Vertrag gute Punkte – so wollen die Kanadier nun auch Rindfleisch ohne Hormone anbieten. Das sollte der wegen TTIP verbreiteten deutschen Chlorhühnchen-Angst die Spitze nehmen. Andere Kapitel aber lassen die Alarmglocken schrillen – etwa das zum Schutz geistigen Eigentums, in dem beim Urheberrecht Pflöcke eingeschlagen werden, ehe der Gesetzgeber die geplante Reform überhaupt auf den Weg gebracht hat. Ein demokratisches Unding sind die Schiedsverfahren, die Konzernen die Möglichkeit einräumen, Staaten auf Schadenersatz zu verklagen, wenn sie ihre Gewinne auf unfaire Weise geschmälert sehen. Die Zusagen, die Verfahren blieben auf wenige Fälle wie Enteignungen beschränkt und wären der Öffentlichkeit zugänglich, sind nicht gut genug – dazu sind die Formulierungen zu vage. Wer sagt denn, dass nicht auch ein neu verabschiedetes Umweltgesetz als unfaire Benachteiligung ausgelegt wird? So etwas hat in Verträgen zwischen Rechtsstaaten nichts verloren. – [...] Freihandel kommt nur dann allen zugute, wenn er nach fairen Regeln abläuft.

Das Chlorhühnchen ist zum Symbol der Kritik am geplanten TTIP-Abkommen mit Amerika geworden.

Christopher Ziedler, Stuttgarter Zeitung, 26.9.2014

M 12 ● Gefährden die TTIP-Verhandlungen das multilaterale Handelssystem der WTO?

Allerdings ist eine TTIP nicht ohne Risiken für den globalen Handel und das multilaterale Handelssystem. Ein zentrales Problem präferentieller Abkommen liegt in der Diskriminierung von Drittstaaten. Häufig führt ein solches Abkommen aber auch zu einer Diskriminierung von Drittländern mit handelsumlenkenden Effekten. Handelsumlenkung entsteht, wenn Güter/Dienstleistungen aus dem Partnerland durch den Abbau von Handelsbarrieren einen Wettbewerbsvorteil erhalten und in der Folge der bisherige Handel mit Drittländern auf die Partnerländer umgelenkt wird – auch wenn das Drittland die betreffenden Güter/Dienstleistungen effizienter herstellen kann. Eine Studie des ifo Instituts vom Januar 2013 geht davon aus, dass zahlreiche Länder in der geographischen Nähe von USA und EU, mit denen die beiden viel handeln, oder solche, mit denen sie Freihandelsabkommen unterhalten, Einkommensverluste durch eine TTIP zu erwarten haben. EU und USA haben aufgrund ihres ökonomischen und politischen Gewichts eine besondere Verantwortung für die Welthandelsordnung. Wie also muss die TTIP aussehen, damit sie dem multilateralen Handelssystem nutzt und nicht schadet? In erster Linie muss sie mit WTO-Vorgaben kompatibel sein und als Sprungbrett für künftige Regeln und Liberalisierungen auf globaler Ebene dienen (Stichwort »stepping stone«). Präferentielle Handelsabkommen widersprechen dem Grundsatz der unbedingten Meistbegünstigung – einem der wichtigsten WTO-Prinzipien –, da sie den Partnern Vergünstigungen einräumen, die Drittländer nicht erhalten. Erlaubt sind sie demnach nur als Zwischenschritt im multilateralen Liberalisierungsprozess; Damit die multilaterale Handelsordnung durch Präferenzabkommen keinen Schaden nimmt, müssen sie offen gegenüber Drittstaaten sein. Das gilt auch für die TTIP. Zunächst wird dieses Abkommen nur zwischen der EU und den USA ausgehandelt. Langfristig wäre jedoch zielführend, es auf die gesamte NAFTA-Region auszuweiten. Dies gilt umso mehr, als die EU bereits ein Freihandelsabkommen mit Mexiko unterhält und zurzeit mit Kanada über ein solches verhandelt. Je mehr Mitglieder eine Präferenzvereinbarung umfasst, desto geringer sind die handelsumlenkenden Effekte und desto größer fallen die Chancen aus, dass eine Multilateralisierung des Abkommens gelingt.

EU und USA sollten auch nach Abschluss der TTIP ihre bilateralen Streitigkeiten hauptsächlich vor der WTO austragen und die Schiedssprüche des dortigen Streitschlichtungsgremiums zügig umsetzen. Es wäre ein schlechtes Vorbild, sollten sich die transatlantischen Partner aus dem Schlichtungsmechanismus der WTO zurückziehen. Nach Angaben der Europäischen Kommission hat die EU derzeit 22 Beschwerden bei der WTO gegen die USA laufen (von insgesamt 55 Klagen der EU gegen WTO-Mitglieder). Drei davon befinden sich im sogenannten Panelverfahren. Dieses setzt ein, wenn sich die Streitparteien im Konsultationsverfahren auf keinen Kompromiss einigen können. Es geht in den drei Fällen um Subventionen bei Zivilflugzeugen (Airbus/Boeing), um Urheberrechte und die umstrittene Verwendung von Antidumping-Zöllen in den USA (gemäß Byrd-Amendment). Von amerikanischer Seite wiederum sind bei der WTO zurzeit neun Beschwerden gegen die EU anhängig (bei insgesamt 29 Klagen der USA). Im Panelverfahren sind auch hier drei Konflikte; sie betreffen neben Airbus und geographischen Herkunftsangaben den vielbeachteten Streit um gentechnisch veränderte Nahrungsmittel. Eine starke WTO ist wichtig für die EU und die USA, vor allem weil China, Brasilien und Indien in der internationalen Handelspolitik an Gewicht gewinnen. Auch wenn sich die transatlantischen Partner auf eine TTIP einigen, steigt im globalen Handel die Bedeutung klarer Regeln, die von den Schwellenländern akzeptiert werden und sich vor der WTO durchsetzen lassen. Daher sollten EU und USA ihr Abkommen so gestalten, dass es WTO-kompatibel ist und einen Impuls für die Doha-Runde liefert – wie es in den 1990er Jahren bei der Uruguay-Runde durch die NAFTA geschah. Eine erfolgreich abgeschlossene TTIP könnte somit auch der Doha-Runde zum Durchbruch verhelfen.

Annika Mildner/Claudia Schmucker, Abkommen mit Nebenwirkungen? Die EU und die USA stehen vor Verhandlungen über eine Transatlantische Handels- und Investitionspartnerschaft, SWP-Aktuell 26, Mai 2013, S. 4 f.

NAFTA (North American Free Trade Agreement)

Die USA, Kanada und Mexiko bilden seit 1994 eine Freihandelszone, das Nordamerikanische Freihandelsabkommen NAFTA.

M 13 ● Das Welthandelsregime der WTO

Die WTO nahm am 1. Januar 1995 ihre Arbeit auf und löste damit als neue Dachorganisation des Welthandels das Allgemeine Zoll- und Handelsabkommen (General Agreement on Tariffs and Trade, GATT) von 1948 ab. Die WTO ist als einzige internationale Organisation dafür zuständig, Regeln für den internationalen Handel zu formulieren. Das oberste Organ der Welthandelsorganisation ist die Ministerkonferenz der Wirtschafts- und Handelsminister, die alle zwei Jahre zusammenkommt. Bei den Treffen werden die Themen für die zumeist mehrjährigen Verhandlungsrunden festgelegt und Ziele aufgestellt. Die Ministerkonferenz entscheidet unter anderem über die Einsetzung einzelner Räte, die Ernennung des WTO-Generaldirektors, die Bestimmung seiner Kompetenzen sowie über Änderungen des WTO-Rechts. Entscheidungen in der Ministerkonferenz werden grundsätzlich nach dem Konsensprinzip gefällt. Jedes WTO-Mitgliedsland hat dabei eine Stimme. Die WTO ist auch ein Forum für die Lösung von Handelskonflikten. Die Vereinbarung über Regeln und Verfahren zur Beilegung von Streitigkeiten gilt im Gegensatz zum früheren GATT-Streitschlichtungssystem für alle WTO-Abkommen.

Bearbeiter

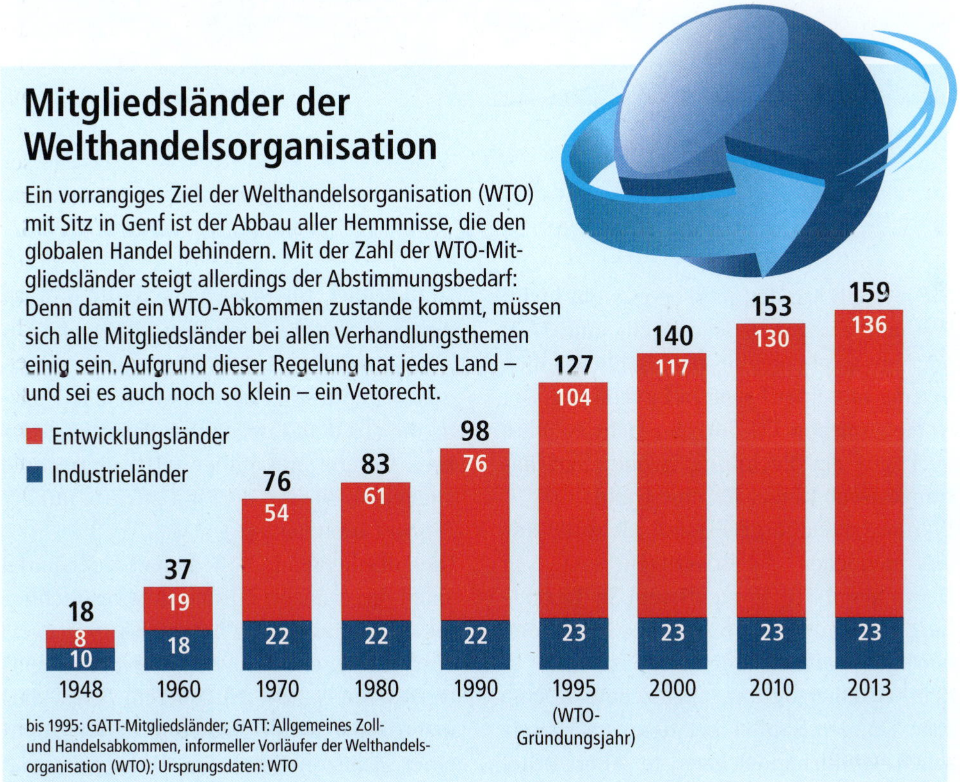

© 2014, IW Medien • iwd 3, Institut der deutschen Wirtschaft Köln Medien GmbH, 16.1.2014, S. 2

Aufgabe

Soll ihrer Meinung nach eine transatlantische Freihandelszone geschaffen werden? Beurteilen Sie diese Frage mithilfe der Materialien M 7 – M 13. Unterscheiden Sie dabei mögliche Auswirkungen auf Unternehmen, Konsumenten und Welthandel.

F Informieren Sie Ihren Kurs über die in M 7 aufgeführten Freihandelsabkommen.

H zu Aufgabe
Vergleichen Sie die Umfragewerte aus Deutschland mit denen der USA in M 9.

H zu Aufgabe
Erläutern Sie, inwiefern TTIP, die bisher von der WTO gesteuerte Welthandelsordnung, infrage stellt (M 12, M 13).

9.3 Weltfinanzordnung – lässt sich die weltweite Steuerflucht von Unternehmen politisch kontrollieren?

M 14 ● Briefkastenfirmen

Karikatur: Harm Bengen

M 15 ● Legale Steuertricks – ein Problem?

Steuerdumping
Die Klage, dass multinationale Konzerne ihre Steuerlast über Gewinnverlagerungen kleinrechnen, ist nicht neu. Schon 1998 legte die Organisation für wirtschaftliche Zusammenarbeit und Entwicklung (OECD) einen Bericht über schädlichen Steuerwettbewerb vor.

Die meisten Kunden merken es wohl nicht: Wer auf amazon.de ein Buch, eine DVD oder etwas anderes bestellt, schließt einen Vertrag mit einer Firma in Luxemburg. Der Name: Amazon EU Sarl. So steht es dann auch auf der Rechnung (wobei Sarl das französische Kürzel für eine GmbH ist).

Warum Luxemburg? Es sind nicht die unterschiedlichen Mehrwertsteuersätze in Deutschland (19 Prozent) und in Luxemburg (15 Prozent), die Amazon vor Jahren bewogen haben, seine Europazentrale in dem Großherzogtum anzusiedeln. Deutsche Kunden zahlen bei dem amerikanischen Onlinehandelshaus in aller Regel deutsche Mehrwertsteuern. Die Steuer fällt da an, wo der Konsument wohnt.

Es sind aber auch nicht die Steuersätze für Unternehmensgewinne, die Amazon nach Luxemburg lockten. Sie liegen dort effektiv bei 25 Prozent und bei etwas über 28 Prozent in Deutschland – kein allzu großer Unterschied. Die eigentliche Attraktion für Amazon ist die besondere Luxemburger Art, Gewinne aus der Nutzung von geistigem Eigentum zu besteuern. Solche Profite, die aus dem Einsatz von Patenten, Marken, Design und einigen Urheberrechten entstehen, werden dort mit effektiv nur 5,7 Prozent besteuert. [...]

Die entscheidende Rolle beim Steuersparen spielt die Amazon Europe Holding Technologies. In diese Firma hat der Konzern 2005 Markenrechte, Patente und anderes geldwertes Know-how eingebracht. Diese immateriellen Vermögenswerte hatten zuvor einer Amazon-Firma im US-Bundesstaat Nevada gehört. Sie bekam im Gegenzug erhebliche Summen aus Luxemburg überwiesen. Diese fielen aber wohl geringer aus als die Beträge, die die Luxemburger Firma ihrerseits von anderen Amazon-Gesellschaften kassierte. Im Ergebnis ist es dem amerikanischen Multi nach einer Recherche von Reuters gelungen, in Luxemburg rund zwei Milliarden US-Dollar weitgehend steuerfrei zu bunkern – Kapital für die weitere Expansion des Handelsriesen.

Das Nachsehen hatten dabei nicht nur viele europäische Staaten, in denen Amazon hohe Umsätze macht, sondern auch die Steuerbehörden der Vereinigten Staaten. Der Internal Revenue Service, die Bundessteuerbehörde der USA, hat von Amazon deshalb im Oktober 2011 zusätzliche Steuern in Höhe von 1,5 Milliarden Euro gefordert und das mit den Gewinnen der ausländischen Töchter begründet. [...]

Amazon ist bei Weitem nicht der einzige Multi, der mit einer gezielten Strategie der Steuerminimierung in die Kritik geraten ist. Apple, Google, Microsoft und viele andere Unternehmen aus der Digitalwirtschaft gelten ebenfalls als aggressive Steuervermeider.

Aber auch konventionelle Firmen beherrschen die Tricks. In Großbritannien hat der Fall Starbucks für Empörung gesorgt. Die in Amerika beheimatete Kaffeehauskette hat in Großbritannien in den vergangenen 14 Jahren keine neun Millionen Pfund Steuern gezahlt, obwohl sie in diesem Zeitraum mehr als drei Milliarden Pfund eingenommen hat.

Großbritanniens Premierminister David Cameron erklärte im Januar der in Davos versammelten Wirtschaftselite, Unternehmen hätten eine „moralische Verpflichtung“, Steuern zu zahlen. Diejenigen, die sich um ihren gerechten Anteil drückten, müssten „aufwachen und den Kaffee riechen“. Im Fall Starbucks hat der Weckruf gewirkt, das Unternehmen will in Großbritannien 20 Millionen Pfund zusätzlich abführen. Bundeskanzlerin Angela Merkel wetterte [bereits] gegen „riesige Unternehmen“, die „riesige Umsätze bei uns“ machten, sie dann aber „in einem Steuerparadies“ versteuerten.

Die Fachleute sind schon länger alarmiert. Michael Sell, Chef der Steuerabteilung im Bundesfinanzministerium, beklagt eine „zunehmend aggressive Steuergestaltung bei multinationalen Konzernen“. [...] Die beliebteste Methode der Steuervermeidung ist seit Langem: Man verkauft Güter und Dienstleistungen zwischen Gesellschaften eines Konzerns in verschiedenen Ländern so, dass am Ende die Gewinne in dem Land mit den niedrigsten Steuern landen. Kosten werden möglichst dort verbucht, wo die Steuern hoch sind. Das Ziel der Übung: dort keinen Gewinn auszuweisen, wo er mit dem Finanzamt geteilt werden muss. Das Ganze funktioniert besonders gut in der Technologiebranche und in der Pharmaindustrie, denn in diesen Unternehmen besteht das Vermögen zu großen Teilen aus Wissen und Können. Solche immateriellen Werte in Zahlen zu fassen ist nicht einfach und unterlag immer schon einer gewissen Willkür. Zwar wird international vorgeschrieben, dass die Preise im Handel zwischen Firmen eines Konzerns denen entsprechen müssen, die zwischen unabhängigen Firmen berechnet werden, aber das durchzusetzen ist in der Praxis extrem schwierig.

Wie soll ein Finanzbeamter einer Softwarefirma und ihren Steueranwälten beweisen, dass der Wert eines Patents bei einem Verkauf im Konzern viel zu hoch angesetzt worden ist?

Eine andere bewährte Methode von weltweit operierenden Unternehmen, die Steuerlast zu minimieren, besteht darin, innerhalb des Konzerns Kredite über die Grenzen hinweg zu vergeben. Tochterfirmen, die in Ländern mit hohen Steuern arbeiten, erhalten Geld von Tochterfirmen, die in Ländern mit niedrigen Steuersätzen arbeiten. Die gezahlten Zinsen werden im Hochsteuerland von den zu versteuernden Gewinnen abgezogen, sodass von diesen möglichst wenig übrig bleibt. Im Niedrigsteuerland führen die Zinseinnahmen umgekehrt zwar zu ansehnlichen Gewinnen, aber eben nicht zu hohen Abgaben. [...]

Der amerikanische Softwarekonzern Microsoft zum Beispiel hat 2011 mehr als die Hälfte seines weltweiten Gewinns über drei Tochterfirmen in Puerto Rico, Irland und

Reiche horten Billionen in Steueroasen

Bis zu 32.000.000.000.000 US-Dollar verstecken die Wohlhabenden dieser Welt einer Studie zufolge vor dem Fiskus. Den Staaten entgehen dadurch Einkommensteuern in Milliardenhöhe.

Reuters/jobr/Oliver Klasen, www.sueddeutsche.de, 22.7.2012

Erklärfilm „Steuerflucht“

Mediencode: 73006-16

Singapur verbucht, wie Stephen Shay, ein Steuerprofessor von der Universität Harvard, vorgerechnet hat. Dass es dabei nicht mit rechten Dingen zugegangen sein könne, liege auf der Hand. Der effektive Steuersatz betrug vier Prozent.

Rüdiger Jungbluth, Zeit online, 2.3.2013

M 16 ● G20 – Akteur des Global Governance

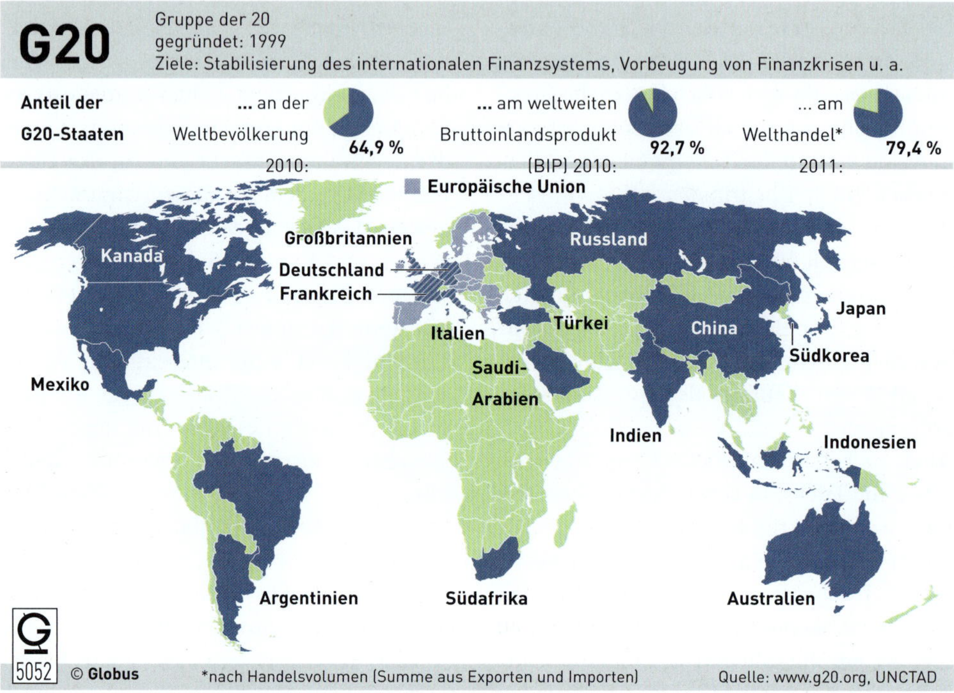

M 17 ● Staaten gehen gegen Steuerdumping vor

Mehr als drei Dutzend Industrie- und Schwellenländer wollen gegen den aggressiven Steuerwettbewerb von Großkonzernen vorgehen. Die Staaten haben die Organisation für wirtschaftliche Zusammenarbeit und Entwicklung (OECD) in Paris beauftragt, konkrete Maßnahmen gegen Gewinnverlagerungen in Niedrigsteuerländer auszuarbeiten. Die OECD stellte am Dienstag den ersten Teil eines Aktionsplans vor, der zweite Teil soll 2015 folgen. Die 20 großen Industrie- und Schwellenländer (G20) sind sich im Grundsatz einig, dass internationale Konzerne einen größeren Beitrag zum Steueraufkommen in ihren Absatzmärkten leisten müssen. – Die Stoßrichtung umschreibt der OECD-Steuerabteilungsleiter Achim Pross so: ‚Wir wollen erreichen, dass Einkünfte weniger auf Steueroasen versteuert werden, sondern dort, wo die wirtschaftlichen Aktivitäten stattfinden.' Das Ziel sei, dass internationale Großkonzerne – wie der Normalverbraucher auch – angemessene Steuern entrichteten, so Pross. Im Kampf gegen die Steuerhinterziehung von Privatleuten erwarb sich die Pariser Organisation Verdienste. Steueroasen wie die Schweiz und Liechtenstein mussten ihr Bankgeheimnis aufgeben, weil sie Gefahr liefen, auf ‚schwarze Listen' der OECD gesetzt zu werden. Die G20 will für Konzerne Mindeststandards festsetzen. Ob die Maßnahmen überall umgesetzt werden, ist aber fraglich. Länder wie Großbritanni-

OECD

(engl.: Organisation for Economic Cooperation and Development)
Die Organisation für wirtschaftliche Zusammenarbeit und Entwicklung (OECD) ist eine internationale Organisation mit 34 Mitgliedstaaten, die sich der Demokratie und Marktwirtschaft verpflichtet fühlt. Die Ziele der Organisation sind zu einer optimalen Wirtschaftsentwicklung, hoher Beschäftigung und einem steigenden Lebensstandard in ihren Mitgliedstaaten beizutragen, das Wirtschaftswachstum zu fördern und zu einer Ausweitung des Welthandels auf multilateraler Basis beizutragen.

en, die Niederlande und Luxemburg sträuben sich beispielsweise nach wie vor dagegen, ihre Vorzugsbesteuerung für Patent- und Lizenzgebühren aufzugeben. In der Vergangenheit versuchten mehrere Staaten, mit steuerlichen Anreizen die Forschungsaktivitäten von Konzernen anzuziehen. Was in Fachkreisen als ‚Patentbox' bekannt ist, umschreibt den Umstand, dass Lizenz- und Patenteinnahmen in einigen Ländern mit einem niedrigeren Firmensteuersatz belegt werden. Diese Privilegierung ist problematisch: In vielen Fällen finden in dem entsprechenden Land kaum Forschungsaktivitäten statt. Europäische Konzerne verlagern ihre Patent- und Lizenzeinnahmen etwa in die Niederlande, obwohl ihre Forschungs- und Entwicklungsabteilungen anderswo angesiedelt sind. Einziger Grund: die Niederlande sehen dafür einen günstigen Steuersatz vor. Konkret geht es der Mehrheit der G20-Länder darum, die Sonderbesteuerung für Patent- und Lizenzeinnahmen stärker an die wirtschaftlichen Aktivitäten eines Unternehmens zu knüpfen. Konkret heißt das: je mehr Forschungseinrichtungen ein Konzern in einem Staat besitzt, desto größer dürfen die Steuervergünstigungen sein. Dies würde aber bedeuten, dass Steueroasen einen Teil ihres Geschäftsmodells verlieren würden. Es ist daher unsicher, ob alle Staaten die Mindestregeln mittragen.

Roland Pichler, Stuttgarter Zeitung, 17.9.2014

M 18 ● Ist das Weltfinanzsystem politisch beherrschbar?

Global Governance ist im Bereich der internationalen Finanzbeziehungen weitaus weniger ausgebildet als in vielen anderen Bereichen. Oft wird argumentiert, erfolgreiche Global Governance gehe mit der Globalisierung einher. Demgegenüber könnte man die Global Governance der Finanzmärkte als Verlierer der Globalisierung bezeichnen. Die aktuelle Finanzkrise könnte bei allen zerstörerischen Effekten dazu beitragen, einen Konsens darüber zu erzielen, dass die internationalen Finanzbeziehungen weiterhin im Zentrum der globalen Politik stehen und keine abstrakt gebildete Resultante zahlloser Marktvektoren sein können. Es stellt sich allerdings die Frage, ob die finanzielle Globalisierung, die der Welt im Durchschnitt mehr Wohlstand und Wachstum ermöglicht hat, zumindest zeitweilig Opfer ihres eigenen Erfolgs geworden ist. Die Industrienationen sehen sich mit der Frage konfrontiert, ob ihre gemeinsame Regierungs-, Regulierungs- und Kooperationskapazität noch ausreicht, um temporären Exzessen des von ihnen geschaffenen Phänomens freier Kapitalflüsse einigermaßen Herr werden zu können.
Um Steuerbetrügern Grenzen zu setzen, unterzeichneten bei einer Konferenz in Berlin 51 Länder ein Abkommen über den Austausch von Finanzdaten. Diese Vereinbarung soll in den meisten Staaten ab 2017 gelten. In dem Regelwerk verpflichten sich die Länder von Curaçao bis San Marino zur gegenseitigen Information über die Kontodaten von Privatpersonen. Durch den automatischen Informationsaustausch soll es für Steuerbehörden einfacher werden, Geldströme ins Ausland zu kontrollieren und so Steuerflucht weiter einzudämmen.

Nach Z. 1 – 27: Bearbeiter/Z. 28 – 40: dab/dpa, Spiegel Online, 29.10.2014

Aufgaben

1. Fassen Sie die aktuellen Probleme der Weltfinanzordnung zusammen (M 14, M 15).
2. Diskutieren Sie in Ihrem Kurs, ob die Maßnahmen gegen Steuerdumping ihrer Meinung nach ausreichend sind (M 17, M 18). Begründen Sie Ihre Meinung.

F Entwerfen Sie einen Katalog mit weiteren Maßnahmen zur Kontrolle des Weltfinanzsystems.

METHODE

Methode: Die kategoriale Urteilsbildung – wie ist die Steuervermeidungspolitik großer Konzerne zu beurteilen?

Um ein politisches oder wirtschaftliches Problem zu beurteilen, ist es hilfreich drei Analysenstufen zu beachten.

1. Stufe – die Situationsanalyse: Was ist? Worin besteht das Problem? Was ist der Sachverhalt? Welche Akteure sind zu unterscheiden? Wer ist überhaupt betroffen?

2. Stufe – die Möglichkeitserörterung: Was ist möglich? Welche Lösungen sind möglich unter Berücksichtigung der Interessen von Akteuren und Betroffenen?

3. Stufe – das Urteil: Was soll sein?

Zur Strukturierung der Begründungen bieten sich Kategorien der Urteilsbildung an. Grundsätzlich sind dabei Sachurteile von Werturteilen zu unterscheiden:

Sachurteile stellen eine Tatsachenbehauptung auf, die überprüfbar sind. Auf dem Wege der Faktenprüfung kann die Richtigkeit einer Aussage belegt werden. Sie beziehen sich auf das, was ist, und wollen erklären, warum die Wirklichkeit so ist, wie sie ist. In der Realität ergibt sich oft die Schwierigkeit, dass wir mit sich widersprechenden Sachurteilen konfrontiert werden. Kriterien, die zu den Sachurteilen gehören sind **Effizienz** und **Stabilität**.

Beispiel Effizienz
Pro: Wenn Unternehmen Steuerschlupflöcher ausnutzen, ist dies betriebswirtschaftlich wirksam und ein sinnvolles Mittel, weil so größere Gewinne ermöglicht werden, die dem Unternehmen zugute kommen (Arbeitsplätze, Investitionen etc.).

Kontra: Der Erfolg eines Unternehmens bemisst sich heute nicht nur nach dem shareholder value (dem Unternehmenswert), sondern zunehmend müssen die Interessen der stakeholder (alle Gruppen, die das Erreichen der Unternehmensziele beeinflussen können) berücksichtigt werden. Ein Unternehmen, welches in einem Land so gut wie keine Steuern zahlt, ist schlecht angesehen, was sich auf den wirtschaftlichen Erfolg auswirken kann.

Das Effizienzkriterium lässt sich auch auf die staatlichen Maßnahmen zur Eindämmung der Steuerflucht anwenden: Wie wirksam sind die Mittel der Gegenmaßnahmen der Politik? Sorgen diese für mehr oder weniger Stabilität in der Weltwirtschaft?

Werturteile stellen keine Tatsachenbehauptungen auf, sondern bewerten Sachverhalte als gut oder schlecht. Diese Bewertung geschieht auf Grund von individuell verschiedenen Werten, die letztlich nicht objektiv überprüfbar sind. Werturteile beziehen sich auf das, was sein soll. Sie formulieren Bekenntnisse und Appelle und beinhalten eine subjektive Stellungnahme. Kriterien für Werturteile sind: Legitimität, Gerechtigkeit, Nachhaltigkeit, Freiheit, Gleichheit.

Beispiel Legitimität
Pro: Das Verhalten der Konzerne, Steuern zu vermeiden, ist solange zu akzeptieren wie staatliche Gesetze und Regeln eingehalten werden. Man kann einem Konzern keinen Vorwurf machen, wenn er Steuerzahlungen auf legalem Weg umgeht.

Kontra: Das Verhalten mag zwar legal sein, ist aber nicht legitim. Ein Konzern der in einem Land sämtliche Einrichtungen der Infrastruktur und positive Standortbedingungen (Bildung, Verkehr, Kultur etc.) nutzt, aber selbst nichts zur Finanzierung beiträgt – also alle anderen dafür bezahlen lässt – handelt unredlich und lebt auf Kosten der Allgemeinheit.

Beispiel Gerechtigkeit
Pro: Unternehmerische Freiheit bedeutet auch verantwortungsvoll für das eigene Unternehmen und seine Mitarbeiter zu handeln. Wenn Unternehmen durch intelligente Steuersparmodelle den Bestand des Unternehmens sichern können und dadurch womöglich Wettbewerbsvorteile erlangen, ist dies nach dem Leistungsprinzip gerecht.

Kontra: In der Regel sind nur große Unternehmen in der Lage, die Steuerschlupflöcher zu nutzen. Kleine Unternehmen, die nicht global aufgestellt sind, haben diese Möglichkeiten nicht. Somit besteht keine Chancengleichheit im Wettbewerb.

Die kategoriale Urteilsbildung in der Übersicht

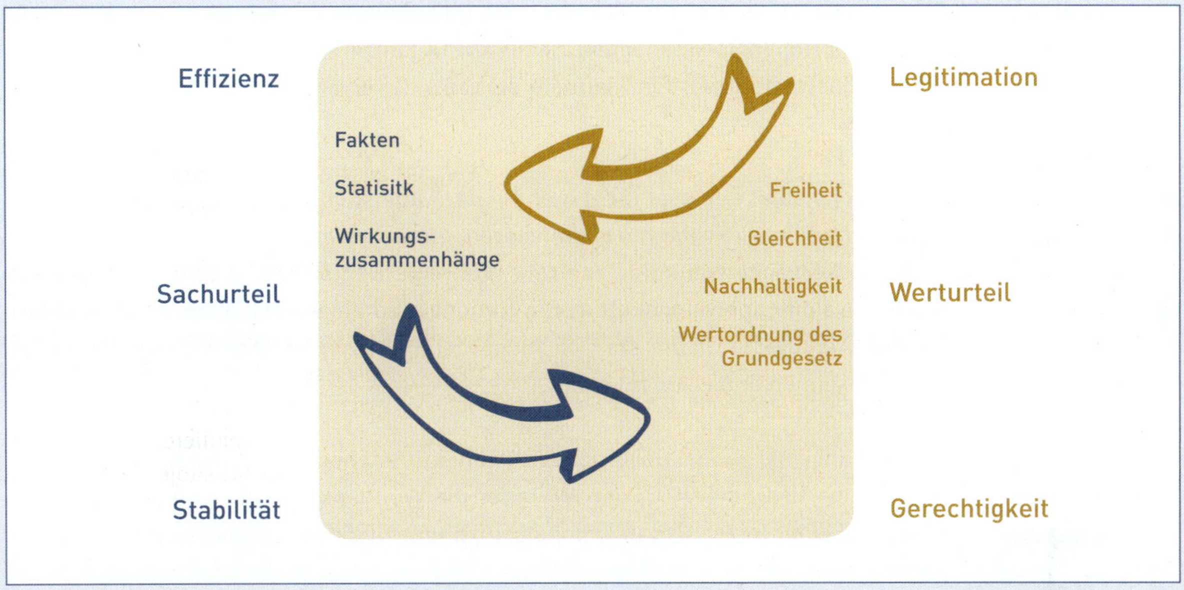

Autorengrafik

ORIENTIERUNGSWISSEN

Gefahrenpotenziale der Weltwirtschaft
(M 1, M 2, M 5)

Experten sehen zahlreiche Risiken für die globalisierte Wirtschaft, mit unterschiedlich ausgeprägten Schadenspotenzialen. Die Gefahren sollten aber nicht isoliert voneinander betrachtet werden, vielmehr stehen sie in einem interdependenten Zusammenhang.

Nationalstaat und Global Governance
(M 3)

Der Nationalstaat allein ist nicht mehr in der Lage, globale Risiken zu beherrschen. Denn wenn sich die Probleme globalisieren, muss sich auch die Politik globalisieren. Global Governance will keine zentrale Weltregierung schaffen, sondern eine neue multilaterale Kooperationskultur. Die Nationalstaaten agieren dabei in einer Mehr-Ebenen-Architektur, in der sie sich zunehmend weltweiten Kooperations- und Integrationsräumen anpassen müssen.

Global Governance-Architektur
(M 4)

Im Zentrum einer Global Governance-Architektur stehen internationale Organisationen wie die UNO, die WTO, der IWF oder die Weltbank. Darüber hinaus gewinnen unterhalb einer festen Organisationsform stabile und dynamische multilaterale Abkommen und Konferenzen (internationale Regime, wie z. B. das Welthandelsregime) zunehmend an Bedeutung. Internationale Organisationen und Regime führen zu einer stärkeren Verhaltensverlässlichkeit der Staaten, da sie Normen und rechtliche Regeln bereitstellen. Weitere wichtige Akteure sind Vertreter der Zivilgesellschaft (NGOs), die sich an den politischen Prozessen der UNO beteiligen, von den staatlichen Vertretern aber abgrenzen.

Freihandel und Protektionismus – TTIP
(M 7 – M 12)

TTIP würde die EU und den US-amerikanischen Markt umfassen. Zusammen bilden beide Regionen den größten weltweiten bilateralen Wirtschaftsraum. Freihandelsabkommen haben neben ökonomischen auch (geo-)politische Ziele: Der Handel zwischen den Partnern soll Beschäftigung und Wohlstand steigern; Unternehmen sollen von einem verbesserten Marktzugang und den Vorteilen von erhöhter Marktgröße, den sog. Skaleneffekten, profitieren; Verbraucher sollen Vorteile aus niedrigeren Preisen ziehen können; der damit verbundene schärfere Wettbewerb soll zu Produktivitätssteigerungen und Innovationen führen. Doch die Proteste gegen TTIP machen deutlich, dass es beim Freihandel womöglich nicht nur Gewinner, sondern auch Verlierer gibt. Grundsätzlich gilt die These, dass Freihandel insgesamt zu höherem Wirtschaftswachstum führt und umgekehrt Protektionismus zu höheren volkswirtschaftlichen Kosten. Bisher subventionierte Wirtschaftsbereiche, z. B. die Landwirtschaft, sind Verlierer der Marktöffnung. Die Kritiker verweisen vor allem auf die in der EU gültigen Produktstandards, die womöglich aufgegeben werden müssten, sowie auf Schiedsgerichte, die rechtsstaatliche Prinzipien unterlaufen.

Weltfinanzordnung und Steueroasen
(M 15 – M 17)

Globale Unternehmen haben Möglichkeiten, ihre Steuerabgaben zu reduzieren, indem Sie die unterschiedlichen steuerrechtlichen Bestimmungen verschiedener Staaten ausnutzen. Dadurch entgehen den Staaten Steuereinnahmen in Milliardenhöhe. Die Weltfinanzordnung steht vor der großen Aufgabe, Regeln aufzustellen, um die Steuervermeidungspolitik der Konzerne einzudämmen.

TTIP kontrovers

In den Auseinandersetzungen um das Freihandelsabkommen TTIP gibt es eine Reihe immer wiederkehrender Streitfragen. Die APuZ-Redaktion hat [diese] formuliert und beiden Autoren unabhängig voneinander vorgelegt. Christian Felber, Universitätslektor und Autor, zuletzt von „Freihandelsabkommen TTIP. Alle Macht den Konzernen?", 2014, Andreas Falke, Professor für International Studies, Fachbereich Wirtschaftswissenschaften, Universität Erlangen-Nürnberg.

Welchen ökonomischen Nutzen wird ein derartiges Abkommen den EU-Ländern und den USA einbringen?

FELBER: Bekanntlich wurden auch andere Freihandelskommen aufgrund von Studien, die Wachstum und Arbeitsplätze herbeiprognostizierten, „durchgedrückt", und danach kam der Katzenjammer. So sagten Studien über die Auswirkungen vom North American Free Trade Agreement (NAFTA) für Mexiko und Kanada BIP- und Beschäftigungszuwächse von 11 Prozent und der Realeinkommen gar um 16 Prozent voraus. [...] Allein in der mexikanischen Landwirtschaft ging infolge subventionierter US-Exporte eine Million Arbeitsplätze verloren. Zudem sind Verteilungs-, Nachhaltigkeits- und Strukturfragen in keiner Weise in BIP-Prognosen berücksichtigt. Denn selbst wenn das BIP geringfügig wachsen sollte, könnte dieser Zuwachs einer schmalen Elite zufließen, während die überwältigende Mehrheit leer ausgeht, prekärere Arbeitsbedingungen vorfindet, sinkende Lebensmittelqualität und mehr Umweltprobleme.

FALKE: Sehr viel größere Wohlfahrtsgewinne sind bei der Abschaffung von nichttarifären Hemmnissen wie Produktstandards und technischen Normen beziehungsweise von Regulierungen im Gesundheits-, Umwelt- und Verbraucherbereich durch Harmonisierung oder gegenseitige Anerkennung zu erwarten. Freihandelsabkommen tun vor allem eins: Sie kurbeln den Export an, senken die Handelskosten und schaffen neue Marktchancen.

Welchen geopolitischen Nutzen wird ein derartiges Abkommen den EU-Ländern und den USA einbringen?

FELBER: Es gibt eine wachsende Zahl von Beobachtern, die die Bedeutungslosigkeit der EU, auch der USA, auf der weltpolitischen Landkarte vorhersagen. Die Schwellenländer BRICS seien im Kommen, und um diesem Bedeutungsverlust entgegenzuwirken oder ihn zumindest zu verlangsamen, wollen sich die alten Mächte hier einerseits zusammentun und andererseits die Grundlage für spätere multilaterale Abkommen schaffen, sprich Regeln entwickeln, die für die ganze Welt gelten sollen. In den TTIP-Verhandlungen steckt ein Weltmachtsanspruch, der auch immer wieder als „Neue Weltwirtschaftsordnung" ausgesprochen wird. Vor diesem Hintergrund sind bilaterale Verhandlungen erst recht abzulehnen. Verhandlungen sollten multilateral geführt werden und auf Augenhöhe. Die Kolonialzeit ist vorbei.

FALKE: Ein wesentlicher Kontext des geplanten Abkommens ist der Aufstieg der Schwellenländer, insbesondere Chinas, Indiens und Brasiliens [...]. Nur geben sie nur wenige Anstöße zu einer Weiterentwicklung des Welthandelssystems, wie Indiens Blockade des Bali-Abkommens in der Welthandelsorganisation (WTO) zeigt. Eine Reihe von Vordenkern in der Handelspolitik auf beiden Seiten des Atlantiks gehen davon aus, dass die WTO nicht mehr zu revitalisieren ist und dass angesichts des relativen Niedergangs der USA und der EU mittelfristig China diese Lücke füllen und dann Standards setzen wird, die allein seinem Wirtschaftssystem Rechnung tragen werden. TTIP zusammen mit der transpazifischen Partnerschaft (TPP) soll dem zuvorkommen, das heißt die EU und die USA wollen Standards und Regeln etablieren, die der Realität globaler Lieferketten im 21. Jahrhundert entsprechen. Beide könnten

KOMPETENZEN ANWENDEN

dadurch ihren relativen Einflussverlust kompensieren.

Es wird über EU- und US-Standards in den Bereichen Technik sowie Umwelt-, Gesundheits-, Nahrungsmittel- und Medikamentensicherheit verhandelt. Welche Problemlagen zeichnen sich hier ab?

FELBER: Zum einen wird in den Verhandlungspapieren immer wieder von „Harmonisierung", „Angleichung" und „gegenseitiger Anerkennung" gesprochen. Das wird eine Spirale nach unten auslösen, weil die Lobbys beiderseits des Atlantiks sehr offensiv die Rücknahme höherer Standards auf der anderen Seite einfordern, zum Teil für giftige Substanzen, wie zum Beispiel den Futterzusatz Ractopamine in der Schweinemast, der in 160 Staaten verboten ist, von den industriellen US-Schweinezüchtern aber verwendet wird, was zu Importbeschränkungen seitens der EU geführt hat. Angleichung heißt hier nichts anderes, als dass die EU das Gift wieder zulassen müsste. Zum anderen herrscht in weiten Bereichen eine ganz andere Regulierungsphilosophie: In der EU gilt das Vorsorgeprinzip, in den USA muss der wissenschaftliche Beweis für die Schädlichkeit von Produkten oder Technologien erbracht werden, bevor die Wirtschaftsfreiheit eingeschränkt werden darf. Diese unterschiedliche Zugangsweise hat dazu geführt, dass in den USA bisher erst fünf Stoffe beziehungsweise Stoffgruppen zur Gänze verboten wurden. [...]

FALKE: Für gesellschaftlich hoch kontroverse Themen wie genetisch veränderte Organismen (GVOs), hormonbehandeltes Rindfleisch oder bakterielle Dekontaminierung durch Chlor dürfte der Verhandlungsspielraum sehr klein sein. Die EU wird an entsprechenden Verboten festhalten. Umgekehrt sollte man sich klar machen, dass wenn die EU sich pragmatischen, flexiblen Regelungen verweigert, auch die USA ihre eigenen Schutzbestimmungen wenig lockern werden. Das gilt vor allem für Milchprodukte und Käse sowie Verarbeitungsgeräte, an die die USA sehr hohe Schutzanforderungen stellen, die überwiegend dem Schutz der eigenen Produzenten dienen.

Regelungen zum Investorenschutz: Welche sollten Bestandteil des Abkommens sein?

FELBER: [...] Das verstößt nicht nur gegen die Gleichbehandlung von in- und ausländischen Unternehmen, sondern mehr noch gegen die Gleichbehandlung aller anderen Akteure, die von den Aktivitäten der Investoren betroffen sind: Anrainer, Umweltschützer, Arbeitnehmer, Konsumenten und andere. Sie alle erhalten kein Klagerecht auf internationaler Ebene, wenn ihre Interessen verletzt werden. [Dazu] kommt, dass die Verfahren bisher nicht öffentlich sind, die Urteile nicht veröffentlicht werden müssen und keine Berufung zulassen. Es gibt auch keinen institutionalisierten Gerichtshof, der solche Klagen verhandeln würde, womit eine ganze Reihe von rechtsstaatlichen Prinzipien gebrochen wird.

FALKE: Investitionsschutzabkommen mit Schiedsgerichtsverfahren sind ein Teil der globalen Wirtschaftsordnung. Die Bundesrepublik Deutschland hat seit 1959 allein 147 Abkommen abgeschlossen. Sie dienen primär dazu, Investoren in Ländern mit problematischen Rechtssystemen zu schützen. EU-Länder sind die häufigsten Nutzer der Schiedsverfahren. [...] Die Befürchtungen, dass Schiedsgerichtsverfahren den regulatorischen Freiraum von demokratisch gewählten Regierungen einschränken, sind übertrieben. In den wenigsten Fällen stehen die gesetzlichen Grundlagen von Umwelt- oder Gesundheitsrichtlinien zur Disposition, sondern Verwaltungsentscheidungen wie die Erteilung von Lizenzen.

Nach: Christian Felber/Andreas Falke, Aus Politik und Zeitgeschichte 50 – 51/2014, 8.12.2014, S. 25 – 33

Aufgaben

1. Analysieren Sie die kontroversen Positionen zum Freihandelsabkommen TTIP.
2. Beurteilen Sie das Freihandelsabkommen TTIP. Berücksichtigen Sie dabei die Methode der kategorialen Urteilsbildung auf S. 164 f.

A
Abgabe 86
Agenda 2010 51
Angebotsorientierung/Monetarismus 50 f., 56
Assembled in USA 127
Aufbau Ost 112
Aufstocker 63
Auslastungsgrad 34
Außenwirtschaftliches Gleichgewicht 42

B
Beschäftigungspolitik 60, 70
Beschäftigungspolitische Strategie 62
Brain drain 124
Bruttoinlandsprodukt (BIP) 34, 47
Bundeshaushalt 74

D
Deflation 92
Die Gruppe der 20 (G20) 52, 162
Dienstleistung 104

E
EFSF (Europäische Finanzstabilitätsfazilität) 95
Eigentumsform 19
Einfacher Wirtschaftskreislauf 84
Einkommensteuer 76
Einkommensteuer-Tarif 77
Erweiterter Wirtschaftskreislauf 84
ESM (Europäischer Stabilitätsmechanismus) 95
Eucken, Walter 24
Europäische Zentralbank 90, 100
Euro-Rettungsschirm 95
Externe Effekte 12
EZB (Europäische Zentralbank) 90, 100

F
Fester Wechselkurs 99
Finanzpolitik 86
Fiskalpolitik 81
Flexibler Wechselkurs 99
Fourastié, Jean 105
Freihandel 154, 166
Friedman, Milton 50
Frühindikatoren 35

G
Gatsby-Kurve 78
Gauck, Joachim 25
Geldpolitik 100
Gesellschaftliche Dimension der Globalisierung 125
Gesetz zur Förderung der Stabilität und des Wachstums der Wirtschaft (StabG, 1967) 38
Gesundheitsfonds 82
Gini-Koeffizient 79
Global Governance 151, 166
Global Governance-Architektur 152, 166
Global Health Governance 152
Global Player 132, 144
Globalisierung 122, 140 f., 144
Globalisierungsprozess 135
Grenzsteuersatz 77

H
Hartz-Reformen 62
Heckscher, Eli 130

I
Ifo Institut 23
Industrie 4.0 108
Inflation 40
Inflationsrate 40
Inflationsursache 41
Institution 18
Internationale Arbeitsteilung 126, 130, 144
Internationaler Handel 144
Internationales Regime 152
Intraindustrieller Handel 131
Intrasektoraler Strukturwandel 109

J
Jobless growth 106
Just in time 134

K
Kalte Progression 76
Keynes, John Maynard 49
Konjunktur 48, 56
Konjunkturindikator 34 f.
Konjunkturschwankung 34
Konjunkturzyklus 34
Kulturelle Dimension der Globalisierung 125

L

Lebensbedingung 143
Leistungsbilanz 96
Leitzins 91
Lohnsteuer 76
Lorenzkurve 78

M

Made in USA 127
Magisches Sechseck 55
Magisches Viereck 38 f.
Markt- und Preisbildungsform 19
Markt 8, 12, 14
Marktformenschema 8
Marktmodell 14
Marktversagen 14
Marktwirtschaft 30
Mindestlohn 28
Modell 10
Monetarismus 50, 56
Müller-Armack, Alfred 26

N

Nachfrageorientierung/Fiskalismus 56
Nachfragesteuerung 51
NAFTA (North American Free Trade Agreement) 158
Negative externe Effekte 12
NTB Nontariff Barriers (nichttarifäre Handelshemmnisse) 155

O

OECD (Organisation für wirtschaftliche Zusammenarbeit und Entwicklung) 162
Ohlin, Bertil 130
Ökologische Dimension der Globalisierung 124
Ökonomische Dimension der Globalisierung 123
Ökonomische Modellbildung 84
Ökonomisches Risiko 150

P

Planungs- und Lenkungsform 19
Planwirtschaft 22, 30
Politische Dimension der Globalisierung 123
Positive externe Effekte 13
Präsenzindikatoren 35
Preis-Mengen-Diagramm 10
Primärer Sektor 105
Produktionspotenzial/Kapazitäten 34
Produktlebenszyklus 130 f.
Protektionismus 154, 166

R

Ratingagenturen 93
Regionaler Strukturwandel 109
Reichtum 20
Relative Kosten 130
Ricardo, David 130

S

Schuldenbremse 80
Schuldenstandquote 80
Sektoraler Strukturwandel 109
Sekundärer Sektor 105
Sekundärmarkt 90
Sharing Economy 110
Smith, Adam 9, 130
Solidarpakt I 112
Solidarpakt II 113
Soziale Marktwirtschaft 26 f., 30
Soziale Mobilität 78
Spätindikatoren 35
Staatsanleihen 93
Staatsschuldenkrise 100
Staatsverschuldung 80, 86
Stabilitäts- und Wachstumspakt 83
Standort Deutschland 138, 145
Standortfaktor 136 f.
Steuer 74, 86
Steuerdumping 160
Strukturpolitik 116 ff.
Strukturwandel 109, 118
Subventionen 114

T

Tertiärer Sektor 105
Transnationales Unternehmen 132
Treuhand 23
TTIP (Transatlantic Trade and Investment Partnership) 154 ff., 166